# 新时代·新思想

何毅亭　著

人民出版社

# 前　言

　　党的十八大以后，中国特色社会主义进入新时代。这是中国人民和中华民族书写中华文明新的辉煌篇章的伟大时代，是需要产生伟大思想而且已经产生了习近平新时代中国特色社会主义思想的伟大时代。

　　本书共收录35篇文章，之所以冠以《新时代·新思想》书名，是因为：（一）这些文章都是在党的十八大之后写的，都是在新时代写的。（二）这些文章都是围绕新时代产生的新思想即习近平新时代中国特色社会主义思想这一主题写的，都力求在深入学习研究习近平新时代中国特色社会主义思想的基础上，对这一马克思主义中国化最新成果的理论来源、历史地位和核心要义、精神实质等作出科学阐释。

　　这些文章曾分别在《人民日报》《光明日报》《求是》《学习时报》等报刊公开发表过，这次应人民出版社之邀结集出版，是希望对读者深入学习领会习近平新时代中国特色社会主义思想有所帮助。书中文章里个别概念表述，按照新的规范表述作了修正。

　　欢迎读者批评指正。

何　毅　亭

2020 年 2 月

# 目　　录

## 当代中国马克思主义、21世纪马克思主义

## 建设世界上最强大的政党

# 当代中国马克思主义、21 世纪马克思主义

# 习近平新时代中国特色社会主义思想是马克思主义中国化最新成果

习近平总书记在庆祝改革开放 40 周年大会上的重要讲话中指出，改革开放是我们党的一次伟大觉醒，正是这个伟大觉醒孕育了我们党从理论到实践的伟大创造。改革开放 40 年来，我们党坚持把马克思主义基本原理与中国具体实际和时代特征相结合，形成了中国特色社会主义理论体系。党的十九大报告指出，习近平新时代中国特色社会主义思想，是对马克思列宁主义、毛泽东思想、邓小平理论、"三个代表"重要思想、科学发展观的继承和发展，是马克思主义中国化最新成果，是党和人民实践经验和集体智慧的结晶，是中国特色社会主义理论体系的重要组成部分，是全党全国人民为实现中华民族伟大复兴而奋斗的行动指南，必须长期坚持并不断发展。习近平新时代中国特色社会主义思想是马克思主义中国化最新成果，对这一重大论断可以从以下几方面去认识。

第一，习近平新时代中国特色社会主义思想既继承前人又开拓创新，开辟了马克思主义新境界。当今世界处于百年未有之大变局，面临的不稳定性不确定性突出。当代中国处于近代以来最好发展时期。中国特色社会主义进入新时代，中华民族迎来了从站起来、富起来到强起来的伟大飞跃，中国社会主要矛盾已经转化为人民日益增长的美好生活需要和不平衡不充分的发展之间的矛盾。习近平新时代中国特色社会主义思想紧密结合新的时代条件和实践要求，坚持以党的基本理论为指导，坚持解放思想、实事求是、与时俱进、求真务实，以全新视野深化了对共产党执政规律、社会主义建设规律、人类社会发展规律的认识，提出一系列具有开创性意义的新理念新思想新战略，对马克思主义哲学、马克思主义政治经济学、科学社会主义理论作出了独创性贡献，实现了马克思主义基本原理同中国具体实际相结合的新飞跃，在马克思主义中国化进程中具有里程碑意义。

第二，习近平新时代中国特色社会主义思想从理论和实践的结合上为科学社会主义注入鲜活新内涵，开辟了中国特色社会主义新境界。世界社会主义 500 年历史进程、中国社会主义 70 年实践和发展充分证明：科学社会主义基本原则一定不能丢，同时一定要用发展的观点坚持社会主义。习近平新时代中国特色社会主义思想运用马克思主义立场观点方法，坚持以我们正在做的事情和将要做的事情为中心，坚持问题意识和问题导向，凝结时代精华，总结实践经验，在改革发展稳定、内政外交国防、治党治国治军等方面提出许多重要思想、重要观点、重要论断，系统回答了在新时代坚持和发展什么样的中国特色社会主义、怎样坚持和发展中国特色社会主义这个重大时代课题，把对中国特色社会主义的认识提高到新的科学水平。这一思想内涵丰富，包括"八个明确"和"十四个坚持"。"八个明确"是习近平新时代中国特色社会主义思想的核心内容，"十四个坚持"是基本方略。习近平新时代中国特色社会主义思想的形成、发展和在实践中的广泛运用，使中国特色社会主义这面旗帜在当今世界更加鲜艳夺目，成为 21 世纪科学社会主义发展的旗帜。

第三，习近平新时代中国特色社会主义思想着眼破解新时代党和国家发展面临的重大理论和实践问题，开辟了治国理政新境界。当代中国既是一个历史悠久、正向社会主义现代化强国迈进的文明古国，又是世界上最大的发展中国家和最大的社会主义国家，在这个国家治国理政所面临的困难和挑战世所罕见。习近平新时代中国特色社会主义思想围绕实现"两个一百年"奋斗目标，指导全党全国各族人民积极推进深层次、根本性变革，取得了全方位、开创性成就。比如坚持和加强党的全面领导、践行以人民为中心的发展思想、贯彻新发展理念实现经济高质量发展、使市场在资源配置中起决定性作用和更好发挥政府作用、建设具有强大凝聚力和引领力的社会主义意识形态、加快生态文明体制改革、完善党和国家监督体系、坚持走中国特色强军之路、着力建设开放型世界经济等等。这样的创新和变革，推动我国经济实力、综合国力、国际影响力显著提升，党的面貌、国家的面貌、人民的面貌、军队的面貌、中华民族的面貌发生了前所未有的变化。

第四，习近平新时代中国特色社会主义思想丰富发展了马克思主义党的学说，开辟了管党治党新境界。马克思主义政党夺取政权不容易，巩固政权更不容易。跳出"其兴也勃焉、其亡也忽焉"的历史周期率，保持长期执政是中国共产党面临的历史性课题。习近平新时代中国特色社会主义思想强调以党的自我革命推动党领导的社会革命，强调在"四个伟大"中起决定性作用的是党的建设新的伟大工程，把全面从严治党纳入"四个全面"战略布局，鲜明提出以党的政治建设统领党的各方面建设，提出思想建党、制度强党，提出管党治党要真管真严、敢管敢严、长管长严，实现了党的建设理论和实践的重大创新。在这一思想指引下，以习近平同志为核心的党中央以顽强意志品质正风肃纪、反腐惩恶，消除了党和国家内部存在的严重隐患，使党内政治生态明显好转，党的创造力、凝聚力、战斗力显著增强，党在革命性锻造中更加坚强，焕发出新的强大生机活力，巩固了党的执政地位、扩大了党的执政基础，为党和国家事业发展提供了坚强政治保证。

总之，习近平新时代中国特色社会主义思想，是引领中国特色社会主义新时代的纲领、旗帜和灵魂，展现了当代中国马克思主义、21世纪马克思主义的真理光辉，已经指引党和国家事业取得历史性成就，必将指引全党全国各族人民奋力谱写社会主义现代化新征程更加壮丽辉煌的新篇章。

（原载《人民日报》2019年1月16日）

# 习近平新时代中国特色社会主义思想是 21 世纪马克思主义

今年是马克思诞辰 200 周年。习近平总书记在纪念马克思诞辰 200 周年大会上发表重要讲话，深情缅怀了马克思伟大光辉的一生，深刻阐释了马克思主义的科学体系、丰富内涵及其巨大作用，高度总结了中国共产党带领人民创造性推进马克思主义中国化的壮阔历程和丰硕成果，郑重提出了新时代学习和实践马克思主义的具体要求。习近平总书记的重要讲话高屋建瓴、视野宏大、思想深刻、内容丰富，是一篇光辉的马克思主义纲领性文献。

习近平新时代中国特色社会主义思想是新时代中国共产党坚持和发展马克思主义的最新理论成果，以一系列原创性战略性重大思想观点丰富和发展了马克思主义，是当代中国马克思主义、21 世纪马克思主义。今天我们学习和实践马克思主义，就要深入学习贯彻习近平新时代中国特色社会主义思想，不断从中汲取科学智慧和理论力量，用以涵养正气、淬炼思想、升华境界、指导实践。这是对马克思最好的告慰与纪念。

习近平新时代中国特色社会主义思想贯穿着坚定的马克思主义理想信念，在世界上高高举起中国特色社会主义伟大旗帜，使科学社会主义在 21 世中国焕发出强大生机活力

马克思主义是向着崇高理想迈进的科学理论。马克思主义之所以有着强大生命力，就在于马克思主义占据真理和道义的制高点，以实现共产主义为最高理想，以实现人的自由而全面发展和全人类解放为己任。坚持和发展马克思主义，必须坚守最高理想。习近平新时代中国特色社会主义思想之所以被称为 21 世纪马克思主义，首先因为这一思想是坚持"革命理想高于天"的科学理论体系。

党的十八大以来，习近平总书记反复强调共产党人不要忘记远大理想，明确指出："理想信念就是共产党人精神上的'钙'，没有理想信念，理想信念不坚定，精神上就会'缺钙'，就会得'软骨病'。"他一再要求必须旗帜鲜明、大张旗鼓讲马克思主义、讲中国特色社会主义、讲共产主义。正是在这种政治气候下，党中央作出了全面从严治党的重大部署。全面从严治党，从本质上说，就是党员领导干部补钙壮骨、强身健体的过程，就是修复共产党人精神家园的过程，就是筑牢理想信念精神大厦的过程。

中国共产党是共产主义最高理想与中国特色社会主义共同理想的统一论者。共产主义是一个需要几代人、十几代人乃至几十代人不懈奋斗才能实现的伟大目标。我们党不因现实复杂而放弃

梦想，不因理想遥远而放弃追求。党所做的一切，就是为人民谋幸福、为民族谋复兴、为世界谋大同。这是为实现最高理想所进行的实实在在的努力。改革开放 40 年来特别是党的十八大以来，以习近平同志为核心的党中央在世界上高高举起中国特色社会主义伟大旗帜，开创了党和国家事业发展的新局面，开创了坚持和发展马克思主义的新境界，开创了坚持和发展中国特色社会主义的新气象，形成了习近平新时代中国特色社会主义思想，引领中国特色社会主义进入了新时代。实践进一步证明，中国特色社会主义这条道路走得通、走得对、走得好，是实现中华民族伟大复兴的人间正道，是实现人的全面发展和人类解放的康庄大道，是通向共产主义最高理想的必由之道。

中国特色社会主义进入新时代，意味着科学社会主义在 21世纪的中国焕发出强大生机活力，极大地提升了马克思主义的世界影响力，极大地提升了马克思主义理想信念的感染力和感召力。新时代中国特色社会主义，使马克思主义和科学社会主义获得了新的生机活力，使世界上资本主义与社会主义的力量对比发生新的深刻变化，重塑了世界政治经济版图，创造了世界社会主义历史的新辉煌。社会主义中国由此大踏步迈向世界舞台中心，成为振兴世界社会主义的中流砥柱，成为 21 世纪科学社会主义的理论策源地、实践创新地、发展引领地，极大地提振了世界人民对社会主义的信心。这样的历史性成就，是习近平新时代中国特色社会主义思想这一 21 世纪马克思主义对人类社会的重大贡献。

习近平新时代中国特色社会主义思想彰显着马克思主义理论品格，实现了马克思主义中国化时代化大众化的历史性飞跃，在马克思主义发展史上谱写了划时代篇章

马克思主义是科学的理论、人民的理论、实践的理论，也是不断发展的理论、开放的理论。马克思主义的生命力不仅来源于它的科学性和真理性，而且来源于它与时俱进的理论品格。这一理论品格造就了马克思主义生生不息、博大精深的理论谱系，也造就了习近平新时代中国特色社会主义思想集大成的理论气度、原创性的理论贡献、划时代的理论成效。

集大成的理论气度，是说习近平新时代中国特色社会主义思想始终坚持不忘本来、吸收外来、面向未来。不忘本来，表明这一思想以马克思列宁主义、毛泽东思想、邓小平理论、"三个代表"重要思想、科学发展观为本来，以中华优秀传统文化、中国近代以来革命文化、社会主义先进文化为本来，具有深厚的理论渊源和文化渊源。吸收外来，表明这一思想具有海纳百川的开放意识和火眼金睛般的识别能力，十分注重对世界上有益文明成果的吸收借鉴，是在中国与世界的深度互动中形成发展起来的，得到世人的广泛理解和认同。面向未来，表明这一思想具有马克思主义的宽广眼界和人类情怀，始终关注中国未来、世界未来、人类未来，始终坚持在改革中守正出新、不断超越自己，在开放中博采众长、不断完善自己，彰显出引领时代发展和世界潮流的真理力量。习近平新时代中国特色社会主义思想站在巨人先贤的

肩上，熔古今中外于一炉，为马克思主义中国化时代化大众化成果之罕见。

原创性的理论贡献，是说习近平新时代中国特色社会主义思想具有强大的理论穿透力和现实解释力，对发展马克思主义作出了独特贡献。习近平新时代中国特色社会主义思想在继承老祖宗的基础上，勇立时代潮头，发思想之先声，在认识和把握共产党执政规律、社会主义建设规律、人类社会发展规律方面提出了不少新论断、新命题、新理念，用鲜活丰富的当代中国实践来推动马克思主义发展。比如，人民中心论、社会主义现代化强国论、社会主要矛盾变化论、经济新常态论、供给侧结构性改革论、现代化经济体系论、国家治理体系和治理能力现代化论、中国特色社会主义最本质特征论、"四个伟大"论、"两个伟大革命"论、新时代强军论、新型大国关系论、人类命运共同体论等等。这些新论断、新命题、新理念，都蕴含着世界观、认识论、方法论、价值论层面的突破。这些原创性理论贡献，是马克思主义中国化时代化大众化新飞跃的重要标志，也是 21 世纪马克思主义的重要标志。

划时代的理论成效，是说习近平新时代中国特色社会主义思想指导下取得的伟大实践成就。党的十八大以来这五年多，中国特色社会主义事业取得了历史性突破，党进行了革命性锻造，人民军队实现了革命性重塑，我国国际影响力、感召力、塑造力进一步提高。取得的成就是全方位的、开创性的，进行的变革是深层次的、根本性的，产生的影响是世界性的、持久性的，党的面貌、国家的面貌、人民的面貌、军队的面貌、中华民族的面貌发生的变化是历史性的、前所未有的。不仅中国特色社会主义进入了开始"强起来"的新时代，开启了走向"强起来"的新征程，迎来了实现中华民族伟大复兴的光明前景，而且拓展了发展中国家走向现代化的途径，为发展中国家提供了全新选择，为解决人类问题贡献了中国智慧和中国方案。这样的成就，在中华人民共和国发展史上、中华民族发展史上具有重大意义，在世界社会主义发展史上、人类社会发展史上同样具有重大意义。

### 习近平新时代中国特色社会主义思想运用马克思主义思想武器，科学回答了"中国向何处去、世界向何处去"的时代之问，为当今中国和世界指明了前进航向

马克思给我们留下的最有价值、最具影响力的精神财富，就是以他名字命名的科学理论——马克思主义，这是习近平总书记反复提到的"思想武器"和"看家本领"。习近平新时代中国特色社会主义思想，就是新的时代条件下灵活运用马克思主义思想武器的理论结晶。

党的十八大以来，国内外形势变化和我国各项事业发展都给我们提出了一个重大时代课题，这就是必须从理论和实践结合上系统回答新时代坚持和发展什么样的中国特色社会主义、怎样坚持和发展中国特色社会主义。以习近平同志为核心的党中央坚持和运用马克思主义立场观点方法，从历史和现实、理论和实践、国内和国际结合上，洞察世情、国情、党情的深刻变化，强调中国特色社会主义是既坚持科学社会主义基本原则，又具有鲜明实践特色、理论特色、民族特色、时代特色的社会主义，是植根于

中国大地、反映中国人民意愿、适应时代发展进步要求的社会主义，是坚定道路自信、理论自信、制度自信、文化自信的社会主义，是统揽伟大斗争、伟大工程、伟大事业、伟大梦想的社会主义；明确了新时代坚持和发展中国特色社会主义的总目标、总任务、总体布局、战略布局和发展方向、发展方式、发展动力、战略步骤、政治保证等。这些重要思想，充分体现了马克思主义的人民立场、实践观点和科学方法，系统回答了新时代坚持和发展中国特色社会主义一系列重大问题。

中国离不开世界，世界离不开中国。当今世界面临的不稳定不确定不安全因素日益增多，发展鸿沟日益突出，金融危机阴云不散，地区冲突时有发生，恐怖主义等非传统安全威胁持续蔓延，强权政治和霸权主义异常活跃，世界进入政局动荡和国际冲突多发期，世界政坛充斥着极端化思维、冷战思维和保守主义、民粹主义言行，全球面临着"世界怎么了、我们怎么办"的普遍困惑。这就是"世界向何处去"的问题。

"世界之乱"，呼唤有担当有作为的政治家战略家运用马克思主义思想武器来拨乱反正。党的十八大以来，习近平总书记致力于为世界问题提供中国方案，高瞻远瞩、深谋远虑，透过现象看实质、透过表象看本质、透过趋势看潮流，从中看到了当今世界百年未有之大变局，从中看到了一个新机遇新挑战层出不穷的世界、一个国际体系和国际秩序深度调整的世界、一个国际力量对比深刻变化并朝着有利于和平与发展方向变化的世界，从中看到了滚滚向前的和平合作、开放融通、变革创新的历史潮流，也从中看到了世界存在的"和平赤字、发展赤字、治理赤字"等等。立足于这样的战略眼光和战略思考，习近平总书记呼吁秉持

"和平、发展、公平、正义、民主、自由"的人类共同价值，提出构建人类命运共同体，提出共商共建共享的全球治理观，倡导建设持久和平、普遍安全、共同繁荣、开放包容、清洁美丽的世界等等。这些重要思想，为认识和解决事关人类前途命运的重大问题贡献了中国智慧和中国方案。

习近平新时代中国特色社会主义思想闪耀着辩证唯物主义和历史唯物主义的真理光辉，给人以拨云见日之感，为深度变革中的中国指明了前进航向，为迷茫困惑中的世界破解了难题，展现了一位大党大国领袖和世界级政治家的历史担当、人类情怀和天下胸怀，展现了 21 世纪马克思主义的独特魅力。

## 习近平新时代中国特色社会主义思想焕发着马克思主义革命精神，以党的自我革命推动伟大社会革命，赋予马克思主义政党以旺盛生命力和强大战斗力

恩格斯说，"马克思首先是一个革命家"，"斗争是他的生命要素。很少有人像他那样满腔热情、坚韧不拔和卓有成效地进行斗争"。列宁认为，马克思主义的全部价值就在于这个理论按其本质来说是批判的和革命的。可以说，革命性是划分马克思主义与非马克思主义的重要标志；革命精神是马克思主义的文化基因和马克思主义政党的精神气质。离开革命精神就谈不上 21 世纪马克思主义，缺乏革命精神就不是真正的马克思主义政党。

历史上，中国共产党通过新民主主义革命、社会主义革命和建设、改革开放和社会主义现代化建设新的伟大革命，一以贯之

地带领人民推进伟大社会革命，实现了从站起来到富起来、强起来的伟大飞跃。在这个进程中，培育和形成了中国共产党人特有的革命精神。虽然我们党在中国已执政近 70 年并将继续长期执政，但过去革命战争时期形成的革命精神必须永远保持。党的十八大以来，习近平总书记在不同场合反复谈到"革命"和"革命精神"，强调："不忘初心，牢记使命，就不要忘记我们是共产党人，我们是革命者，不要丧失了革命精神。"明确提出："要实现党和国家兴旺发达、长治久安，全党同志必须保持革命精神、革命斗志，勇于把我们党领导人民进行了 97 年的伟大社会革命继续推进下去"，并且"必须以党的自我革命来推动党领导人民进行的伟大社会革命"。习近平总书记倡导的这种革命精神，充分体现在以习近平同志为核心的党中央强烈的问题意识和鲜明的问题导向之中，充分体现在十八大以来党和国家事业发生的历史性变革之中，充分体现在推进具有许多新的历史特点的伟大斗争之中，充分体现在全面深化改革的深度、广度和力度之中。

习近平新时代中国特色社会主义思想赋予马克思主义革命精神新的时代内涵。习近平总书记指出："当代中国的伟大社会变革，不是简单延续我国历史文化的母版，不是简单套用马克思主义经典作家设想的模板，不是其他国家社会主义实践的再版，也不是国外现代化发展的翻版。"毫无疑问，新时代中国特色社会主义这场伟大社会革命，不同于马克思时代和列宁时代的无产阶级革命，也不同于中国新民主主义革命和新中国成立后的社会主义革命，它作为我们党领导人民进行伟大社会革命的继续，具有崭新的时代内涵。

　　新时代伟大社会革命所要解决的社会主要矛盾，就是习近平总书记在党的十九大报告中明确提出的人民日益增长的美好生活需要和不平衡不充分的发展之间的矛盾。这就必须着力解决好发展不平衡不充分问题，大力提升发展质量和效益，更好满足人民在经济、政治、文化、社会、生态等方面日益增长的需要，更好推动人的全面发展、社会全面进步。新时代伟大社会革命的战略目标，就是2020年全面建成小康社会、2035年基本实现社会主义现代化、2050年把中国建设成富强民主文明和谐美丽的社会主义现代化强国。新时代伟大社会革命的根本方式，就是党统揽伟大斗争、伟大工程、伟大事业、伟大梦想，敢于进行自我革命、敢于刀刃向内、敢于刮骨疗毒、敢于壮士断腕，把自身建设成为始终走在时代前列、人民衷心拥护、勇于自我革命、经得起各种风险考验、朝气蓬勃的马克思主义执政党。总起来说，我们党领导人民进行的新时代伟大社会革命，就是要"在全世界面前树立起可供人们用来衡量党的运动水平的里程碑"，就是要致力于使具有5000多年历史的中华文明开创新的辉煌，使具有500多年历史的社会主义在21世纪谱写新的篇章，使风华正茂的百年大党始终保持统一的思想、坚定的意志、协调的行动、强大的战斗力，不断实现为人民谋幸福、为民族谋复兴、为世界谋大同的伟大使命。

（原载《学习时报》2018年5月18日）

# 伟大思想理论从何而来

## ——论习近平新时代中国特色社会主义思想的丰富渊源

  党的十九大把十八大以来以习近平同志为核心的党中央进行艰辛理论探索和推进理论创新的成果，概括为习近平新时代中国特色社会主义思想，并把这一重大思想确立为我们党必须长期坚持的指导思想，实现了党的指导思想的又一次与时俱进。这是十九大最突出的亮点和最重要的贡献。深入学习领会习近平新时代中国特色社会主义思想，既要准确把握它的历史地位、精髓要义、实践要求，也要科学把握它的理论渊源和发展脉络，做到知其然更知其所以然。只有这样，才能更好理解这一重要思想是植根中国大地、符合中国实际、具有中国气派的科学理论，是顺应时代要求、响应人民心声、遵循执政规律的科学理论，从而增强对这一重要思想的政治认同、思想认同、情感认同，不断增强忠诚核心、拥戴核心、维护核心的思想自觉和行动自觉，更加坚定实现中华民族伟大复兴中国梦的信心和决心。

　　**习近平新时代中国特色社会主义思想，是在推进马克思主义中国化进程中，在传承中华优秀传统文化和革命文化、社会主义先进文化中发展起来的，焕发出马克思主义的真理光芒和强大的文化力量**

　　中国共产党是马克思主义的忠实继承者和丰富发展者，也是中华优秀传统文化的忠实传承者和发扬光大者。我们党在思想理论上有两个"老祖宗"，一个是马克思主义，一个是中华优秀传统文化。马克思主义是我们党的理论基石。我们党近百年的奋斗历程，从一定意义上说就是马克思主义中国化的进程，其间有两次历史性飞跃，产生了两大理论成果，这就是毛泽东思想和包括邓小平理论、"三个代表"重要思想、科学发展观在内的中国特色社会主义理论体系。习近平新时代中国特色社会主义思想，深深扎根于当代中国火热实践和中华民族 5000 多年博大文明，是马克思主义中国化最新成果，是中国特色社会主义理论体系的重要组成部分，是对马克思主义理论谱系的创造性继承和创新性发展，也是对中华优秀传统文化和革命文化、社会主义先进文化的创造性继承和创新性发展。习近平新时代中国特色社会主义思想没有丢掉马克思主义"老祖宗"，也没有丢掉中华优秀传统文化和革命文化、社会主义先进文化的"根脉"，而是使我们的"老祖宗"、我们的"根脉"在当今中国愈益焕发出真理的光芒、文明的光芒，使我们底气更足了、力量更强大了。这正是习近平新时代中国特色社会主义思想的独特魅力所在和独特优势所在。

　　习近平新时代中国特色社会主义思想始终坚持马克思主义立场观点方法，极大丰富发展了中国特色社会主义理论体系，为发展当代中国马克思主义、21世纪马克思主义作出了重大贡献。这一创新思想强调"革命理想高于天"，理直气壮地强调马克思主义、共产主义理想是共产党人的命脉和灵魂，旗帜鲜明批驳"共产主义渺茫论""共产主义过时论"，进一步提振了中国共产党的"精气神"。这一创新思想把马克思主义哲学作为看家本领，坚持和运用辩证唯物主义和历史唯物主义，强调树立战略思维、创新思维、辩证思维、法治思维、底线思维，既部署"过河"的任务，又指导解决"桥或船"的问题，丰富和发展了马克思主义哲学。这一创新思想提出了经济新常态、新发展理念、以人民为中心、使市场在资源配置中起决定性作用和更好发挥政府作用、供给侧结构性改革、加快构建开放型经济新体制、建设现代化经济体系等一系列新理念新思想新战略，书写了当代中国马克思主义政治经济学的新篇章。这一创新思想坚持科学社会主义的基本原则，在世界上高高举起了中国特色社会主义伟大旗帜，发展了中国特色社会主义道路、理论、制度、文化，推动科学社会主义在21世纪的中国焕发出强大生机活力。

　　习近平新时代中国特色社会主义思想吸吮着中华民族5000多年漫长奋斗积累的文化养分，开辟了传承和弘扬中华优秀传统文化、革命文化、社会主义先进文化的新局面，极大提升了中华民族的向心力和凝聚力，极大增强了中华民族屹立于世界民族之林的自信心和自豪感。党的十八大以来，我们党制定了《关于实施中华优秀传统文化传承工程的意见》，这是我们党历史上第一次以中央文件形式专题部署中华优秀传统文化传承发展工作，深刻体现了以习近平同志为核心的党中央对中华优秀传统文化的高度重视和高度自信。习近平总书记强调指出："文化自信，是更基础、更广泛、更深厚的自信。在5000多年文明发展中孕育的中华优秀传统文化，在党和人民伟大斗争中孕育的革命文化和社会主义先进文化，积淀着中华民族最深层的精神追求，代表着中华民族独特的精神标识。"习近平新时代中国特色社会主义思想蕴含着中华民族的价值共识、精神追求、政治智慧、历史经验，植根于包括红船精神、井冈山精神、长征精神、延安精神、西柏坡精神、大庆精神、"两弹一星"精神等在内的红色精神谱系，体现社会主义核心价值观思想灵魂，彰显以爱国主义为核心的民族精神和以改革创新为核心的时代精神，恪守忠诚老实、公道正派、实事求是、清正廉洁为核心的政党价值观，实现了真理性和价值性的统一，充满思想的力量、道义的力量和文化的力量。

**习近平新时代中国特色社会主义思想，是从习近平总书记几十年艰苦磨砺和从政实践中特别是多领域多层级领导岗位的历练中积累得来的，释放出深厚的"地气"和旺盛的活力**

习近平新时代中国特色社会主义思想是党和人民实践经验和集体智慧的结晶，习近平总书记以马克思主义政治家、理论家的深邃政治智慧和独特理论创造，为这一思想的创立发挥了决定性作用，作出了决定性贡献。"落其实者思其树，饮其流者怀其源。"领袖的产生绝非偶然，领袖思想的形成必有源头。习近平总书记的从政经历遍及党、政、军各个领域，历经村、县、地、市、省，直至中央等所有层级的主要岗位，其成长之路也是习近平新时代中国特色社会主义思想的萌生和孕育过程。

习近平新时代中国特色社会主义思想逻辑严密，贯穿着坚定信仰信念、鲜明人民立场、强烈历史担当、求真务实作风、勇于创新精神和科学方法论，体现了当代中国马克思主义和21世纪马克思主义的理论品质。这些无疑都源于习近平总书记的长期磨砺和从政实践。习近平总书记的七年知青岁月和长期地方领导实践，为习近平新时代中国特色社会主义思想的孕育和发展提供了活水源头。不少思想都是在基层和地方萌发、生成和发展的，都能够在总书记七年知青岁月中找到"根"和"源"，都能够在总书记地方领导实践的讲话和著述中找到原点和注脚。从《习近平的七年知青岁月》《知之深爱之切》《摆脱贫困》《干在实处走在前列》《之江新语》等著作中，也可以清晰地把握习近平新时代中国特色社会主义思想的历史脉络。我们最近把总书记在地方工作探索和实践的系列报道结集成《习近平同志地方领导实践》一书，印发给来党校学习的每一期学员，就是为了给领导干部提供回溯伟大思想生长、提高领导能力的鲜活教材。

实践出真知，基层是沃土。七年知青经历是习近平新时代中国特色社会主义思想的厚重底色和历史起点。作为年龄最小、去的地方最苦、插队时间最长的知青，习近平总书记经受了艰苦环境的考验，通过苦干得到了群众信任，通过苦熬磨炼了意志，通过苦读丰富了精神世界和知识底蕴。正是这段苦难经历的洗礼，淬炼和铸就了他坚韧不拔、志存高远、无私无畏、满腹经纶、内敛厚重的领袖魅力。在那里，"为群众做实事"的信念像种子一样在他心里生根发芽，最终长成了"坚持以人民为中心"这样的参天大树。在那里，他真正"懂得了什么叫实际，什么叫实事求是，什么叫群众"，真正感觉到"天下无难事"，增添了毅然决然的无穷底气和历史担当。凡此等等，从中可以领悟到习近平新时代中国特色社会主义思想的萌芽过程，领悟到大党大国领袖的心路历程。

正定是习近平总书记施展政治才华、展现历史担当的最初"试验田"。他自己也说"正定是我从政起步的地方"。在正定，他敢为人先，提出了不少新观点，实施了不少新举措，留下了实实在在的、人民群众满意的政绩。比如，出台"六项规定""三令五申刹住吃喝风"，提出"不改革才是犯了大错误""商品经济是一种开放性的经济"，力排众议建"荣国府"、抢救古树古寺古城墙、发展旅游经济，在全省率先推行"大包干"、摘掉了"高产穷县"帽子，出台了广纳贤士的"人才九条"，大讲"知、举、用、待、育"的人才经，亲自向全国发出 100 多封"求贤信"，邀请包括华罗庚在内的 50 多名全国知名专家担任顾问，还带队到美国考察农业，等等。这些思想、举措和实践，充分体现了他的为民情怀、改革思维、创新精神、开放意识、务实作风和责任担当。而这些，也正是习近平新时代中国特色社会主义思想的精髓要义和精神实质。

福建 17 年多从政实践是习近平总书记政治能力和治理能力得到全面历练和展示的关键期，也可以说是习近平新时代中国特色社会主义思想的萌发期。在宁德，他强调"以中国的繁荣昌盛为己任，尽短时间使整个国家'脱贫'，尽短时间使中国立于发达国家之林，才是更为紧迫、更为切实的思想和行动"，就"摆脱贫困"提倡"滴水穿石"精神、强调"弱鸟先飞";提出"我们很有必要树立'市场为主导'的战略思想",提出总体改革的设计必须是目标方案、过渡性方案和分步实施方案相互衔接配套;坚持从严治吏,制定廉政建设"十二项规定",严肃处理违规建房,展示出铁腕反腐的胆识和魄力。在福州,他勇当第一个"吃螃蟹"的人,推动福州经济技术开发区建设总公司成为福州首个"试水"股份制改革的国有企业,吹响了福州乃至全省国企改革的"冲锋号";着力推行"马上就办、真抓实干",曾带领市区领导两天接待逾 700 位来访群众,当场拍板、限期解决近 200 个问题。任福建省长时,他在全国率先提出并亲力亲为治理餐桌污染、建设食品放心工程,建立全程监管体系,守护广大人民群众"舌尖上的安全";亲自主导集体林权制度改革,实现"山定权、树定根、人定心",福建山多、林多、树多,森林覆盖率连续多年居全国第一;领风气之先,提出建设"数字福建",攻占信息化的战略制高点;等等。这些思想和实践涉及经济建设、政治建设、文化建设、社会建设、生态文明建设和党的建设等各个方面,构成习近平新时代中国特色社会主义思想的重要实践基础和思想理论本源。

主政浙江和上海期间是习近平总书记的政治家素质和执政能力得到全面提升的黄金期,也是习近平新时代中国特色社会主义思想生成的重要阶段。在浙江,他强调"干在实处,走在前列",提出推进浙江"四位一体"总体布局,制定实施作为浙江经济社会发展总纲的"八八战略",强调"现代化建设不能留盲区死角,实现全面小康一个乡镇也不能掉队",率先提出建设"生态省"的战略构想,提出"绿水青山就是金山银山",强调市场经济必然是法治经济、信用经济，强调发展开放型经济，大力推动"法治浙江"建设、"美丽乡村"建设，强调"丢掉了思想文化这个灵魂，这个国家、这个民族是立不起来的"，强调"莫把制度当'稻草人'摆设"，强调"有贪必反、有腐必惩、有乱必治"，呼吁要强化活到老、学到老的思想，主动来一场"学习的革命"，等等。这些思想和实践把浙江带上了发展快车道，浙江成为全国可持续发展的试验田和排头兵。2007 年，他临危受命担任上海市委书记，虽然只在上海工作了 7 个月时间，但马不停蹄考察了全市所有 19 个区县，提出不少新思想新举措。比如，他强调"优秀文化传统和革命精神，是历史赐予我们的宝贵财富，也是我们开拓未来的丰富资源和不竭动力"，强调发扬"钉钉子"精神，强调"开明睿智才能进一步海纳百川"，强调"解决好'如何考核政绩'的问题，抓紧建立和完善科学的干部考核体系"，强调推进以上海为"龙头"的长三角一体化，等等。现在回过头来看，这些全方位思考和实践产生的影响是深入持久的。

正所谓"水有源、树有根"。习近平总书记在地方的丰富实践、深邃思考和不断探索与习近平新时代中国特色社会主义思想前后存在着一以贯之、深化拓展、不断升华的发展脉络和思想逻辑，在实践基础、理论渊源、思想内涵、精神品质、语言风格等方面具有内在的继承性和一致性，体现了党的核心、人民领袖的个人魅力、政治品格与理论品质的高度统一。正是这样的实践积淀和厚积薄发，厚植了他治国理政的扎实根基，成就了他非同凡响的领袖风范，成就了他博大精深的思想理论。

## 习近平新时代中国特色社会主义思想，是从十八大以来五年的历史性成就和历史性变革中总结出来的，展现出无比广阔的时代舞台和无比强大的引领力量

时代是思想之母，实践是理论之源。当今中国在新中国成立特别是近 40 年改革开放的基础上，取得了历史性成就，发生了历史性变革。这些给我们党提出了一个重大时代课题，那就是必须从理论和实践结合上系统回答新时代坚持和发展什么样的中国特色社会主义、怎样坚持和发展中国特色社会主义。正是围绕回答这一重大理论和实践问题，习近平总书记坚持把马克思主义基本原理同中国具体实践相结合，坚持以人民为中心，坚持问题导向，以全新视野作出战略抉择，以顶层设计谋划事业发展，带领全党全国人民开创了中国特色社会主义新时代，形成了习近平新时代中国特色社会主义思想。

"四个伟大"是催生习近平新时代中国特色社会主义思想的伟大实践。马克思说过："一切划时代的体系的真正的内容都是由于产生这些体系的那个时期的需要而形成起来的。"习近平总书记指出：在新的时代条件下，我们要进行伟大斗争、建设伟大工程、推进伟大事业、实现伟大梦想，仍然需要保持和发扬马克思主义政党与时俱进的理论品格，勇于推进实践基础上的理论创新。"四个伟大"就是时代的呼唤，就是关乎党和国家前途命运的重大根本问题。党的十八大以来的理论创新，就是建立在"四个伟大"实践基础之上的。"四个伟大"紧密联系、相互贯

通、相互作用，协调统一于新时代党和国家全部事业发展之中。坚持党对一切工作的领导、全面深化改革的总目标、新发展理念、"四个全面"战略布局、构建人类命运共同体等，无不植根于"四个伟大"实践。习近平新时代中国特色社会主义思想就是从"四个伟大"实践土壤中生长出来的理论硕果，并将指导夺取"四个伟大"的新胜利。

习近平新时代中国特色社会主义思想内涵丰富、博大精深，其中最核心的内容就是从实践中概括出来的"八个明确"。"八个明确"是新时代坚持和发展中国特色社会主义的"导航仪"，主要明确了新时代中国社会的主要矛盾，明确了新时代坚持和发展中国特色社会主义的总目标、总任务、总体布局、战略布局和发展方向、发展方式、发展动力、战略步骤、政治保证。在"八个明确"中，有的是对于过去目标的提升和完善，有的是对党的十八大以来治国理政新理念新思想新战略的集中概括，有的是全新的理论判断，有的则是对过去模糊认识的澄清。这些思想源于实践又指导实践，为中国特色社会主义注入了新的科学内涵，进一步彰显了中国特色社会主义更加鲜明的时代特色、实践特色、理论特色、民族特色，续写了 21 世纪马克思主义、当代中国马克思主义的光辉篇章。

新时代坚持和发展中国特色社会主义的基本方略，即党的十九大概括的"十四个坚持"，是对党的治国理政实践经验的最新总结，是实现"两个一百年"奋斗目标、实现中华民族伟大复兴中国梦的科学方法论，是夺取中国特色社会主义事业新胜利的坚强保证。什么时候坚持这一基本方略，中国特色社会主义事业就兴旺发达；什么时候忽视这一基本方略，中国特色社会主义事业就会遭遇挫折。这"十四个坚持",既是习近平新时代中国特色社会主义思想的重要组成部分,也是落实这一创新思想的实践要求,必须毫不动摇地坚持、不折不扣地落实。

## 习近平新时代中国特色社会主义思想,是从中国与世界的深度互动中成长而来的,表现出海纳百川的开放意识和造福世界的实践力量

不拒众流,方为江海;海纳百川,有容乃大。一个开放兼容的国家才能走向繁荣昌盛,一个兼收并蓄的政党才能永葆旺盛活力。世界性和实践性是马克思主义理论不断发展的内在要求,也是当代中国马克思主义、21世纪马克思主义的显著特色。

世界正处于大发展大变革大调整时期,面临的不稳定性不确定性突出,逆全球化趋势凸显,人类面临挑战进一步加剧。党的十八大以来,以习近平同志为核心的党中央以广阔深邃的世界眼光洞察世界大势,以关注人类前途命运的天下情怀和推动世界发展进步的宏大胸襟,科学统筹国内国际两个大局,提出了包括正确义利观、新安全观、全球治理观、人类命运共同体、"一带一路"等一系列有利于世界和平与人类进步的新理念新倡议新方案,得到了国际社会的广泛认同。这些新理念新倡议新方案是中国与世界深度互动的产物,是习近平新时代中国特色社会主义思想的重要组成部分,必将对世界发展进程产生深远影响,必将载入人类发展史册。

习近平新时代中国特色社会主义思想深刻阐明了新时代坚持和发展中国特色社会主义的总任务,即实现社会主义现代化和中

华民族伟大复兴。这是近代以来中华民族最伟大的梦想。中国梦同各国人民的梦想息息相通。让世界人民共享中国发展成果是中国共产党人和中国人民的愿望。中华民族复兴之时，也是世界治理大进步、世界格局大改观、世界面貌大变样之日。党的十八大以来，中国坚持稳中求进工作总基调，以供给侧结构性改革为主线，推动经济发展质量变革、效率变革、动力变革，克服了经济下行压力，使中国经济长时期保持中高速增长，继续在世界主要国家中处于领先位置。事实证明，中国的发展对推动世界进步不仅具有重要而不可替代的作用，而且也为其他国家（地区）和人民带来前所未有的发展机遇。目前，中国已经成为推动世界经济发展的重要引擎和支撑力量，为全球经济增长的贡献率超过30%，比美国、日本和欧盟的总和还多。更重要的是，中国不仅为世界经济社会发展提供了越来越多的"物质产品"，更为世界发展和人类进步提供超越意识形态的"中国方案"。这是当代中国对世界作出的最重要贡献。

中国共产党是为中国人民谋幸福的政党，也是为人类进步事业而奋斗的政党。坚持推动构建人类命运共同体是习近平新时代中国特色社会主义思想的核心要义之一。习近平总书记提出的构建人类命运共同体思想得到世界各国广泛认同和高度评价，推动中国更好地融入了世界，世界也更好地接纳了中国。这些不仅表现在"人类命运共同体"被写入联合国的决议上，还表现在中国对金融危机影响下复苏缓慢的全球经济的积极引领上，表现在实现政策沟通、设施联通、贸易畅通、资金融通、民心相通的"一带一路"建设的深入推进上，表现在人民币加入国际货币基金组织特别提款权货币篮子的标志性事件上，表现在中国在世界治理中的深度参与和积极作为上，表现在中国"朋友圈"的日益扩大上。简而言之，当今中国已经名副其实地成为世界和平的建设者、全球发展的贡献者、国际秩序的维护者。

习近平总书记指出："让和平的薪火代代相传，让发展的动力源源不断，让文明的光芒熠熠生辉，是各国人民的期待，也是我们这一代政治家应有的担当。"在习近平新时代中国特色社会主义思想指引下，中国将高举和平、发展、合作、共赢的旗帜，秉承"美美与共，天下大同"的传统美德，尊重世界文明多样性，努力用文明交流超越文明隔阂、用文明借鉴超越文明冲突、用文明共存超越文明优越，不断促进世界经济更加平衡、全球治理更加有效、国际关系更加合理，为世界发展和人类进步作出新的更大贡献。

（原载《学习时报》2017 年 11 月 17 日）

# 伟大思想理论因何伟大

## ——论习近平新时代中国特色社会主义思想的重大意义

中国特色社会主义进入了新时代。这是一个伟大的时代，一个需要伟大思想理论也能够产生伟大思想理论的时代。习近平新时代中国特色社会主义思想，就是这个伟大时代产生的伟大思想理论。

习近平新时代中国特色社会主义思想为什么伟大？因为这一思想是在新时代中国特色社会主义伟大实践中产生形成的，因为这一思想是以习近平同志为主要代表的中国共产党人创造创立的，更因为这一思想本身具有重大的政治意义、历史意义、理论意义、实践意义、世界意义。

**这一思想的重大政治意义，根本在于它对形成、确立、巩固习近平总书记党中央的核心、全党的核心地位提供了不可替代、不可或缺的思想保障和理论基础**

马克思曾经说过，每一个社会时代都需要有自己的大人物，如果没有这样的人物，这个社会时代就要把他们创造出来。在中国特色社会主义进入新时代这样的历史关键时期，中国共产党、中国人民、中华民族尤其需要有自己的大人物。这样的大人物，既要有马克思主义政治家的深刻洞察力和战略远见，又要有马克思主义理论家的非凡理论造诣和深厚文化底蕴；既要有职业革命家的强烈历史担当和大无畏献身精神，又要有战略实干家的丰厚实践经验和卓越领导才干。这样的大人物，既要用治国理政成就证明实践领导力，又要用科学思想理论展示思想引领力；既要让全党全国人民在行动上坚决追随，又要让全党全国人民在思想上自觉看齐。

习近平总书记就是中国特色社会主义新时代产生的这样的大人物。习近平总书记党中央的核心、全党的核心地位，来自党的十八大以来他带领全党励精图治、革故鼎新所取得的历史性成就、所发生的历史性变革，来自他长期以来在多个领域、多个领导层级积淀的深厚政治基础、思想基础、群众基础、实践基础，也来自主要由他创立的习近平新时代中国特色社会主义思想的强大创造力、凝聚力、战斗力、引领力。这一思想系统完备、内涵丰富、思想深邃、逻辑严密，充分体现了习近平总书记马克思主义政治家、战略家的宽广视野和远见卓识，充分彰显了习近平总书记马克思主义理论家的高超理论素养和卓越理论建树。党的十九大用习近平总书记的名字冠名新时代中国特色社会主义思想并将其确立为全党必须长期坚持的指导思想写入党章，把坚定维护以习近平同志为核心的党中央权威和集中统一领导写入党章，这是对马克思主义权威观、领袖论的自觉坚持与科学遵循，是十九大最重大的政治成果、最深远的历史贡献。

用为创立和发展马克思主义理论作出决定性贡献的党的领袖

名字冠名理论成果，在国际共产主义运动和世界社会主义实践中有不少前例。世界上，有马克思主义、列宁主义等；我们党，有毛泽东思想、邓小平理论。从历史实践来看，马克思主义政党领袖的形成、确立，同党的指导思想的创立、确认是相互联系、相互依托、相互作用、相辅相成的。马克思主义从来不是束之高阁的学究式学问，而是实践的科学理论、行动的管用思想。领袖创立思想，思想武装政党，政党指引人民，人民投身实践，实践又造就领袖，这是170年来马克思主义和科学社会主义发展的基本规律和内在逻辑。马克思主义政党领袖创立的理论越是切合时代需要，越是博大精深，越是占据思想制高点，越是务实管用，就越具有至高的理论权威性，他的领袖地位和政治权威就越是坚如磐石、不可替代。

拿我们党来说，遵义会议前党处在幼年和不完全独立自主时期，既未形成众望所归的政治领袖，也未形成全党认同的马克思主义同中国实际相结合的革命理论。这也是中国革命几经挫折甚至面临失败危险的重要原因。遵义会议确立了毛泽东同志在红军和党中央的领导地位，党开始形成坚强的领导核心，党在理论上也随之逐渐成熟起来。毛泽东同志到陕北后，深刻总结中国革命正反两方面经验，进一步深入思考和探索中国革命一系列重大问题。当他创造性地写出一篇篇马克思主义中国化的雄文巨著，用实践证明"山沟里的马克思主义"才是真正科学、真正管用的马克思主义，全方位展现了马克思主义理论素养和理论形象时，不仅他的军事家、政治家、战略家地位得到中央领导层和全党的进一步高度认同，他的马克思主义理论家和理论权威的地位也水到渠成、实至名归地得到中央领导层和全党的高度认同。党的七大用毛泽东同志的名字冠名中国共产党的创新理论，把毛泽东思想确立为党的指导思想并写入党章，就是用党的根本大法这一最高形式对毛泽东同志核心和领袖地位的高度认同，就是对毛泽东思想指导地位的高度认同。

中国革命、建设、改革实践充分证明：对于我们这样的大党、长期执政的党来说，形成真正掌握了科学理论的坚强核心和英明领袖，创立揭示规律、指引道路、激励奋斗的科学理论和指导思想，是党成熟卓越的最高境界，是党坚强有力的最高水平，是全党全军全国人民大团结的最高体现，对于凝聚全党进而凝聚全国各族人民齐心协力为实现党的理论、纲领、路线和方针政策不懈奋斗具有根本保障作用。现在，党和人民有了习近平总书记这样的坚强核心和英明领袖，有了习近平新时代中国特色社会主义思想这个全党全军全国人民坚不可摧的精神支柱，这是党之大幸、国之大幸、民之大幸，必须倍加珍惜、坚决维护、忠诚追随。核心就是灵魂、就是力量，理论.就是旗帜、就是方向。核心的政治权威为理论的落地落实从政治上组织上保驾护航，理论的思想权威为核心运筹帷幄、决胜千里从思想上理论上发挥保障作用。对核心的忠诚和服从，就是对科学真理和客观规律的服从；对科学理论学懂弄通做实，就是对核心的最好追随、最大忠诚和真正维护。我们说习近平新时代中国特色社会主义思想的重大政治意义根本在于这一思想对形成、确立、巩固习近平总书记的核心地位提供了思想保障和理论基础，其大逻辑、大道理就在这里。

**这一思想的重大历史意义，根本在于它的形成、发展和广泛实践使中国成为 21 世纪科学社会主义的理论策源地、实践创新地、发展引领地，成为振兴世界社会主义的中流砥柱**

科学社会主义实践和马克思主义政党领导，是与生俱来、紧紧相联的。中国共产党成立以来，带领中国人民经历了从选择社会主义到进行以社会主义为目标的革命、从建设社会主义到开辟中国特色社会主义、从坚持和发展中国特色社会主义到进入新时代中国特色社会主义这样波澜壮阔的历史进程，这也是中华民族从站起来、到富起来再到强起来的历史进程。实践充分证明，只有社会主义才能救中国，只有中国特色社会主义才能发展中国，只有新时代中国特色社会主义才能强大中国，全面建成社会主义现代化强国。

习近平新时代中国特色社会主义思想，正是党的十八大以来新时代中国特色社会主义伟大实践的理论总结和理论形态。以习近平同志为核心的党中央以巨大的政治勇气和强烈的责任担当，提出一系列新理念新思想新战略，出台一系列重大方针政策，推出一系列重大举措，推进一系列重大工作，解决了许多长期想解决而没有解决的难题，办成了许多过去想办而没有办成的大事，推动党和国家事业取得历史性成就、发生历史性变革，从实践上生动诠释和展示了习近平新时代中国特色社会主义思想的强大理论力量和精神力量。在这一思想指引下，新时代中国特色社会主义道路越走越宽广、越走越顺畅，使科学社会主义在 21 世纪的中国焕发出前所未有的强大生机活力，在世界上高高举起了中国特色社会主义伟大旗帜。这不仅在中华人民共和国发展史上、中华民族发展史上具有重大意义，在世界社会主义发展史上、人类社会发展史上也具有重大意义。

世界社会主义500年，经历了从空想到科学、从理论到实践、从一国实践到多国发展、从遭受严重挫折到正在逐渐走出低潮的曲折历程。以中国特色社会主义发展取得的巨大成就特别是十八大以来取得的历史性成就、发生的历史性变革为标志，世界社会主义与世界资本主义的对比态势正在发生有利于社会主义的深刻变化。曾几何时，苏联解体、东欧剧变，不仅导致世界上第一个社会主义国家和东欧社会主义国家不复存在，而且对向往社会主义的广大发展中国家带来严重冲击，很多发展中国家被迫走上照搬西方制度模式的道路。那时，有人宣称"历史已经终结"于资本主义制度，"20世纪将以社会主义失败和资本主义的胜利而告终"，还有人断定社会主义中国也将随着"多米诺骨牌"效应而轰然倒下，等等。

这些话不仅说早了，归根结底说错了。三十年河东、三十年河西，黄河九曲、终向大海。历史总是按自己的逻辑向前演进。"只要中国社会主义不倒，社会主义在世界上始终站得住。"今天，中国特色社会主义取得的巨大成功，"中国之治"与"西方之乱"的鲜明对比，进一步显现出新时代中国特色社会主义的无比优势，进一步表明社会主义不仅没有灭亡也不会灭亡，而且焕发出蓬勃生机活力。

中国特色社会主义道路的开创者邓小平同志在上个世纪80年代初高瞻远瞩地指出："我们中国要用本世纪末期的二十年，

再加上下个世纪的五十年，共七十年的时间，努力向世界证明社会主义优于资本主义。我们要用发展生产力和科学技术的实践，用精神文明、物质文明建设的实践，证明社会主义制度优于资本主义制度，让发达的资本主义国家的人民认识到，社会主义确实比资本主义好。"他还满怀信心地预言："到下世纪中叶，能够接近世界发达国家的水平，那才是大变化。到那时，社会主义中国的分量和作用就不同了，我们就可以对人类有较大的贡献。"邓小平同志的这些战略预见和战略谋划，在当代中国共产党人和中国人民的接续奋斗中正在变为现实，在习近平新时代中国特色社会主义思想指引下必将完全实现。

今年是《共产党宣言》发表 170 周年。放眼过去、现在和未来，科学社会主义深刻改变了人类社会的发展进程和整个世界的格局，中国特色社会主义谱写了社会主义 500 年来最华彩的篇章，新时代中国特色社会主义则继往开来、以全面建成社会主义现代化强国的决定性成就来雄辩证明科学社会主义的强大活力和历史必然性。这正是习近平新时代中国特色社会主义思想重大历史意义的根本所在。

**这一思想的重大理论意义，根本在于它是马克思主义同中国实际相结合又一次历史性飞跃的成果，是当代中国马克思主义、21 世纪马克思主义又一座耀眼高峰**

习近平新时代中国特色社会主义思想是在世界发生百年未有之大变局的国际环境和中国特色社会主义进入新时代的国内条件

下，在党的十八大以来决胜全面建成小康社会、向"两个一百年"奋斗目标迈进、实现中华民族伟大复兴的中国梦实践中，在总结我国改革开放和社会主义现代化建设经验的基础上，形成和发展起来的。这一思想把我们党90多年的不懈追求、新中国近70年的艰苦奋斗、中华民族5000多年的文明发展贯通起来，把马克思主义基本原理、科学社会主义基本原则、中国特色社会主义理论体系贯通起来，具有深厚的历史背景、时代特征和理论渊源。

习近平新时代中国特色社会主义思想秉持"老祖宗不能丢"的坚定信仰信念，强调要正确认识改革开放前后"两个30年"的关系，指出新民主主义革命的胜利成果决不能丢、社会主义革命和建设的成就决不能否定、改革开放和社会主义现代化建设的方向决不能动摇；强调中国特色社会主义是社会主义而不是其他什么主义，科学社会主义基本原则不能丢，丢了就不是社会主义。这些思想观点，彰显着对马克思主义的执着追求，闪耀着马克思主义真理光芒。

习近平新时代中国特色社会主义思想既坚持马克思主义又坚持解放思想、与时俱进，围绕坚持和发展中国特色社会主义这个主题创造性地提出了一系列新理念新思想新战略，在理论上有重大突破、重大创新、重大发展。这一思想明确提出：新时代党的总任务是实现社会主义现代化和中华民族伟大复兴，在全面建成小康社会基础上分两步走在本世纪中叶全面建成社会主义现代化强国；新时代我国社会主要矛盾是人民日益增长的美好生活需要和不平衡不充分的发展之间的矛盾；新时代中国特色社会主义事业的总体布局是"五位一体"、战略布局是"四个全面"；新时代全面深化改革的总目标是完善和发展中国特色社会主义制度、推进国家治理体系和治理能力现代化；新时代全面推进依法治国总目标是建设中国特色社会主义法治体系、建设社会主义法治国家；新时代党的强军目标是建设一支听党指挥、能打胜仗、作风优良的人民军队，把人民军队建设成为世界一流军队；新时代中国特色大国外交要推动构建新型国际关系，推动构建人类命运共同体；中国特色社会主义最本质的特征是中国共产党的领导，中国特色社会主义制度的最大优势是中国共产党领导，党是最高政治领导力量；等等。这些新理念新思想新战略，充分展示了博大精深的思想理论逻辑，彰显了习近平新时代中国特色社会主义思想的核心要义。

习近平新时代中国特色社会主义思想是一个系统完备的科学体系，其思想内涵可以从三个维度来理解。第一个维度，主要包括新时代坚持和发展中国特色社会主义的总目标、总任务、总体布局、战略布局和发展方向、发展方式、发展动力、战略步骤、外部条件、政治保证等基本问题方面的思想内涵。党的十九大概括的"八个明确"和"十四个坚持"，就属于这个范畴。第二个维度，主要包括哲学、政治经济学、科学社会主义，涵盖经济、政治、法治、科技、文化、教育、民生、民族、宗教、社会、生态文明、国家安全、军队和国防、"一国两制"和祖国统一、统一战线、外交、党的建设等方面的思想内涵。如习近平新时代中国特色社会主义经济思想、习近平强军思想等。第三个维度，主要包括涉及各个领域、各条战线具体工作的思想内涵，如脱贫攻坚思想、文艺思想、党校工作思想等等。再就是贯穿在整个思想内涵中的马克思主义立场观点方法。以上所有这些思想内涵，构成习近平新时代中国特色社会主义思想的系统完整体系。

无论从马克思主义发展史看，还是从中国共产党理论创新史看，习近平新时代中国特色社会主义思想鲜明勾勒出 21 世纪中国和 21 世纪社会主义的前途命运，以全新的视野深化对共产党执政规律、社会主义建设规律、人类社会发展规律的认识，从理论和实践的结合上创造性地回答了新时代坚持和发展什么样的中国特色社会主义、怎样坚持和发展中国特色社会主义这一重大时代问题，以新的思想观点继承和发展了马克思列宁主义、毛泽东思想、邓小平理论、"三个代表"重要思想、科学发展观，谱写了当代中国马克思主义、21 世纪马克思主义新篇章。

马克思主义同中国实际相结合即马克思主义中国化，经历了90 多年，已经有两次历史性飞跃。第一次飞跃发生在新民主主义革命时期，中国共产党人经过反复探索，找到了有中国特色的革命道路，形成了毛泽东思想，把中国革命引向胜利。第二次飞跃发生在党的十一届三中全会以后，中国共产党在总结我国经验和研究国际形势的基础上，开辟了中国特色社会主义道路，形成了包括邓小平理论、"三个代表"重要思想、科学发展观在内的中国特色社会主义理论体系。习近平新时代中国特色社会主义思想的形成，实现了马克思主义中国化的又一次历史性飞跃，把当代中国马克思主义、21 世纪马克思主义推向了高峰。在当今中国，只有习近平新时代中国特色社会主义思想而没有其他思想能够解决中国的现实问题；坚持习近平新时代中国特色社会主义思想，就是真正坚持马克思列宁主义、毛泽东思想，就是真正坚持邓小平理论、"三个代表"重要思想、科学发展观。

**这一思想的重大实践意义，根本在于它把中国特色社会主义带进一个新时代，为全面建成社会主义现代化强国、实现中华民族伟大复兴提供了理论指导和行动指南**

习近平新时代中国特色社会主义思想植根中国大地、反映人民意愿、适应新的时代特征和中国发展进步要求，是来自实践、经过实践检验又指导实践的马克思主义强大思想武器。

这一思想以坚持和发展中国特色社会主义为主题、以我们正在做的事情为中心，在应对重大挑战、抵御重大风险、克服重大阻力、解决重大矛盾过程中展开战略部署，指导生动实践，推动各项工作。通过崇尚创新、注重协调、倡导绿色、厚植开放、推进共享，让当代中国发展基础更加厚实；通过认识新常态、适应新常态、引领新常态，把握我国经济发展大逻辑，让我国经济向形态更高级、分工更优化、结构更合理的阶段演进；通过推进供给侧结构性改革，使我国供给能力更好满足广大人民日益增长、不断升级和个性化的物质文化生活需要，从而实现社会主义生产目的；通过涉深水区、蹚地雷阵、啃硬骨头，搭建"四梁八柱"，为全面深化改革杀出一条血路；通过刀刃向内、壮士断腕、刮骨疗伤，以大无畏的自我革命让伟大的中国共产党浴火重生，更加先进、更加优秀。凡此等等，都是十八大以来在习近平新时代中国特色社会主义思想指引下，在中国大地上演的一幕幕壮丽活剧、汇成的"四个伟大"壮阔洪流，由此开创了中国特色社会主义新时代，把中国的发展带到新的历史方位。

　　这一思想坚持目标导向和问题导向相统一，以深邃的战略思维、高度的责任担当、务实的政策统筹，审视当前和长远、局部和全局、理论和实践中遇到的问题，提出战略性思路和举措。在宏观层面，这一思想深刻回答了中国特色社会主义新时代中国共产党举什么旗、走什么路、以什么样的精神状态、担负什么样的历史使命、实现什么样的奋斗目标等一系列根本问题，向世界再次昭告中国既不走封闭僵化的老路、也不走改旗易帜的邪路、而是坚定不移走中国特色社会主义正路的鲜明立场，为新时代的中国指明了前进方向。在工作层面，这一思想聚焦实现战略目标，高屋建瓴地对改革发展稳定、内政外交国防、治党治国治军等各个方面提出明确的战略要求和政策指导，为实现"两个一百年"奋斗目标提供了行动纲领。在未来层面，这一思想全面规划了从全面建成小康社会到基本实现现代化再到全面建成社会主义现代化强国的战略安排和路线图、时间表，为决胜全面建成小康社会、夺取新时代中国特色社会主义伟大胜利凝聚起磅礴力量。在世界观和方法论层面，这一思想贯穿的坚定理想信念、鲜明人民立场、强烈历史担当、求真务实作风、勇于创新精神和科学方法论，体现了辩证唯物主义和历史唯物主义的精髓要义，体现了中华民族优秀传统文化的智慧结晶，体现了我们党90多年来的奋斗实践，体现了十八大以来我们党与时俱进的创新创造，为新时代中国共产党人正确认识客观世界、自觉改造主观世界提供了哲学武器。总起来说，习近平新时代中国特色社会主义思想具有极强的创造性、实践性、指导性，是引领中国特色社会主义新时代的纲领、旗帜和灵魂。在这一思想的科学引领下，新时代中国特色社会主义伟大实践必将战胜一切困难和挑战不断取得新胜利，十九大确定的本世纪中叶全面建成社会主义现代化强国的目标必将实现。

中国全面实现社会主义现代化，是一个什么样的概念呢？当今世界完成工业化的发达国家和地区的人口总和不到 10 亿人，约占世界总人口的 15%。而中国大陆的人口已近 14 亿，约占全球人口总数的 20%。就是说，中国全面实现社会主义现代化，迈入发达国家行列，将超过几个世纪以来全世界所有现代化国家和地区人口的总和。世界多数专家学者认为，不管采取什么样的口径，按照目前的发展态势，中国的经济总量在未来 10 年至 15 年超过美国，重新回到曾经拥有的世界第一经济体的位置是大概率事件。新中国成立一百年时，中国实现了全面建成现代化强国的目标，将成为综合国力和国际影响力领先的国家，中华民族将以更加昂扬的姿态屹立于世界民族之林。一个有 5000 多年文明史、有 960 多万平方公里国土、有十几亿人口的社会主义国家，用一个世纪的时间实现了建成富强民主文明和谐美丽社会主义现代化国家的奋斗目标，这是人类历史上亘古未有的伟业，具有何等伟大的意义！

**这一思想的重大世界意义，根本在于它给世界上那些既希望加快发展又希望保持自身独立性的国家和民族提供了全新的路径选择，为解决人类问题贡献了中国智慧和中国方案**

在人类社会进入世界历史的时代，一种伟大的思想理论必然是世界性的，必然贯穿着世界眼光、世界意识、世界情怀。习近平新时代中国特色社会主义思想立足中国，把为中国人民谋幸福、为中华民族谋复兴作为自己的神圣使命和主旨；同时也面向世界，把为人类进步事业而奋斗、为人类作出新的更大贡献作为自己义不容辞的担当和责任。在这一思想的引领下，中国共产党作为一个伟大的政党，中国作为一个伟大的国家，中华民族作为一个伟大的民族，在谋划和实现自身发展变化进步的同时，也全面深刻地影响着世界，有力推动着人类进步事业的发展。

当今世界正处于大发展大变革大调整时期。"民主赤字""和平赤字""治理赤字""发展陷阱"此起彼伏，贫富分化、恐怖主义、气候变化等问题层出不穷。资本主义主导的国际政治经济体系弊端丛生，全球治理体系深刻变革，新的国际秩序正在孕育。面对世界出现的一系列重大问题，世界需要新的方向、新的方案、新的选择。习近平新时代中国特色社会主义思想以恢宏视野和战略思维，鲜明提出一系列关于人类前途命运的新理念新思想新主张，凸显了中国特色的大国风范和大国担当。

请看，提出构建人类命运共同体，为整个世界谋求安宁幸福和谐；倡导和推动"一带一路"，运用经济的方式、利益的纽带把沿路沿带国家紧密聚合起来，实现政策沟通、设施联通、贸易畅通、资金融通、民心相通，使"人类命运共同体"这一理念有了可靠的现实抓手和平台依托。凡此种种中国方案、中国智慧感召着世界，赢得了广泛认同。2017年岁末，中国共产党与世界政党高层对话会在北京举行，全世界近300个政党与政治组织领导人齐聚一堂。习近平总书记在对话会上发表题为《携手建设更加美好的世界》主旨讲话，从政治高度提出了构建人类命运共同体的"政党版"倡议，与"一带一路"倡议从经济上发力相呼应，共同构成了构建人类命运共同体的"一体两翼"，为推进全球治理贡献了中国智慧，进一步增强了中国共产党在解决人类重大问题方面的政治引领作用。

请看，习近平新时代中国特色社会主义思想为人类对美好社会制度的探索提供了中国方案。当今世界尤其是广大发展中国家，普遍面临着发展经济、提高人民生活水平的课题。这一思想破除了近现代以来西方社会发展模式的一统天下，是开辟人类社会发展新道路的伟大创举，也是中国在探索社会制度方面贡献给世界的"中国方案"。中国道路的成功极大地鼓励发展中国家积极探索符合本国国情的发展道路，尤其对那些盲目采用西方政治制度而陷入泥淖的发展中国家具有十分有益的政治启示。中国道路不仅仅是政治发展道路、社会发展道路，根本意义上是一条文明发展道路。在习近平新时代中国特色社会主义思想引领下的中华民族伟大复兴，绝不仅仅是经济体量的壮大、政治影响的扩大、军事实力的增强、国际地位的提升，而且是一个绵延数千年而没有中断的古老文明以一种新的姿态回到人类文明的高峰，给21世纪的人类思想宝库盖上"中国印"，彰显了中华文明之光，进一步丰富了人类文明的多样性，真正让文明交流超越文明隔阂、文明互鉴超越文明冲突、文明共存超越文明优越。所有这些，都大大提升了中国共产党、社会主义中国和中华民族在世界上的地位和影响力。

中国如今正站在一个伟大的历史新起点上。今后30年上下，是中华民族迎来伟大复兴的"丰收期"，也是中国共产党带领人民而今迈步从头越的又一个"创业期"。沧海横流，方显英雄本色。有以习近平同志为核心的党中央坚强领导，有习近平新时代中国特色社会主义思想的科学引领，有 13 亿多中国人民聚合起来的磅礴伟力，我们完全有信心实现既定的奋斗目标，为人类进步事业继续开拓中国道路、创造中国经验、提供中国方案。这是充分展示人类雄心和智慧的无与伦比的伟大创举，值得全体中国共产党人和中国人民为之满腔豪情地不懈奋斗！

（原载《学习时报》2018 年 2 月 14 日）

# 习近平新时代中国特色社会主义思想
# 与四十年改革开放

马克思、恩格斯说过："一切划时代的体系的真正的内容都是由于产生这些体系的那个时期的需要而形成起来的。"回顾马克思主义发展史我们看到：马克思主义是资本主义制度在西欧和北美确立其统治地位、自由资本主义经济得到长足发展并把它的影响扩展到全世界，无产阶级作为一个自为的阶级已经登上历史舞台，这样一个时代背景的产物。列宁主义是在自由资本主义进入垄断资本主义阶段、帝国主义列强为争夺殖民地和资源的矛盾不断加剧以致爆发了世界大战，社会主义革命有可能在帝国主义统治的薄弱环节首先取得胜利，这样一个时代背景的产物。毛泽东思想是在俄国十月革命已经取得成功，社会主义由理论变为活生生现实并不断发展，世界范围的民族解放运动风起云涌，中国共产党领导的争取民族独立和人民解放的斗争星火燎原、蓬勃兴起，这样一个时代背景的产物。包括邓小平理论、"三个代表"重要思想、科学发展观在内的中国特色社会主义理论体系，是在和平与发展成为时代主题、经济全球化浪潮汹涌而来，中国实行改革开放并取得举世瞩目成就、中国特色社会主义焕发出强大生机活力，这样一个时代背景的产物。

习近平新时代中国特色社会主义思想，则是在世界发生百年未有之大变局、中国发生历史性大变革、中国特色社会主义取得新的伟大胜利、中华民族伟大复兴展现出前所未有的光明前景，这样一个时代背景的产物。

## 习近平新时代中国特色社会主义思想发轫和孕育于改革开放伟大实践，是与习近平同志几十年丰富的从政实践紧紧联系在一起的

任何理论都有其实践源头和思想源头。改革开放是中国共产党领导人民进行的一场伟大社会革命，是坚持和发展中国特色社会主义的必由之路，毫无疑问也是形成中国特色社会主义理论的实践源泉。一部改革开放史，就是一部中国特色社会主义理论形成和发展史；一部中国特色社会主义理论形成和发展史，也是一部改革开放史。

因此，习近平新时代中国特色社会主义思想的实践源头和思想源头，无疑也要循着这一思想的主要创立者习近平同志在改革开放进程中的经历去追索。在担任中共中央总书记之前，习近平同志既在部队工作过，又长期在地方工作；既在内陆农业地区工作，也曾在沿海地区工作；既主政过集中连片的贫困地区，也主政过省会城市；既当过一省之长，也当过省委书记，还主政过上海这个中国最大的城市；既有在地方各个层级直接领导改革开放的实践和经验，又有在中央最高层谋划和领导改革开放的实践和经验。这 30 多年，正是中国改革从农村到城市，从试点到推广，从经济体制改革到各方面体制改革，

从对内搞活到对外开放，从部分地区和领域对外开放到全方位多层次宽领域对外开放，不断向广度和深度推进的时期。改革开放不仅极大解放和发展了社会生产力，极大增强了社会活力，也使民族精神获得新的解放，积极变革、勇于开拓、讲求实效，成为社会潮流。习近平同志始终工作在改革开放第一线，亲身经历了改革开放的伟大进程，亲身经历了改革开放中各种思想的交汇碰撞，不管在哪个地方、哪个层级、哪个岗位上，他都是改革开放的实践者和领导者，都留下了丰富的理论思考和实践成果。

习近平同志从政起步于改革开放初创之时，是领导县域改革开放的一面旗帜。20世纪80年代初，他担任县委副书记、县委书记的河北正定县是冀中平原落后的农业县和典型的内陆县。他坚持一切从实际出发，大胆解放思想，开动脑筋，真刀真枪地做改革开放的文章，提出"改革戏必须大家唱""要做改革的拥护者，做改革的实践者，做改革的清醒者，做改革的保护者"，强调"商品经济是一种开放性经济"。他率先实施一系列改革开放举措，从开启河北省"大包干"的先河、摘掉"高产穷县"的帽子，到力排众议建"荣国府"、抢救古树古寺古城墙、发展旅游业，探索"中国旅游正定模式"，走"半城郊型"经济发展新路；从大念"人才经"，亲自向全国发出100多封"求贤信"，邀请包括华罗庚在内的50多名全国知名专家担任顾问，到密切关注国际市场和世界科技发展，带队到美国考察农业等等，都充分体现了一个敢作敢为的地方领导者推动改革开放的历史担当、非凡勇气、创新精神、务实作风。在正定的这些思路和举措，这些理论思考和实践感悟，这些在改革开放实践中形成的立场观点方法和优秀品质，都成为积淀在习近平新时代中国特色社会主义思想中的实践基础和思想来源。

习近平同志在福建工作的 17 年多正是福建由过去的海防前线转变为我国对外开放前沿的重要时期，他坚持改革创新、开放发展的思路，始终走在改革开放的前列。1985 年 6 月，他来到厦门经济特区，分管体制机制改革，直接领导推动"放水养鱼"激活了厦门港，同时激活许多身处困境的国企；推动了我国第一家合资经营、企业化运作的厦门航空公司的发展；率先组织探索实施自由港的政策研究。后来他先后担任宁德地委书记、福州市委书记、福建省委副书记、省长等领导职务。在福建工作那些年，他冲破思想和体制的重重阻力，当第一个"吃螃蟹"的人，吹响了福州乃至全省国企改革的"冲锋号"；六年七下晋江总结出的"晋江经验"，明确了县域经济发展方向；坚持放胆、放权、放手、放活，推动政府职能转变；亲自主导开展的集体林权制度改革，被誉为继家庭联产承包责任制之后我国农村经营制度的又一重大变革；在全国率先提出并以餐桌污染治理为抓手，着力打破部门藩篱，建立从田头到餐桌的全程监管体系；领风气之先，提出建设"数字福建"和"生态省"；把查处干部违规违纪占地建房作为惩治腐败的突破口，同时建章立制、立好规矩，从根本上遏制腐败歪风。如此等等的创新之举开风气之先，构成了习近平新时代中国特色社会主义思想的重要实践基础和重要思想源泉。

习近平同志主政浙江和上海，进一步提升了改革开放实践层次，扩大了理论视野。2002 年 11 月，他转任浙江省委书记，明确提出"干在实处，走在前列"的要求，倡导"跳出浙江、发展浙江",坚持"接轨上海、借'海'出海",坚持经略海洋、港通天下,坚持发展开放型经济,制定实施作为浙江经济社会发展总纲的"八八战略",推动浙江从经济体制改革一马当先,走向政治、社会、生态、文化等各领域改革全面推开。到上海工作后,赋予上海城市精神"开明睿智、大气谦和"新内容,强调要把上海放在全国发展的大格局中,不遗余力地推进浦东综合配套改革,推进上海国资国企改革,推进以上海为"龙头"的长三角一体化国际化,推动上海更好服务长三角地区、服务长江流域、服务全国。这一时期,是习近平同志政治家素质得到全面提升的关键时期,也是习近平新时代中国特色社会主义思想形成的关键时期。

综合起来看,习近平同志在地方工作的 25 年经历就是一部完整系统的改革开放实践史,也是他在马克思主义理论指导下深入进行理论探索、理论积累并取得重大成果的历史。他结合中国社会主义现代化建设和改革开放的实践,提出了不少创新性观点,表现出独到的眼光和卓越的胆识。这些成果集中体现在《知之深爱之切》《摆脱贫困》《干在实处走在前列》《之江新语》等著作中,成为习近平新时代中国特色社会主义思想的重要理论源头。可以说,长期的改革开放实践历练为习近平同志的成长提供了广阔舞台,为习近平新时代中国特色社会主义思想的孕育和形成奠定了厚重的底色,也造就了他坚韧不拔、志存高远的领袖风范,滋养了习近平新时代中国特色社会主义思想海纳百川、博大精深的理论气度。

## 习近平新时代中国特色社会主义思想形成于全面深化改革的新时代，是党的十八大以来历史性变革和历史性成就凝结的理论形态

一个时代有一个时代的问题，一代人有一代人的使命。改革开放越是向纵深推进，越是呼唤理论创新。从党的十一届三中全会到党的十八大，中国的改革开放已经走过 30 多年路程，国外有学者形象地称之为中国改革开放的"上半场"。"上半场"取得了举世瞩目的成就，也存在一些亟待破解的难题 世界面临百年未有之大变局，中国改革发展稳定任务之重、矛盾风险挑战之多、治国理政考验之大都是前所未有的，交织叠加者有之，惊心动魄者有之，泰山压顶者有之，来势汹汹者有之，剑拔弩张者有之。中国改革开放"下半场"如何进行？这个"下半场"需要解决"发展起来以后"的问题，需要应对长期存在的"四大考验""四种危险"，需要推进"深水区"和"险滩中"的改革，需要化解众说纷纭的"中等收入陷阱""塔西佗陷阱""修昔底德陷阱""金德伯格陷阱"，需要应对不时冒头的"黑天鹅""灰犀牛"事件，等等。

正如习近平总书记强调的，我们党要团结带领人民有效应对重大挑战、抵御重大风险、克服重大阻力、解决重大矛盾，必须进行具有许多新的历史特点的伟大斗争。他明确指出：改革开放只有进行时，没有完成时，必须将改革进行到底；改革是由问题倒逼而产生，又在不断解决问题中得以深化，改革开放中的矛盾只能用改革开放的办法来解决；世界经济的大海不可能"退回

到一个一个孤立的小湖泊、小河流";中国开放的大门不会关闭,只会越开越大。习近平新时代中国特色社会主义思想,正是在改革开放向纵深推进的时代潮流中应运而生的,也是在全面深化改革的进程中不断丰富和成型的。

党的十八大以来,以习近平同志为核心的党中央团结带领全党全国人民、全面审视国际国内新的形势,坚持统筹推进"五位一体"总体布局、协调推进"四个全面"战略布局,坚持稳中求进工作总基调,对党和国家各方面工作提出一系列新理念新思想新战略,推动党和国家事业发生历史性变革、取得历史性成就,中国特色社会主义进入了新时代。

中国共产党保持战略定力,审时度势,沉着应战,守正出新,坚持改革开放这一兴党强国的关键一招不松劲,全面发力、多点突破、纵深推进,推动重要领域和关键环节改革取得突破性进展,确立主要领域改革主体框架,实施深层次全方位开放战略,推动发展更高层次的开放型经济,着力提高国家治理体系和治理能力现代化水平。对中国共产党来说,坚定不移地全面深化改革就是中国特色社会主义进入新时代的一场大考。在这场大考中,以习近平同志为核心的党中央着眼解决影响当代中国发展进步的深层次矛盾和结构性问题,系统回答了坚持和发展什么样的中国特色社会主义、怎样坚持和发展中国特色社会主义的重大时代课题,形成了习近平新时代中国特色社会主义思想,实现了马克思主义中国化又一次伟大飞跃。

全面深化改革的复杂性、艰巨性和丰富性,锻造了习近平新时代中国特色社会主义思想的系统性、原创性、时代性、开放性,赋予其不同寻常的政治高度、历史厚度、理论深度、实践广度、现实鲜活度。这一科学理论以全新的视野深化对共产党执政规律、社会主义建设规律、人类社会发展规律的认识，对新时代坚持和发展中国特色社会主义作出了全面谋划和战略安排，对改革发展稳定、内政外交国防、治党治国治军作出了理论分析和政策指导，也对全面深化改革进行了系统谋划和顶层设计，科学回答了"历史之问""时代之问""人民之问"，为全面深化改革提供了强大的思想武器，开辟了马克思主义新境界、改革开放新境界、中国特色社会主义新境界。

回头来看，党的十八大以来中国在各方面取得的成绩都是与全面深化改革密不可分的。正是由于供给侧结构性改革深入推进，经济结构不断优化，我们才能在全球经济低迷、世界贸易停滞以及各种风险交织的情况下取得好的发展成就。正是由于政治体制和机制改革，如国家监察体制改革试点取得实效，行政体制改革、司法体制改革、权力运行制约和监督体系建设有效推进，才促进民主法治建设迈出重大步伐。正是由于民生领域一系列改革举措的出台，才使得一大批惠民项目落地实施，人民生活不断改善，人民获得感显著增强。也正是因为党的建设制度改革深入推进，党内法规制度体系不断完善，进一步全面加强了党的领导和党的建设，才改变了管党治党宽松软状况，全面从严治党成效卓著。

实践是最好的试金石。新思想引领新时代、指导新实践，新时代、新实践则检验新思想。党的十八大以来中国共产党依靠人民解决了许多长期想解决而没有解决的难题，办成了许多过去想办而没有办成的大事，应对了包括贸易保护主义和逆全球化思潮的各种不稳定不确定因素，取得了改革开放和社会主义现代化建设的历史性成就，推动党和国家事业发生了历史性变革，为世界和平和人类进步事业作出了历史性贡献。实践表明，习近平新时代中国特色社会主义思想在指导和推动全面深化改革的实践中展现出强大的真理伟力和巨大的实践威力，得到全党全国各族人民的高度认同。习近平新时代中国特色社会主义思想，正是从党的十八大以来 5 年历史性变革和历史性成就中总结出来的，是这些变革和成就凝结的理论形态。

## 在习近平新时代中国特色社会主义思想指引下将改革开放进行到底，在新时代全面深化改革新征程中实现中华民族伟大复兴

改革开放是决定当代中国命运的关键一招，也是决定实现"两个一百年"奋斗目标、实现中华民族伟大复兴的关键一招。中国过去 40 年的发展进步靠的是改革开放，中国未来的发展进步同样要靠改革开放。在新时代，全面深化改革是一项极具系统性、整体性和协同性的伟大社会工程。习近平总书记是新时代全面深化改革的总设计师，习近平新时代中国特色社会主义思想是新时代全面深化改革的行动指南。

在新时代要高擎改革开放的"指挥棒"，不断坚持和发展中国特色社会主义。坚持和发展中国特色社会主义，仍然是新时代中国共产党全部理论和实践的主题。改革开放是确立中国特色社会主义道路的逻辑起点，又是不断拓展这一道路的强大动力；改革开放是形成中国特色社会主义理论体系的实践源泉，又是不断完善这一理论体系的实践基础；改革开放是中国特色社会主义制

度的鲜明特征，又是增强这一制度生机活力的重要法宝；改革开放是形成中国特色社会主义文化的源头活水，又是繁荣发展这一文化的重要动力。中国的改革开放是立足中国实际、面向世界、面向未来的进步事业，是不断推动社会主义制度自我完善和发展的人间正道，是有立场、有原则、有底线的。习近平总书记强调："无论改什么、改到哪一步，坚持党对改革的集中统一领导不能变，完善和发展中国特色社会主义制度、推进国家治理体系和治理能力现代化的总目标不能变，坚持以人民为中心的改革价值取向不能变。"这"三个不能变"就是中国改革开放的"指挥棒"，规定着改革开放的立场、原则和底线。40年改革开放之所以取得辉煌成就，根本就在于没有动摇立场、没有放弃原则、没有丢掉底线。没有坚持这些立场原则底线，恰恰是苏东剧变的惨痛教训。新时代，一定要始终不渝坚持改革开放的立场原则底线不动摇，不断提高党的执政能力和领导水平，提高党把方向、谋大事、定政策、促改革的能力和定力，从而确保中国改革开放这艘航船沿着正确方向劈波斩浪、行稳致远。

在新时代要坚持正确的改革开放方法论，积小胜为大胜促全胜。新时代的全面深化改革，是向"深水区"和"险滩"进军，是啃"硬骨头"，如果方法不对头、措施不配套，就会事倍功半，甚至损兵折将、无功而返。习近平总书记强调，要严格按照"统筹兼顾、综合平衡，突出重点、带动全局"的十六字方针，始终坚持"四个结合"的改革思路，即坚持思想解放与实事求是相结合、顶层设计与"摸着石头过河"相结合、整体推进与重点突破相结合、胆子要大与步子要稳相结合，确保在宏观层面上增强改革的整体性和协同性，在微观层面上提高改革的针对性与实效性。他还强调，改革要于法有据，高度重视运用法治思维和法治方式，发挥法治的引领和推动作用，加强对相关立法工作的协调，确保在法治轨道上推进改革。掌握了习近平总书记正确的改革开放方法论，就能避免走弯路、瞎折腾，就能积小胜为大胜，不断促进各项改革开放举措在政策取向上相互配合、在实施过程中相互促进、在改革开放成效上相得益彰，不断开辟全面深化改革新境界。

在新时代要以钉钉子精神落实改革开放"施工图"，推动改革开放向纵深发展。现在，全面深化改革的方向、目标、任务已经明确，关键在于抓好落实。《党的十九大报告重要改革举措实施规划（2018—2022 年）》对 158 项改革举措进行梳理，列明牵头单位、改革起止时间、改革目标路径、成果形式等要素，形成了未来 5 年全面深化改革的"施工图"。在博鳌亚洲论坛 2018 年年会和首届中国国际进口博览会上，习近平总书记宣布了一系列扩大开放的重大举措，并强调"尽快使之落地，宜早不宜迟，宜快不宜慢"。我们要以习近平总书记关于全面深化改革的一系列重要论述为指导，按照党中央关于全面深化改革的部署，强化责任担当，逢山开路，遇水架桥，抓铁有痕，以钉钉子精神有计划有秩序推进落实。

在新时代要不断激发改革开放原动力，凝聚支持和参与改革开放的磅礴力量。总结改革开放历史，成功只会眷顾那些有益于民富国强的改革开放实践。改革开放越往前走，越需要持续不断的原动力。习近平总书记指出："老百姓关心什么、期盼什么，改革就要抓住什么、推进什么，通过改革给人民群众带来更多获得感。"在新的历史起点上推进全面深化改革，要更加自觉地坚持以人民为中心的改革价值取向，发挥人民群众在改革中的主体作用和首创精神，敢于啃硬骨头，敢于涉险滩，敢于向积存多年的顽瘴痼疾开刀，为改革汇聚起磅礴的民心民力，让一切劳动、知识、技术、管理、资本的活力竞相迸发，让一切创造社会财富的源泉充分涌流，让改革开放成果更多更公平惠及全体人民，让人民幸福、国家富强、民族复兴的伟大梦想在改革开放中梦想成真。

中国的改革开放是澎湃汹涌、滚滚向前的历史洪流，顺应中国人民和世界人民追求幸福生活的美好愿望。习近平新时代中国特色社会主义思想是在改革开放伟大实践中萌芽、创立的，也是推进新时代改革开放不断向前发展的根本指导思想和行动指南。同样，这一思想必将在新时代全面深化改革的伟大实践中不断丰富和发展，指引中国特色社会主义伟大事业不断取得新的伟大胜利，更好地造福中国和世界。

（原载《学习时报》2019 年 2 月 25 日）

# 习近平新时代中国特色社会主义思想与"三大规律"

　　2019 年是新中国成立 70 周年。这 70 年，是中国共产党在中国这个东方大国成功执政的 70 年，是中华民族在人类历史上创造伟大奇迹的 70 年，也是马克思主义在中国大放异彩的 70 年，是马克思主义中国化深入推进的 70 年。习近平总书记在纪念马克思诞辰 200 周年大会上的讲话中指出，中国共产党是用马克思主义武装起来的政党，马克思主义是中国共产党人理想信念的灵魂。历史充分证明，马克思主义是中国共产党赢得优势、赢得主动、赢得未来、战胜一切艰难险阻的"看家本领"，中国共产党之所以能够历经艰难困苦而不断发展壮大，夺取政权，创建新中国，领导全国人民进行社会主义建设，开辟中国特色社会主义道路，很重要的原因就是始终重视思想建党、理论强党，使全党始终保持统一的思想、坚定的意志、协调的行动、强大的战斗力。在 70 年辉煌成就基础上与时俱进、继往开来，坚持和发展当代中国马克思主义、21 世纪马克思主义，是中国共产党人责无旁贷的历史责任。

　　党的十八大以来，中国特色社会主义进入伟大的新时代。以习近平同志为核心的党中央站在我国改革开放和现代化建设新的历史方位，全面分析世情、国情、党情，深刻透析错综复杂的国际大势，围绕"新时代坚持和发展什么样的中国特色社会主义、怎样坚持和发展中国特色社会主义"这一重大时代课题，紧密结合新的时代条件和实践要求，进行艰辛理论探索，取得重大理论创新成果，形成习近平新时代中国特色社会主义思想。习近平新时代中国特色社会主义思想是对马克思列宁主义、毛泽东思想、邓小平理论、"三个代表"重要思想、科学发展观的继承和发展，是马克思主义中国化最新成果。这一思想始终把马克思主义作为理论起点、逻辑起点、价值起点，鲜明贯穿着马克思主义立场观点方法，集中体现了马克思主义理论品格和精神实质，充分彰显了马克思主义真理力量和实践力量，为在新时代坚持和发展中国特色社会主义提供了根本遵循、为实现"两个一百年"奋斗目标和中华民族伟大复兴提供了行动指南。这一思想以宽广视野和长远眼光认识和把握当代中国改革发展面临的一系列重大问题，在理论上不断拓展新视野、作出新概括，为发展马克思主义作出重大原创性贡献，谱写了当代中国马克思主义、21世纪马克思主义新篇章。

习近平新时代中国特色社会主义思想以全新的视野深化了对共产党执政规律的认识。中国共产党执政以后，一直把跳出"其兴也勃焉、其亡也忽焉"的历史周期率作为党长期执政必须解决好的历史性课题，在管党治党、治国理政的实践中，不断拓展对共产党执政规律的认识。党的十八大以来，以习近平同志为核心的党中央深刻洞察党面临的"四大考验"和"四种危险"，以"打铁必须自身硬"的政治自觉，科学总结党执政的历史经验，围绕巩固执政地位、坚守执政宗旨、完善执政方式、提升执政能力等方面，深化了对共产党执政规律的认识。这些认识包括：中国共产党领导是中国特色社会主义最本质的特征和中国特色社会主义制度的最大优势，党是最高政治领导力量；坚持和加强党的全面领导，增强"四个意识"，坚定"四个自信"，做到"两个维护"；勇于自我革命，保持革命精神、革命斗志，以党的自我革命推动党领导的伟大社会革命；不忘为民初心，牢记复兴使命，使之成为激励中国共产党人奋勇前进的根本动力；坚持思想建党、理论强党、制度治党紧密结合，扎牢制度笼子，为正风肃纪反腐奠定坚强的制度基础；坚定理想信念，增强执政本领，在精神上补"钙"的同时不断提高党的执政能力和执政水平，确保党永葆旺盛生命力和强大战斗力。

习近平新时代中国特色社会主义思想以全新的视野深化了对社会主义建设规律的认识。500年来社会主义经历了从空想到科学、从理论到实践、从一国实践到多国实践的演进，深刻改变了世界历史的发展进程。党的十八大以来，以习近平同志为核心的党中央紧密结合新时代坚持和发展中国特色社会主义的新情况、新问题、新挑战，坚定不移把发展作为党执政兴国的第一要务，聚焦发展主体、完善发展战略、明确发展方位、优化发展路径等，深化了对社会主义建设规律的认识。这些认识包括：坚持以人民为中心的发展思想，始终把人民放在心中最高位置，把人民对美好生活的向往作为党的奋斗目标，不断促进人的全面发展，逐步实现全体人民共同富裕，在历史观上开辟了人民主体的新境界，在价值观上开拓了人民立场的新视野，在方法论上开创了群众路线的新方向，全面揭示了新时代中国共产党人的总体人民观；统筹推进"五位一体"总体布局，协调推进"四个全面"

战略布局,深化了对社会主义发展战略的认识;科学判断社会主义发展方位,明确提出我国社会主要矛盾已经转变为人民日益增长的美好生活需要和不平衡不充分的发展之间的矛盾,抓住主要矛盾带动全局工作,指明了解决新时代社会发展问题的根本着力点;深刻分析新的发展阶段基本特征,坚定不移贯彻创新、协调、绿色、开放、共享发展理念,深化了对社会主义发展路径的认识。

习近平新时代中国特色社会主义思想以全新的视野深化了对人类社会发展规律的认识。党的十八大以来,以习近平同志为核心的党中央面对世界百年未有之大变局和贫富分化、恐怖猖獗、难民危机、生态恶化、民粹泛滥、逆全球化等诸多问题,积极参与全球治理,共同应对人类挑战,全面把握国际秩序调整和人类社会发展的历史趋势,深化了对人类社会发展规律的认识。一方面,习近平总书记以历史唯物主义的视野对人类社会发展历史趋势作出积极展望,强调:"马克思、恩格斯关于资本主义社会基本矛盾的分析没有过时,关于资本主义必然消亡、社会主义必然胜利的历史唯物主义观点也没有过时。这是社会历史发展不可逆转的总趋势,但道路是曲折的。资本主义最终消亡、社会主义最终胜利,必然是一个很长的历史过程。"这是对马克思主义"两个必然"和"两个决不会"论断的坚持和发展,体现了高度的道路自信和制度自信。他更进一步指出:"随着中国特色社会主义不断发展,我们的制度必将越来越成熟,我国社会主义制度的优越性必将进一步显现,我们的道路必将越走越宽广。"另一方面,围绕推动建立新型国际关系、推动构建人类命运共同体、建设更加美好的世界,提出了一系列富有创造性的理念和主张,为正在经历百年未有之大变局的人类社会指明了正确方向。构建人类命运共同体这一"中国方案"已被写入联合国决议，"一带一路"倡议已得到沿线国家的广泛响应。这不仅为破解全球发展难题提供了中国智慧，彰显了中国特色社会主义的国际影响力，也表明中国共产党对国际交往秩序和人类文明前景的规律性认识达到了新的高度。

总起来说，习近平新时代中国特色社会主义思想坚持马克思主义立场观点方法，坚持科学社会主义基本原理，科学总结世界社会主义实践的经验教训，根据时代和实践发展变化，以崭新的思想内容丰富和发展了马克思主义。在当代中国，坚持和发展习近平新时代中国特色社会主义思想就是真正坚持和发展马克思主义，就是真正坚持和发展科学社会主义。

坚持和发展当代中国马克思主义、21 世纪马克思主义，用习近平新时代中国特色社会主义思想武装全党，是中国共产党不忘初心、牢记使命，进行伟大斗争，推进伟大事业，建设伟大工程，实现伟大梦想的精神支柱和实践指南。当前，自上而下分两批进行的"不忘初心、牢记使命"主题教育正在全党展开。这次主题教育的根本任务，就是用习近平新时代中国特色社会主义思想武装全党，把当代中国马克思主义、21 世纪马克思主义不断推向前进。对于马克思主义理论工作者而言，尽自己所能，学深、悟透、做实习近平新时代中国特色社会主义思想，积极推进马克思主义中国化、时代化、大众化，就是我们不忘初心、牢记使命的具体行动，就是我们理论工作者不辜负这个伟大时代的有力证明。

（原载《理论视野》2019 年第 7 期）

# 在习近平新时代中国特色社会主义思想指引下继续推进全面深化改革

今年是改革开放 40 周年。发端于 40 年前的改革开放开启了当代中国历史一个崭新阶段，不仅深刻改变了中国，而且深远影响了世界。40 年来，从农村到城市，从试点到推广，从经济体制改革到全面深化改革，中国人民用双手书写了国家和民族发展的壮丽史诗。改革开放对于中国的意义，对于中华民族的意义，对于中国共产党的意义，对于科学社会主义和马克思主义的意义，怎样评价都不为过，都有它的道理。

深圳从一个边陲小镇迅速成长为一座欣欣向荣的现代化大城市，40 年来始终是中国改革开放的一方热土，是中国共产党领导改革开放的重要象征。党的十八大刚刚闭幕不久，习近平总书记第一次到地方调研，首站就来到深圳，发表了振奋人心、振聋发聩的重要讲话，向世界发出了中国改革不停顿、开放不止步的时代宣言。

## 40 年改革开放的伟大实践为习近平关于改革的重要思想奠定了深厚的实践基础

改革开放是当代中国的主旋律。40 年来，几代中国共产党人绳绳相继，推动改革开放从全面探索到全面推进再到全面深化，走过了波澜壮阔的伟大历程。习近平关于改革的重要思想，作为习近平新时代中国特色社会主义思想的重要组成部分，直接来源于党的十八大以来全面深化改革的实践，同时也深深植根于40年改革开放的恢宏实践。

说习近平关于改革的重要思想植根于40年改革开放实践，不仅仅因为改革伟业持续推进，党的指导思想也随之一脉相承、与时俱进，还因为习近平总书记亲历40年改革开放全过程，从参加领导一线改革实践和推动中央改革举措落地，开展重大改革探索，一直到参与中央改革决策，乃至成为新时代中国改革开放的总设计师。他的改革勇气、改革远见、改革立场、改革韬略、改革方法、改革艺术、改革作风，就是在这样长期而又丰富的改革实践中锻造和历练而成的，并在习近平新时代中国特色社会主义思想特别是习近平关于改革的重要思想中得到集中展示。

习近平同志从政起步于改革开放的开创之时。1982年3月，他到冀中平原的农业县正定县委任职，当时国内一些省份正在酝酿"大包干"，他和同事们解放思想，选择经济比较落后的公社进行"大包干"试点，一举成功后在全县推开，开启了河北省"大包干"的先河。他提出正定"半城郊型"经济发展路子，围绕这个战略改革人才制度，实行科技兴县、工业兴县、旅游兴县，奠定了正定经济起飞的基础。他大声疾呼，"改革戏必须大家唱""做改革的拥护者，做改革的实践者，做改革的清醒者，做改革的保护者"。在30多年前，改革就是习近平同志的主旋律。

1985 年 6 月，他来到厦门经济特区，分管体制机制改革，直接领导推动了一系列改革探索。他推动"放水养鱼"激活了厦门港，也激活许多身处困境的国企。他推动了我国第一家合资经营、企业化运作的厦门航空公司的发展，还组织抽调人员率先开始了对探索实施自由港的政策研究。从那以后，他一直在东南经济先发地区工作，既主政过集中连片的贫困地区，也主政过省会城市；既当过一省之长，也当过省委书记，还曾主政上海。不管在哪一个地方、哪一个岗位上，他都是改革的笃行者。

在福建工作期间，他冲破思想和体制的重重阻力，推动福州国有企业的股份制改革；他六年七下晋江总结出的"晋江经验"，明确了县域经济发展方向；他坚持放胆、放权、放手、放活，推动政府职能转变；他亲手抓起、亲自主导开展的集体林权制度改革，被誉为继家庭联产承包责任制之后我国农村经营制度的又一重大变革；他在全国率先提出并以餐桌污染治理为抓手，着力打破部门藩篱，建立从田头到餐桌的全程监管体系。在福建工作的 17 年，正是八闽大地由以往的海防前线转化为我国对外开放前沿的重要时期，他在每一个岗位上都坚持开放发展的思路，坚持"引进来"与"走出去"结合，坚持经贸合作与人文交流并重，在改革开放浪潮中不懈探索着、实践着。

习近平同志于 2002 年 10 月起主政浙江这样一个改革开放的先发地。他在深入调研基础上提出省域治理总方略，同时也是浙江全面深化改革路线图的"八八战略"，推动浙江从经济体制改革一马当先，向政治、社会、生态、文化等各领域全面推开，建设创新型省份、生态省、文化大省，打造"活力浙江""法治浙江""平安浙江",浙江改革由此开辟全新境界。他倡导"跳出浙江发展浙江",坚持"接轨上海""借船出海",坚持经略海洋、港通天下,坚持发展开放型经济,以扩大开放促进改革深化,以大开放促进大发展,在浙江取得了骄人的成绩。

虽然在上海工作时间不长,但他强调把上海放在全国发展的大格局中,继续当好改革开放的排头兵。他推进浦东综合配套改革,推进上海国资国企改革,为上海城市精神赋予"开明睿智,大气谦和"的新内容,强调上海要更好服务长三角地区、服务长江流域、服务全国。

党的十八大之后,以习近平同志为核心的党中央高举改革开放大旗,以更大的政治勇气和政治智慧推进改革,用全局观念和系统思维谋划改革,推动新一轮改革大潮澎湃涌起。党中央果断作出全面深化改革的重大战略决策,召开党的十八届三中全会进行总体部署,成立中央全面深化改革领导小组加以推进和落实,习近平总书记担任领导小组组长。以此为标志,我国全面深化改革的大幕壮丽开启。党的十八大以来这五年,是我国改革集中推进、全面深入、成果显著的五年,党中央先后出台重点改革文件360多个,推出改革举措1500多项,重要领域和关键环节改革取得突破性进展,主要领域改革主体框架基本确立,国家治理体系和治理能力现代化水平明显提高。党的十九大以来,中国改革开放迈上了新的台阶。

习近平关于改革的重要思想,就是在这样的改革实践中孕育形成和不断丰富发展的,它既是改革的重要经验总结,也是改革的重大理论创新,为全面深化改革提供了强大的理论武器。

# 认真学习领会习近平关于改革的重要思想的科学内涵和精髓要义

习近平关于改革的重要思想，涉及改革开放的历史地位、前进方向、基本原则、总体格局、实施重点以及方法论等，是一个层次分明、系统完整、逻辑严密的理论体系，科学回答了在中国特色社会主义新时代为什么要全面深化改革、怎样全面深化改革等一系列重大理论和实践问题，丰富和发展了中国特色社会主义改革理论。

习近平关于改革的重要思想内容十分丰富，以下从八个方面谈点认识。

关于准确把握改革的历史地位。改革开放是党在新的历史条件下领导人民进行的新的伟大革命，是决定当代中国命运的关键抉择，是当代中国最鲜明的特色，也是中国共产党最鲜明的品格。2012年12月，习近平总书记在广东考察时指出："改革开放是当代中国发展进步的活力之源，是我们党和人民大踏步赶上时代前进步伐的重要法宝，是坚持和发展中国特色社会主义的必由之路。"只有改革开放才能发展中国、发展社会主义、发展马克思主义。中国特色社会主义在改革开放中产生，也必将在改革开放中发展壮大。在十八届中央政治局第二次集体学习时，习近平总书记又鲜明提出："改革开放是决定当代中国命运的关键一招，也是决定实现'两个一百年'奋斗目标、实现中华民族伟大复兴的关键一招。"总书记提出的新的伟大革命、活力之源、重要法宝、必由之路、关键一招等重要论断，深刻阐述了改革开放对于党和国家前途命运的极端重要性，深刻阐明了改革开放对于发展中国特色社会主义的极端重要性。

关于坚持改革正确方向。改革开放是一场深刻革命，必须坚持正确方向，沿着正确道路推进。习近平总书记多次强调，我们一定要高举改革旗帜，但我们的改革是在中国特色社会主义道路上不断推进的改革，既不走封闭僵化的老路，也不走改旗易帜的邪路。在方向问题上，我们头脑必须十分清醒。我们的方向就是不断推动社会主义制度自我完善和发展，而不是对社会主义制度改弦易张。这里面最核心的是坚持和改善党的领导、坚持和完善中国特色社会主义制度，偏离了这一条，就南辕北辙了。从这些重要论述中我们可以深切感受到，习近平总书记所说的改革方向，就是坚持中国共产党的全面领导，坚持中国特色社会主义道路，不断完善和发展中国特色社会主义制度。这是总结长期历史经验得出的基本结论，任何时候都不能偏离和动摇。

关于全面深化改革的总目标。习近平总书记在党的十八届三中全会上强调，全面深化改革的总目标是完善和发展中国特色社会主义制度，推进国家治理体系和治理能力现代化。这一总目标的提出，在党的历史上是第一次，是中国特色社会主义改革理论的重大创新。党的十九大将全面深化改革总目标作为习近平新时代中国特色社会主义思想的重要内容并载入党章，集中体现了全党全国各族人民的共同意愿。

如何准确把握这一改革总目标呢？习近平总书记指出，总目标这两句话是一个整体，前一句规定了根本方向，即中国特色社会主义道路，后一句规定了在根本方向指引下完善和发展中国特色社会主义制度的鲜明指向。两句话都讲，才是完整的。十八届三中全会和党的十九大对全面深化改革确定了"三步走"方略：第一步，到2020年各项制度更加成熟、更加定型；第二步，到2035年基本实现国家治理体系和治理能力现代化；第三步，到本世纪中叶实现国家治理体系和治理能力现代化。这个重要战略安排，进一步明确了实现改革总目标的时间节点和方法路径。

关于坚持"三个不能变"的改革原则。中国改革开放是有原则、有底线的。习近平总书记强调："无论改什么、改到哪一步，坚持党对改革的集中统一领导不能变，完善和发展中国特色社会主义制度、推进国家治理体系和治理能力现代化的总目标不能变，坚持以人民为中心的改革价值取向不能变。"这"三个不能变"是中国改革的基本遵循，其中，党的领导是改革成功与否的关键，总目标是改革的努力方向，以人民为中心是改革的价值取向。只有牢牢坚持改革原则不动摇，才能确保改革顺利进行、行稳致远。

关于注重全面推进改革。党的十八大以来启动的全面深化改革，更加注重制度间的协同和联系。习近平总书记指出，全面深化改革，全面者，就是要统筹推进各领域改革，就需要有管总的目标，也要回答推进各领域改革最终是为了什么、要取得什么样的整体结果这个问题。全面深化改革必须是"全面的系统的改革和改进，是各领域改革和改进的联动和集成，在国家治理体系和治理能力现代化上形成总体效应、取得总体效果"。

按照党中央的决策部署，我们推动了包括经济体制改革、民主法制领域改革、文化体制改革、社会体制改革、生态文明体制改革、党的建设制度改革、纪检监察体制改革以及国防和军队改革等诸多领域的改革，目的在于通过贯通各领域的全面改革，为党和国家事业发展、为国家长治久安提供一套更完备、更稳定、更管用的制度体系。

关于抓住改革重点。经济建设是党和国家的中心工作，改革的重点历来是经济体制改革。习近平总书记明确指出，党的十八大以来全面深化改革的重点仍然是经济体制改革。经济体制改革的核心问题仍然是处理好政府和市场关系，实际上就是要处理好在资源配置中市场起决定性作用还是政府起决定性作用这个问题。党的十八届三中全会明确提出要使市场在资源配置中起决定性作用，更好发挥政府作用。这次全会围绕经济体制改革这个重点明确提出了"六个紧紧围绕"的改革路线图，实际上指明了经济、政治、文化、社会、生态、党建等领域的改革重点和思路，为各领域改革提供了方向性指导。

关于坚持改革正确方法论。习近平总书记高度重视改革的方法，形成了一整套推进改革的方法论。一是准确把握改革内在规律，处理好解放思想和实事求是的关系、整体推进和重点突破的关系、顶层设计和摸着石头过河的关系、胆子要大和步子要稳的关系、改革发展稳定的关系。二是注重系统性、整体性、协同性。改革越深入，越要注意协同，既抓改革方案协同，也抓改革落实协同，促进各项改革举措在政策取向上相互配合、在实施过程中相互促进、在改革成效上相得益彰，朝着全面深化改革总目标聚焦发力。三是改革要于法有据。在整个改革过程中，都要高度重视运用法治思维和法治方式，发挥法治的引领和推动作用，加强对相关立法工作的协调，确保在法治轨道上推进改革。

关于抓好改革落实。习近平总书记指出，一分部署、九分落实。他把抓落实作为一项重要的执政本领郑重向全党提出来，强调要以钉钉子精神抓落实，要抓铁有痕，要一张好的蓝图绘到底。为抓好改革落实，他还提出强化责任担当，抓好改革督察，党政主要负责同志要扑下身子抓落实，既当改革的促进派，又当改革的实干家。

## 以习近平关于改革的重要思想为指引
## 继续推进全面深化改革

改革开放推动中国高速发展 40 年，创造出震惊世界的发展奇迹。中国现在已处于从小康社会走向社会主义现代化强国的关键阶段，从区域性大国迈向世界性强国的关键阶段。在这个具有历史意义的阶段，必须牢牢坚持以习近平新时代中国特色社会主义思想特别是习近平关于改革的重要思想为指引，继续深化改革开放，为全面建成社会主义现代化强国进而实现中华民族伟大复兴的中国梦注入持续动力。

一是狠抓落实，持续提升群众的改革获得感。习近平总书记指出："老百姓关心什么、期盼什么，改革就要抓住什么、推进什么，通过改革给人民群众带来更多获得感。"人民群众是中国共产党的力量源泉，人民立场是中国共产党的根本政治立场。党的十八大以来，以习近平同志为核心的党中央始终秉持以人民为中心的发展思想，以造福人民为最大政绩，从群众最关心的问题入手，把民生疾苦放在心头，把改革发展责任扛在肩上，一大批惠民举措落地实施，推动发展成果更多更公平惠及全体人民；始终把人民利益摆在至高无上的地位，顺应我国社会主要矛盾已经发生历史性变化的实践要求，着力解决我国社会发展不平衡不充分的问题，在更高水平上不断满足人民群众日益增长的美好生活需要。在新的历史起点上，推进改革开放全面深化，就要以习近平关于改革的重要思想为指导，围绕人民群众的改革获得感，狠抓落实、真抓实干，在全民共享、全面共享、共建共享、渐进共享中，不断实现好、维护好、发展好最广大人民的根本利益，汇聚起磅礴的民心民力。

二是驾驭风险，推动经济社会健康发展。习近平总书记指出："我们面临的重大风险，既包括国内的经济、政治、意识形态、社会风险以及来自自然界的风险，也包括国际经济、政治、军事风险等。如果发生重大风险又扛不住，国家安全就可能面临重大威胁，全面建成小康社会进程就可能被迫中断。我们必须把防风险摆在突出位置，'图之于未萌，虑之于未有'，力争不出现重大风险或在出现重大风险时扛得住、过得去。"今后，我们要牢牢坚持解放和发展社会生产力，坚持社会主义市场经济改革方向，坚决推动经济持续健康发展。要始终把人民的利益摆在至高无上的地位，让改革发展成果更多更公平惠及全体人民，筑牢防范风险的人心根基。要不断增强驾驭风险本领，健全各方面风险防控机制，善于处理各种复杂矛盾，勇于战胜前进道路上的各种艰难险阻，牢牢把握工作主动权。

三是盯住重点，正确处理政府市场关系。40年来中国改革开放取得辉煌成就的重要原因是在社会主义制度下发展市场经济，不断理顺政府和市场的关系。习近平总书记指出，要更加注重使市场在资源配置中起决定性作用，重视和善于激发微观主体活力。更好发挥政府作用，是要在保证市场发挥决定性作用的前提下，管好那些市场管不了或管不好的事情。处理好政府和市场的关系，关键在政府。今后要进一步划清政府和市场的边界，凡属市场能解决的，政府要简政放权、松绑支持，不要干预；凡属市场不能有效解决的，政府应当主动补位，该管的要坚决管、管到位、管出水平。只有抓住处理好政府和市场关系这个重点，实现"两只手"优势互补、协同发力，才能确保社会主义市场经济良性运转，进而确保我国供给侧结构性改革顺利推进，实现经济发展方式的根本性转变。

四是牢记使命，充分发挥"关键少数"的关键作用。党员干部是推进全面深化改革的关键力量。党的十八大以来，习近平总书记反复强调党员领导干部特别是党政主要负责同志抓改革的责任，通过一系列决策部署和制度设计，不断压实党员干部肩上全面深化改革的担子。同时，习近平总书记高度重视保障和调动党员干部的改革积极性，特别是今年，中央办公厅专门印发《关于进一步激励广大干部新时代新担当新作为的意见》，确立了明确的导向，强调要为改革创新和奋发有为的领导干部解除后顾之忧，必将进一步激发和调动党员干部的改革积极性主动性。作为党员领导干部，就要不忘初心、牢记使命，以对党忠诚、为党分忧、为党尽职，为民造福的政治担当，满怀激情地投入到新时代改革开放的伟大实践中，在其位、谋其政、干其事、求其效，以时不我待、只争朝夕、勇立潮头的历史担当，努力改革创新、攻坚克难、锐意进取，努力作出无愧时代、无愧人民、无愧历史的业绩。

回望改革开放40年伟大征程，中国收获的最珍贵的启示就是："一个国家、一个民族要振兴，就必须在历史前进的逻辑中前进、在时代发展的潮流中发展。"中国进行改革开放，顺应了中国人民要发展、要创新、要美好生活的历史要求，契合了世界各国人民要发展、要合作、要和平生活的时代潮流。在习近平新时代中国特色社会主义思想指引下，在以习近平同志为核心的党中央坚强领导下，中国改革开放一定能够劈波斩浪，不断赢得新的成功、取得新的胜利。

（原载《秘书工作》2018 年第 8 期）

# 马克思主义的当代价值

## ——学习习近平总书记在纪念马克思诞辰 200 周年大会上的讲话

马克思是人类历史上最伟大的思想家，以马克思名字命名的理论——马克思主义是人类社会最伟大的科学理论。1883 年 3 月 18 日，恩格斯在马克思墓前，回顾和总结了马克思一生的伟大贡献后作出这样的结论：马克思的英名和事业将永垂不朽。1913 年 3 月，列宁为纪念马克思逝世 30 周年写了《马克思学说的历史命运》一文，回顾和总结了自《共产党宣言》发表以来马克思主义广泛传播和不断发展的历程，预言即将来临的历史时期一定会使马克思主义获得更大的胜利。今年 5 月 4 日，习近平总书记在纪念马克思诞辰 200 周年大会上发表重要讲话，高度评价马克思的一生及其历史贡献后指出：在人类思想史上，没有一种思想理论像马克思主义那样对人类产生如此广泛而深刻的影响。

恩格斯、列宁、习近平总书记的评价高屋建瓴、高瞻远瞩，真实地反映了马克思主义诞生以来一百多年间极大推进人类文明进程的历史事实。马克思主义之所以具有旺盛的生命力，之所以仍然是当代世界最具影响力的伟大思想，就在于它是集真理性、价值性、实践性、革命性、开放性于一身的科学理论，具有对当代社会的理论解释力和价值引领力。

### 马克思主义占据着科学真理的制高点，科学回答了资本主义向何处去、人类社会向何处去的历史根本问题，为人类社会发展进步指明了正确前进方向

20 世纪末，世界社会主义运动陷入低谷，在"终结社会主义"的喧嚣声中，邓小平同志理直气壮地指出："我坚信，世界上赞成马克思主义的人会多起来的，因为马克思主义是科学。"20 多年过去了，中国的成功实践和世界范围一波又一波"马克思热"无可辩驳地证明了邓小平同志的这一结论。正所谓"历史愈久远愈清晰，真理愈检验愈光辉"！马克思主义历经艰险，经过高潮和低潮、胜利和挫折的检验和考验，不仅没有被沧桑岁月所磨灭，没有被各种学说所淹没，反而牢牢地占据着真理的制高点，愈益彰显出真理的光芒和不可战胜的力量。

马克思主义之所以能够占据真理的制高点，是因为马克思主义真实、客观、深刻地揭示了自然界、人类社会、人类思维发展的普遍规律。尤其是用生产力和生产关系、经济基础和上层建筑的矛盾运动解释人类历史的发展变化，把生产力作为推动社会前进最活跃、最革命、最根本的力量，从而揭示了人类社会历史发展的规律。同时，马克思坚持世界观和方法论的有机统一，科学分析了资本主义社会的内在矛盾，科学揭示了社会主义取代资本主义的历史必然性，使社会主义从天堂来到人间，为人类社会走

向美好前景指明了方向。

马克思主义总是不断吸取人类历史上一切优秀思想文化成果来丰富和发展自己，这正是马克思主义能够始终保持蓬勃生机，始终具有真理力量的根本原因。社会主义迄今已有五百余年历史，经过马克思、恩格斯及其后继者们的不懈奋斗，社会主义经历了从空想到科学、从理论到现实、从一国到多国、从西方到东方的发展历程，已经从一种学说、一种理论、一种主义发展成为一种社会制度、一种国家形态、一种文明标志。习近平总书记把这一发展过程概括为"六个时间段"，十分精辟。科学社会主义的辉煌历程是世界上一代又一代共产党人领导人民用鲜血、汗水、泪水写就的，既有筚路蓝缕般的艰辛，也有凯歌行进般的成功，还有惊涛骇浪下的低谷。令人骄傲和自豪的是，中国特色社会主义的成功探索特别是习近平新时代中国特色社会主义思想的形成和实践，使冷战结束后世界社会主义万马齐喑的局面得到很大程度的扭转，使社会主义在同资本主义竞争中的被动局面得到很大程度的扭转，使马克思主义的科学性、真理性、预见性得到充分检验，使人类社会发展进步的方向更加明朗可见，这为构建人类美好社会制度提供了中国方案。

**马克思主义体现着人类社会的崇高价值追求，是为无产阶级和全人类求解放、为绝大多数人谋利益的学说，为人的发展和人的解放提供了锐利思想武器**

马克思主义何以具有跨越时空的伟力，何以比其他任何理论更具信仰的魅力，何以称得上全人类解放的"圣经"？究其根源，就在于马克思主义除了具有真理性，还站在道义的制高点，不谋求任何私利，不是某个利益集团的代表，不抱有任何偏见，而是把人的全面发展和全人类解放作为最高价值追求。

马克思曾把自己的研究方向称为"人的科学"，他一生关注人类世界、人的生存、人的发展，关注人的价值、人的自由、人的解放，对资本主义社会中人异化的生存状况给予深刻批判，对人的全面发展和全人类解放进行了深刻思考和科学阐释。马克思提出了全新的研究人的本质的方式，即考察人的本质必须从考察人的实践活动出发，以此破解资本主义之谜，最终指向人的解放。在《〈黑格尔法哲学批判〉导言》《神圣家族》《德意志意识形态》等论著中，马克思确立人民是创造历史的主体这一世界观，颠覆了唯心史观，揭示了人类解放的根本道路。《共产党宣言》的发表，更为无产阶级和全人类打开了通向美好未来的大门，为人的全面发展和全人类解放指明了路径。

前些年，法国经济学家皮凯蒂的《21世纪资本论》曾引起全球学术界的热议。书中推论：由于世界经济运行中资本回报率大于经济增长率，导致资本越来越向少数人集中，未来世界主要国家的贫富差距将持续扩大，最终有可能回到甚至超过18世纪、19世纪的历史最高水平。这种现象令人担忧，给人类解放事业提出了挑战。越来越多的事实表明，当今世界面临的不稳定不确定不安全因素日益增多，世界政坛充斥着极端化、片面性思维和保守主义、民粹主义、恣意妄为言行，强权政治和霸权主义异常活跃，全球面临着"世界怎么了、我们怎么办"的普遍困惑，这也是人类解放面临的困惑。

当今世界虽不同于马克思时代的世界，资本主义和帝国主义也呈现出新的特点，但历史有着惊人的相似，资本主义和帝国主义的本性是不会改变的，人类追求和平与发展的趋势是不可逆转的，人的全面发展和全人类解放的主题是永恒的。当今世界，推进人类进步事业更需要马克思主义，更需要马克思创造的"伟大的认识工具"，更需要当代中国马克思主义和21世纪马克思主义。拥有习近平新时代中国特色社会主义思想这一强大思想武器，为人民谋幸福、为民族谋复兴、为世界谋大同的中国共产党任重道远、前景光明。

## 马克思主义彰显着彻底的革命性，是推翻旧世界、建立新世界的革命理论，为中国共产党领导的社会革命和进行自我革命提供了磅礴精神力量

恩格斯说："马克思首先是一个革命家"，"斗争是他的生命要素。很少有人像他那样满腔热情、坚韧不拔和卓有成效地进行斗争"。纵观马克思的一生，他毕生的使命就是为人民解放而奋斗，他创立的马克思主义也是批判的和革命的。彻底的革命性是马克思主义的鲜明特征，既造就了马克思主义，也发展了马克思主义。

马克思主义的彻底革命性，集中体现在对资本主义制度和资产阶级思想的批判上。马克思、恩格斯抨击资本主义制度的罪恶和弊端，指明了资本主义被更高的社会形态所代替的历史趋势。

同时，对费尔巴哈等人的历史唯心主义观点、蒲鲁东的小资产阶级经济学观点、各种空想和反动的社会主义学说以及各种机会主义思想进行了无情的批判。列宁继承了马克思主义的革命性，深刻剖析了资本主义在帝国主义阶段的经济基础及其内在矛盾和危机，揭示了帝国主义经济政治发展不平衡规律，领导十月革命取得成功，开创了人类历史新纪元。中国共产党继承和弘扬马克思主义革命精神，领导中国人民进行革命、建设、改革一系列伟大社会革命，产生了毛泽东思想、邓小平理论、"三个代表"重要思想、科学发展观、习近平新时代中国特色社会主义思想一系列马克思主义中国化重大成果，形成了马克思主义理论创新和实践创新的良性互动。可以说，彻底的革命性正是马克思主义事业不断发展的精神力量。

中国特色社会主义进入新时代。习近平总书记强调："新时代中国特色社会主义是我们党领导人民进行伟大社会革命的成果，也是我们党领导人民进行伟大社会革命的继续，必须一以贯之进行下去。"作为马克思主义的忠诚信奉者、坚定实践者，当代中国共产党人要按照习近平总书记的要求，高扬革命精神，焕发革命斗志，众志成城地进行具有许多新的历史特点的伟大斗争，战胜一切艰难险阻去夺取新时代中国特色社会主义事业新胜利。党要领导人民推进伟大社会革命、实现民族伟大复兴，必须发扬自我革命精神，深入推进全面从严治党，坚持把党的政治建设摆在首位，坚持和加强党的全面领导，坚决维护党中央权威和集中统一领导，做到坚持真理、修正错误。重点解决党内出现的新问题，着力解决好人民群众反映强烈的形式主义、官僚主义问题，一些干部不敢为、不愿为、不会为的问题，一些基层党的建设弱化、虚化、边缘化的问题，确保党永葆马克思主义政党本色、始终走在时代前列。这是我们对马克思最好的纪念。

（原载《学习时报》2018 年 5 月 14 日）

# 学习习近平总书记的战略思想

　　一个有着五千年文明史、由 56 个民族结成的中华民族要实现民族复兴，一个有 13 亿多人口、幅员 960 万平方公里的东方大国要保持长治久安，没有战略谋划和战略构建是不可想象的。习近平总书记指出："战略问题是一个政党、一个国家的根本性问题。战略上判断得准确，战略上谋划得科学，战略上赢得主动，党和人民事业就大有希望。"党的十八大以来，以习近平同志为核心的党中央高瞻远瞩、统揽全局，注重运用战略思维治国理政，从确立战略愿景到构建战略布局再到推动战略合作，从筹划战略决策到实践战略部署再到坚定战略意志，环环相扣，形成科学系统的战略思想。

## 确立战略愿景

　　目标愿景是战略的核心。确立科学的战略愿景，做到既志存高远、催人奋进又脚踏实地、切实可行，这是战略构建的第一步。没有这一步，战略就无从展开成为空中楼阁。而新一届中央领导集体的这一步，在十八大刚刚闭幕就华丽迈出了。

　　2012 年 11 月 29 日，习近平总书记率中央政治局常委和中央书记处的同志来到国家博物馆，参观《复兴之路》展览。在展览过程中习近平总书记深情地指出："现在，大家都在讨论中国梦，我以为，实现中华民族伟大复兴，就是中华民族近代以来最伟大的梦想。"经过"雄关漫道真如铁"的昨天，立足"人间正道是沧桑"的今天，"长风破浪会有时"的明天已经在向我们招手。"现在，我们比历史上任何时期都更接近中华民族伟大复兴的目标，比历史上任何时期都更有信心、有能力实现这个目标。"

中国梦是重大战略创新，实现以国家富强、民族振兴、人民幸福为基本内涵的中华民族伟大复兴第一次被作为明确的战略愿景提了出来，意义不同寻常。在社会主义初级阶段实现中华民族伟大复兴，在发展中国家基础上建设富强民主文明和谐的社会主义现代化国家，在13亿多人口的国度中实现全体人民共同富裕，在以西方为主导的世界格局中实现大国和平崛起，所有这些都是过去从来没有过的全新事情、全新探索、全新实践，因而也是人类社会发展史上前所未有的一个崭新实践。

正因为"崭新"，如何做到复兴而不是复古、崛起而不是威胁，中国梦需要用中国特色社会主义来界定内涵、塑造灵魂、彰显本质。习近平总书记在2013年3月第十二届全国人民代表大会第一次会议上就任国家主席的讲话中指出，实现中国梦必须走中国特色社会主义道路，必须弘扬以爱国主义为核心的民族精神和以改革创新为核心的时代精神，必须凝聚中国各族人民大团结的中国力量。就是说，中国梦是坚持和发展中国特色社会主义这篇大文章的阶段性新篇章，是对近代以来一代又一代中国人美好夙愿的继承和发展，是对中华民族历史命运和当代中国发展走向的自觉担当。

从大国迈向强国，从发展中国家走向中等发达乃至更高水平的发达国家，中国梦作为战略愿景毫无疑问是宏伟远大的。但实现这一战略愿景不可能一蹴而就，不仅有很长的路要走，更有很多事情要做。这就需要进行时空的大幅压缩与跨越，用数十年时间走完西方国家实现工业化、现代化走了几百年的历程，通过形成强大的统一意志和组织力量，把一切经济政治社会资源都科学地组织和调动起来，集中全国力量办大事。习近平总书记指出："站立在960万平方公里的广袤土地上，吸吮着中华民族漫长奋斗积累的文化养分，拥有13亿中国人民聚合的磅礴之力，我们走自己的路，具有无比广阔的舞台，具有无比深厚的历史底蕴，具有无比强大的前进定力。"回望历史，我们党95年开辟、67年探索、38年实践，经历了曲折和辉煌、顺境和逆境、高潮和低潮，各种艰难险阻都跨越过，各种非凡奇迹都创造过，正是这丰富经历和苦难辉煌让我们对这条道路充满自信。

同时，这一宏伟远大的战略愿景又有着具体清晰的路线图与时间表，这就是"两个一百年"奋斗目标：到2020年建党一百年时全面建成小康社会，到新中国成立一百年时建成富强民主文明和谐的社会主义现代化国家。把宏伟战略愿景与阶段性战略目标有机结合起来，中国梦不仅奠定了战略基石，更夯实了实践基础。

## 构建战略布局

战略布局是对战略愿景的展开。以习近平同志为核心的党中央从坚持和发展中国特色社会主义全局出发，立足中国发展实际，坚持问题导向，逐步形成并协调推进全面建成小康社会、全面深化改革、全面依法治国、全面从严治党的战略布局。"四个全面"战略布局，确立了新的历史条件下党和国家各项工作的战略目标和战略举措，是我们党在新形势下治国理政的总方略，是事关党和国家长远发展的总战略，为实现"两个一百年"奋斗目标、实现中华民族伟大复兴中国梦提供了重要保障。

中华民族伟大复兴是经济、政治、文化、科技、军事等全面的复兴，中国特色社会主义伟大事业是"五位一体"全面进步的事业。"四个全面"战略布局把"全面"作为战略支点，从全面切入与突破，使我们党的战略谋划和战略构建有的放矢、纲举目张。

全面小康，必须"一个都不能少"。习近平总书记指出："没有全民小康，就没有全面小康。""没有农村的全面小康和欠发达地区的全面小康，就没有全国的全面小康。"全面小康，又必须"一项都不能缺"。不能仅仅是经济小康，文化小康、社会小康、生态小康等也要齐头并进，让人民群众享受民主参与、文化繁荣、社会和谐、生态良好。

全面深化改革，就要坚持改革的系统性、整体性、协同性。不仅要搞经济体制改革，还要进行政治体制、文化体制、社会体制、生态文明体制以及党的制度体制的变革，更加注重顶层设计，更加注重于法有据。全面依法治国，就要从法律体系走向法治体系，形成完备的法律规范体系、高效的法治实施体系、严密的法治监督体系、有力的法治保障体系、完善的党内法规体系，坚持依法治国、依法执政、依法行政共同推进，坚持法治国家、法治政府、法治社会一体建设。全面从严治党，就要从转变作风入手，通过反腐败发力，高度重视制度治党，既治标又治本，既治行又治心，既管关键少数又覆盖全体党员，没有任何例外的特殊党员，也没有任何例外的"铁帽子王"。

"四个全面"战略布局言简意赅、精辟深刻，既有战略目标又有战略举措，每一个"全面"都蕴含着重大战略意义，相互之间密切联系、有机统一，具有紧密的内在逻辑。习近平总书记指出："全面建成小康社会是我们的战略目标，到2020年实现这个目标，我们国家的发展水平就会迈上一个大台阶，我们所有奋斗都要聚焦于这个目标。全面深化改革、全面依法治国、全面从严治党是三大战略举措，对实现全面建成小康社会战略目标一个都不能缺。"全面建成小康社会是实现中华民族伟大复兴中国梦的第一步；全面深化改革为发展注入动力，为社会激发活力；全面依法治国为实现国家治理现代化立规矩护权利，促和谐保稳定；全面从严治党，做到打铁先要自身硬，用先进和优秀打造坚强有力的领导核心。"四个全面"战略布局作为一个整体战略部署有序展开，共同支撑起中国特色社会主义事业全局。

## 推动战略合作

大国治理从来不能只是眼光向内。随着世界多极化、经济全球化深入发展，随着文化多样化、社会信息化持续推进，处理世界上的事，包括一个国家自身求发展，只有合作才能共赢，对抗则会两败俱伤。顺应这样的大势，以习近平同志为核心的党中央统筹国内国际两个大局、统筹发展安全两件大事，积极推动更高层面、更大范围、更加紧密的国际战略合作，构建以合作共赢为核心的新型国际关系，打造人类命运共同体。

从中美相互尊重、互利共赢的合作伙伴关系到中俄全面战略协作伙伴关系，以及中韩"四个伙伴"关系、中德全方位战略伙伴关系、中英面向21世纪全球全面战略伙伴关系等，中国倡导的新型大国关系摒弃了传统大国关系模式，实现了国际关系的重大战略创新。不冲突、不对抗，客观理性地看待彼此战略意图，坚持做伙伴、不做对手；坚持相互尊重，尊重各自选择的社会制度和发展道路，尊重彼此核心利益和重大关切，求同存异，包容互鉴，共同进步。在此基础上摒弃零和思维，在追求自身利益时兼顾对方利益，在寻求自身发展时促进共同发展，不断深化利益交融格局。

从对亚太周边的邻国伙伴"亲、诚、惠、容"到对非洲各国合作的"真、实、亲、诚"，相同的是对合作共赢的真诚追求，不同的是对各国历史文化道路制度的高度尊重。尤其是人类命运共同体理念的提出，极大地激发了世界各国人民对和平和谐、公平正义的渴望。

如何化理念为行动，习近平总书记倡导的"一带一路"就是变梦想为现实的战略平台。这一战略平台不是某一方的私家小路，而是大家携手前进的阳光大道，是连接亚欧非的广阔"朋友圈"，是中国社会为世界各国搭建的"快车""便车""顺风车"。

现代世界经济发展，全球化是基本态势。西方社会的资本主义模式之所以能够快速发展，就是从19世纪开始搭上了全球化的快车。但是当年的全球化仅仅是从西方走向东方，从前发达国家走向后发展国家，基本上没有形成良性互动。单向的全球化是不够的，也是有缺憾的。"全球化"就应该真正全球流动起来，不仅要有从西方到东方的全球化，还应该有从东方到西方的全球化。

习近平总书记提出的"一带一路"倡议就是从东方走向西方、从发展中国家走向发达国家、从中国走向世界的一种新的全球化。这一战略构思相当于对西方全球化发展的对冲，这种对冲可以让世界经济更加有活力。而且中国的"一带一路"倡议是纯粹的经济发展战略，是纯粹的经济发展战略平台，是在充分尊重沿带沿路各国社会政治制度和文化价值观基础上的经济战略合作，不把意识形态强加给别人，因而得到世界各国的认同、支持与合作。这一点在亚洲基础设施投资银行筹建过程中体现得很充分，尊重他人也就得到了他人的尊重，建立起共同的利益也就建立起了更紧密的联系。

习近平总书记指出："要跟上时代前进步伐，就不能身体已进入 21 世纪，而脑袋还停留在过去，停留在殖民扩张的旧时代里，停留在冷战思维、零和博弈老框框内。"中国始终做世界和平的建设者、全球发展的贡献者、国际秩序的维护者，中国更致力于推动全球治理体制向着更加公正合理方向发展，为完善全球治理贡献中国智慧、中国力量。

2014 年 3 月下旬至 4 月初，习近平主席访问欧洲四国和联合国教科文组织总部、欧盟总部时指出："我们坚持走和平发展道路，是对几千年来中华民族热爱和平的文化传统的继承和发扬。"中华文化崇尚和谐，中国"和"文化源远流长，蕴含着天人合一的宇宙观、协和万邦的国际观、和而不同的社会观、人心和善的道德观。当今天的世界面对越来越严峻的环境问题时，

"天人合一"为人类修复自己的家园送上一剂良药；当今天的世界因为各种各样的利益纠纷与冲突而可能擦枪走火的时候，"和而不同"恐怕是实现各得其所的唯一选择；当人类社会越来越沉湎于社会发展方式"唯一解"的时候，让"生生不息"告诉我们还有别样的可能性、别样的精彩是很有意义的。

## 保持战略定力

作为一个科学体系，习近平总书记的战略思想，不仅重视战略的构建，同样重视战略的实施；不仅强调战略筹划的科学性，同样强调战略意志的坚定性。

战略意志首先表现为战略定力。对于道路方向高度自觉、充满自信、坚定不移，"任尔东西南北风"；对于业已制定的大政方针延续稳定，不患得患失，不瞻前顾后，"咬定青山不放松"；面对错综复杂、风云变幻的环境，平心静气，该变则迅速变，不该变则坚决不变，"乱云飞渡仍从容"。

习近平总书记指出，找到一条好的道路不容易，走好这条道路更不容易。过去，我们照搬过本本，也模仿过别人，有过迷茫，也有过挫折，一次次碰壁、一次次觉醒，一次次实践、一次次突破，最终走出了一条中国特色社会主义成功之路。现在，有些人议论这个道路、那个道路，有的想拉回到老路上，有的想引到邪路上；有的是思想认识误区，有的是别有用心。中国特色社会主义这条道路，我们看准了、认定了，必须坚定不移走下去。在这一过程中虚心学习借鉴人类社会创造的一切文明成果是必然的，但不能数典忘祖，不能照抄照搬别国发展模式。要始终保持清醒坚定，保持强大前进定力，既不走封闭僵化的老路，也不走改旗易帜的邪路，不为任何风险所惧，不为任何干扰所惑。

坚定的战略定力背后是高超的战略思维能力。习近平总书记科学把握事物发展的总体趋势和方向，引导全党要视野开阔、胸襟博大，以小见大、见微知著，站在时代前沿和战略全局高度观察、思考、处理问题，从政治上认识和判断形势，透过纷繁复杂的表面现象把握事物的本质和发展的内在规律。提高了战略思维，就可以既抓住重点又统筹兼顾，既立足当前又放眼长远，既熟悉国情又把握世情，在解决突出问题中实现战略突破，在把握战略全局中推进各项工作。

这种战略思维，在习近平总书记对经济新常态的战略判断中体现得尤为充分。针对十八大以来中国经济发展呈现出的新常态，习近平总书记指出，"要把适应新常态、把握新常态、引领新常态作为贯穿发展全局和全过程的大逻辑"。如何把握这个大逻辑，因势利导，化害为利？这显然离不开对战略思维的高超运用。

首先，经济发展进入新常态，是我国经济发展阶段性特征的必然反映，是不以人的意志为转移的必然趋势。我们不能做鸵鸟，把头埋进沙土中就装作什么也看不见，好像就没有新常态似的。同时我们不能因循守旧，指望一招鲜吃遍天。在新常态背景下，过去那种粗放型发展方式，那种大兵团作战方式不仅不能再用，还会引火烧身，使发展中的矛盾和问题进一步积累、激化，不仅国内条件不支持，国际条件也不支持。

但是，面对新常态我们也不必惊慌害怕。引领新常态不是无所作为，反而是大有可为。旧的大门关上了，新的大门正在打开，而且更敞亮；旧的舞台谢幕了，新的舞台应运而生，而且更宽广；旧的机遇逝去了，新的机遇迎面而来，而且更丰厚。只要我们转变发展理念，用创新、协调、绿色、开放、共享的发展新理念统领经济社会发展全局，经济新常态就会变为中国经济大发展、好发展、新发展的肥沃土壤。

总起来说，习近平总书记的战略思想集中体现了当代中国共产党人的全局视野和战略眼光，蕴含着对世界发展大势的科学判断，对中国发展方略的深邃思考，对人民根本利益的深切关怀，标志着我们党对共产党执政规律、对社会主义建设规律、对人类社会发展规律的科学把握进入一个新境界。

（原载《学习时报》2016 年 5 月 30 日）

# 党内政治生态也要山清水秀

## ——学习习近平总书记关于净化政治生态的重要思想

党内政治生态这个概念，是习近平总书记 2013 年 1 月在十八届中央纪委二次全会上第一次提出来的。此后他又多次讲到这个问题。最近，他在主持中央政治局第 33 次集体学习时、在庆祝中国共产党成立 95 周年大会讲话中，再次强调了这个问题。习近平总书记关于净化党内政治生态的重要思想，是党的十八大以来党中央治国理政新理念新思想新战略的重要内容，体现了新一届中央领导集体全面从严治党的深谋远虑和坚定决心。

## （一）

党内政治生态是党内政治制度、政治生活、政治文化等要素相互作用的结果。健康洁净的党内政治生态，严肃认真的党内政治生活，是党的优良作风的生成土壤，是增强"四自"能力、解决自身矛盾和问题的有效途径和方法，是党组织教育管理党员和党员进行党性锻炼的主要平台和熔炉，是保持党的先进性和纯洁性、提高党的创造力凝聚力战斗力的重要条件，是中国共产党区别于其他非马克思主义政党的鲜明标志。

中国共产党是中国工人阶级的先锋队，同时是中国人民和中华民族的先锋队，有着崇高的革命理想和严密的组织体系。党的这个性质和特点，决定了她必须有严肃的党内政治生活、有良好的党内政治生态。党内政治生活不健康不严肃，党内政治生态受污染变恶化，党就会人心涣散、弊病丛生，党的事业就会受到损失，党的领导地位就有丧失的危险。

中国共产党生活在社会中，党的作风作为政治生态的外在反映，与社会风气相互作用。市场经济条件下的商品交换原则，对外开放条件下乘隙而入的各种错误思潮，社会变动条件下的思想多样多元多变，不可避免地渗透和反映到党内政治生活中来。一段时期以来，党内政治生活不认真不严肃现象比较普遍，庸俗化、随意化倾向比较突出，少数地方和单位政治生态严重恶化，甚至出现系统性、塌方式腐败，状况堪忧。党的十八大以来，党中央把严肃党内政治生活、净化党内政治生态摆在更加突出的位置，坚持思想建党和依规治党一起抓，激浊和扬清一起抓，治标和治本一起抓，坚持全面从严治党，解决了党内存在的许多突出矛盾和问题，党内政治生活和政治生态明显好转。

总结历史经验可以看到，党的政治路线和思想路线正确与否，对党内政治生活和政治生态起着至关重要的作用。党内政治生活和政治生态比较好的时期，都是路线对头的时期；而政治生活和政治生态不好的时期，都是路线出了问题的时期。延安时期、新中国建立初期和改革开放新时期，党内之所以出现生动活泼的政治局面，最根本的就在于恢复了马克思主义的思想路线，并在此基础上形成了正确的政治路线和组织路线。净化党内政治生态，严肃党内政治生活，最重要的是围绕坚持党的政治路线、思想路线、组织路线、群众路线，坚持和完善民主集中制、严格党的组织生活等重点内容，坚持问题导向，坚持精准发力，扎扎实实地抓，驰而不息地抓。

中国共产党面临的"四大考验""四种危险"是长期的、复杂的、尖锐的，因此严肃党内政治生活、净化党内政治生态是一项长期而艰巨的任务。我们必须坚定不移、锲而不舍把这项党的建设基础工程抓实抓好，努力营造绝对忠诚、坚定看齐的组织生态；勇于改革、敢闯敢试的创新生态；敢于担当、积极作为的干事生态；五湖四海、任人唯贤的用人生态；纲纪严明、清正廉洁的反腐生态。这样的优良政治生态培育营造起来了，严肃认真的党内政治生活开展起来了，就一定能够进一步形成干部奋发有为的好状态和干群团结一心的好势态，就一定能够进一步提振干部队伍、提升全党素质、提质改革发展。

## （二）

党内政治生活、政治生态之所以出现这样那样的问题，根子在于一些党员、干部理想信念这个"压舱石"发生了动摇，世界观、人生观、价值观这个"总开关"出现了偏差。有的认为马克思主义已经过时、共产主义虚无缥缈，精神空虚，意志薄弱，不信真理信金钱，不信马列信宗教。有的把配偶子女移居国外，随时准备"跳船"。如此等等。习近平总书记多次强调："理想信念动摇是最危险的动摇，理想信念滑坡是最危险的滑坡。"所以，严肃党内政治生活，必须把坚定理想信念作为固本培元、凝魂聚气的战略性工程来抓，引导党员、干部筑牢信念之基、补足精神之钙、把稳思想之舵。

中国共产党之所以叫共产党，就是因为从成立之日起党就把共产主义确立为远大理想；中国共产党之所以能够经受一次次挫折而又一次次奋起，归根到底是因为党有远大理想和崇高追求。正是这种由信仰而生的凝聚力，吸引了一批又一批中国工人阶级和中国人民、中华民族的先进分子加入中国共产党的队伍，造就了一批又一批"不爱财、不为官，不怕死，就为这个事业，为心中的主义的'真人'"。李大钊、夏明翰、方志敏、赵一曼、杨靖宇、刘胡兰、江姐等千千万万慷慨赴死的共产党员，都用大义凛然的英雄壮举诠释了共产党人对远大理想的坚贞。邓小平同志说得好："为什么我们过去能在非常困难的情况下奋斗出来，战胜千难万险使革命胜利呢？就是因为我们有理想，有马克思主义信念，有共产主义信念。"

习近平总书记在"七一"讲话中说，一个政党的衰落，往往从理想信念的丧失或缺失开始。这话千真万确。曾几何时，信仰的力量使苏联共产党在只有20万党员的情况下夺取了政权，在有200万党员的情况下打败了法西斯侵略者；然而也正是信仰的坍塌，让这个党在有2000万党员时失去了政权。信仰缺失，精神迷茫，也是我们一些领导干部贪腐变质的总根子。为什么有些管灵魂的出卖灵魂，管反腐的带头腐败，管干部的带头卖官鬻爵，讲艰苦奋斗的带头贪图享乐？从根本上说就是这些人理想信念这个"总开关"出了严重问题。现在，社会深刻变革、思想激烈交锋，给共产党人的理想信念带来前所未有的冲击。社会环境越是错综复杂，共产党人越要加强党性修养，坚定心中的信仰，挺起信念的脊梁，永远不要失去共产党人安身立命的根本。

净化党内政治生态，打牢理想信念根基，必须把加强思想政治建设摆在首位，坚持不懈强化理论武装。要引导党员、干部深入学习马克思列宁主义、毛泽东思想、中国特色社会主义理论体系，特别要深入学习习近平总书记系列重要讲话，坚定中国特色社会主义道路自信、理论自信、制度自信、文化自信。要加强党性教育和道德教育，引导党员、干部增强党的意识、党员意识、宗旨意识，正确处理是和非、公和私、得和失的关系，弘扬和践行社会主义核心价值观，重品行、正操守、养心性。邪不压正。正气上来了，邪气就会下去，党内政治生态就会逐步得到净化。

## （三）

中国共产党最强调纪律和规矩，因为这是党团结统一的重要保证，也是提高党的创造力凝聚力战斗力的重要保证。党在长期斗争中形成了包括政治纪律、组织纪律、廉洁纪律、群众纪律、工作纪律和生活纪律等各方面的纪律，形成了包括党章党规、优良传统和工作惯例在内的党的规矩。现在，一些干部出问题，往往是从不守纪律、破坏规矩开始的；一些地方政治生态出问题，也往往是纲纪不彰、法度松弛导致的。营造良好政治生态，就要让纪律和规矩严起来。

党的十八大以来，党中央坚持把纪律和规矩挺在前面，推动全党尊崇维护党章、学习贯彻党章，严明政治纪律和政治规矩，引导党员干部牢记"五个必须"，防止"七个有之"。坚持高标准和守底线相结合，修订廉洁自律准则、党纪处分条例，探索实践监督执纪"四种形态"。坚持以零容忍态度惩治腐败，发挥巡视利剑作用，严厉查处违纪违法案件，清除各种政治"污染源"。通过严肃党纪，广大党员、干部受到警醒、警示、警戒，遵规守纪意识明显增强。接下来要做的，就是再接再厉、乘胜推进，不断巩固和扩大党的纪律建设成效。

严肃党内政治生活，净化党内政治生态，必须把严明政治纪律和政治规矩摆在首要位置。政治纪律是全党在政治方向、政治立场、政治言论、政治行动方面必须遵守的基本规范，是最重要、最根本、最关键的纪律。如果政治纪律和政治规矩得不到遵守，其他纪律和规矩都会失守。这些年，为什么党内政治生活出现不健康状况？为什么党内政治生态会受到污染？关键是一些党员、干部视党的政治纪律和政治规矩为"纸老虎""稻草人"，有的甚至到了我行我素、胆大妄为的地步。特别是极个别人不仅经济贪腐，而且政治野心膨胀，无视党纪国法，拉山头、搞宗派，严重破坏党的团结和集中统一，影响极为恶劣。严肃党的政治纪律，一定要教育引导党员、干部切实增强"四个意识"，自觉做到"四个服从"，始终在思想上政治上行动上同以习近平同志为核心的党中央保持高度一致，坚决维护党中央权威，坚守党员、干部的政治原则和行为准则。

# （四）

用人上的不正之风和腐败现象对政治生态危害最大，端正用人导向是净化党内生态的治本之策。用一贤人则群贤毕至，见贤思齐就蔚然成风。风清气正、选贤任能，是党内政治生态良好的一个显著标志。反过来，党内政治生态健康、政治生活健全，才有利于那些德才兼备的干部脱颖而出。如果出现"劣币驱逐良币"的逆淘汰，就一定会对政治生态造成极大破坏。现实中，一些地方和部门用人腐败和不正之风问题比较突出，违规用人问题比较普遍。有的凭关系选人用人，拿官职做交易，明目张胆买官卖官。有的以人划线、以地域划线、以单位划线，培植亲信、排斥异己、拉帮结派、收买人心，搞小山头、小圈子、小团伙，导致有的干部搞人身依附、寻找政治靠山，跟个人不跟组织，提拔后只感谢个人不感谢组织。实践一再证明，选人用人上的腐败如同"慢性毒药"，对政治生态的破坏具有系统性和长期性，危害甚烈。

党的十八大以来，党中央修订颁布《党政领导干部选拔任用工作条例》，采取有力措施防止干部"带病提拔"，大力推进干部能上能下，全面从严管理监督干部，效果明显。重要的是乘势推进，坚持不折不扣按《条例》办事、按规矩办事，严格选拔条件资格，严格选拔任用程序，严格选拔纪律要求，严把政治关、品行关、作风关、廉政关、能力关，把真正的好干部选出来。长期以来社会上流传着一句话：说你行你就行不行也行，说你不行你就不行行也不行。这反映了一些地方和单位的领导选人用人比较随意，同时也说明衡量干部缺乏具体标准。党的十八大以来，习近平总书记明确提出了好干部的标准，即信念坚定、为民服务、勤政务实、敢于担当、清正廉洁。选人用人，就要拿这20个字来衡量。各级党组织要履行好管干部用干部的主体责任，决不允许个人或少数人说了算。尤其要大力整治跑官要官、买官卖官、拉票贿选、说情打招呼等不正之风，对违反组织人事纪律的实行"零容忍"。坚决不让投机钻营者得利、不让买官卖官者得逞、不让脚踏实地的好干部吃亏。真正让那些忠诚、干净、担当的好干部得到褒奖和重用，让那些唱对台戏、身在曹营心在汉、阳奉阴违、阿谀奉迎、弄虚作假、不干实事、会跑会要的干部没市场、受惩戒，以用人环境的风清气正促进政治生态的山清水秀。

## （五）

净化党内政治生态，严肃党内政治生活，领导干部是关键要素，以上率下是管用办法。必须从党的各级领导干部和领导机关做起，尤其要从党的高级干部和党中央领导机构做起。1982年，党的十二大报告就指出："历史的严重曲折告诉我们，党内政治生活是否正常，首先是党中央和各级领导机构的政治生活是否正常，确实是关系党和国家命运的根本问题。"

党的十八大以来，党中央坚定不移反对和惩治腐败，坚持"苍蝇""老虎"一起打，成效显著，深得党心民心。根据中央纪委监察部网站发布的信息统计，目前已查处9名十八届中央委员、13名十八届中央候补委员和为数不少的省部级干部。这么多高级干部出问题，特别是出了周永康、薄熙来、徐才厚、郭伯雄、令计划这样的人，给中国共产党造成很大的损害。反过来看，党内出现这种状况，也反映出一个时期以来党内政治生态和政治生活存在不少问题。如何使党内政治生态进一步健康洁净起来，使党内政治生活健全认真起来？特别是怎样进一步完善党内法规，加强党内监督特别是对"一把手"的监督，不断扎紧制度的笼子，从体制机制上营造良好的政治生态和政治环境，不仅有利于那些德才兼备的优秀干部能够脱颖而出，而且有利于防止那些贪腐分子、变质分子特别是政治品质低劣、政治野心膨胀又善于投机钻营的人得到提拔重用，尤其是防止这样的人进入党的中央委员会和中央领导层，这是需要高度重视和必须解决好的重大问题。

党的十八大以来，习近平总书记反复强调加强中央政治局自身建设，坚持领导带头、以身作则，层层立标杆、作示范，充分表明以习近平同志为核心的党中央在从严管党治党上高度的政治清醒和政治勇气。八项规定，首先是针对中央政治局改进工作作风的八项规定。中央政治局带头开展党的群众路线教育实践活动，带头围绕落实八项规定进行对照检查，开展批评和自我批评。中央政治局同样带头开展"三严三实"专题教育，围绕践行"三严三实"要求召开专题民主生活会，进行党性分析。这种亲力亲为、以上率下的行动，这种踏石留印、抓铁有痕的决心，有效遏制了党内政治生态恶化的趋势，促进了党风、政风和社会风气逐步好转。我们相信，在以习近平同志为核心的党中央示范带动下，各级领导干部特别是高级干部都能以上率下，真正做到坚守正道、弘扬正气，襟怀坦白、光明磊落，坚持原则、恪守规矩，严肃纲纪、嫉恶如仇，艰苦奋斗、清正廉洁，让普通干部看到榜样，让普通党员看到希望，让人民群众看到信心，那就一定能够形成党内更加健康的政治生态，就一定能够造成党内更加生动活泼的政治局面。

（原载《学习时报》2016 年 7 月 14 日）

# 四十年改革开放与中国特色社会主义

以党的十一届三中全会为标志，中国实行改革开放已经整整40年了。这40年，是中国共产党带领中国人民高举改革开放旗帜、成功开创并坚持和发展中国特色社会主义的40年，是中华民族沿着中国特色社会主义道路迎来从站起来到富起来再到强起来伟大跨越的40年。40年最鲜明的特征是改革开放，40年党和国家全部理论和实践的主题是中国特色社会主义。改革开放成就和彰显了中国特色社会主义的巨大优越性和旺盛生命力，中国特色社会主义检验和证明了改革开放的历史必然性和强大推动力。40年实践充分证明：只有改革开放才能坚持和发展社会主义，只有中国特色社会主义才能发展和强大中国。

## 40年改革开放的根本成就是开创并坚持和发展了中国特色社会主义

在中国这样的东方大国建设社会主义是一项全新的伟大事业，无论在人类社会发展史上还是世界社会主义发展史上都没有先例，只能在实践中艰辛探索。中国共产党在探索中取得了理论和实践上许多重大成果，也不可避免走了一些弯路。

党的十一届三中全会开始的改革开放，就是在坚持党的领导和社会主义基本制度的前提下，全面纠正"文化大革命"及之前"左"的错误，自觉调整和改革生产关系同生产力、上层建筑同经济基础之间不相适应的方面和环节，解放和发展社会生产力，解放和增强社会活力，推动社会主义制度自我完善和发展，建设中国特色社会主义。40年来，改革从农村到城市，从试点到推广，从经济体制改革到各方面体制改革再到全面深化改革，从对内搞活到对外开放，从部分地区和领域对外开放到全方位多层次宽领域对外开放，走过了波澜壮阔的不平凡历程，创造了人类发展史上的奇迹。改革开放对于中国、中华民族、中国共产党的重大意义，对于马克思主义和科学社会主义的重大意义，对于当今世界的重大意义，可以说出很多很多。归结到一点就是：开创并坚持和发展了中国特色社会主义。

（一）40年改革开放开辟和拓展了中国特色社会主义道路。道路问题至关重要，道路决定命运。改革开放前我们之所以出现这样那样的失误，走过这样那样的弯路，关键就在于对社会主义建设道路问题没有完全搞清楚。邓小平在党的十二大第一次明确提出："把马克思主义的普遍真理同我国的具体实际结合起来，走自己的道路，建设有中国特色的社会主义，这就是我们总结长期历史经验得出的基本结论。"十二大迄今，中国共产党共召开了七次党的全国代表大会，每次党代会政治报告的主题词都有"中国特色社会主义"。

40年来，随着改革开放的逐步展开和不断深化，我们对什么是中国特色社会主义道路的认识也不断深入和全面。从以阶级斗争为纲到以经济建设为中心，从封闭半封闭到对外开放，从社会主义计划经济到社会主义市场经济，从单一公有制结构到公有制为主体、多种所有制经济共同发展，从按劳分配到按劳分配为主体、多种分配方式并存，从社会主义物质文明、精神文明"两手抓"到"五位一体"总体布局，从提出和平与发展两大时代主题到建设持久和平、共同繁荣的和谐世界再到构建人类命运共同体，从坚持和完善党的领导到坚持和加强党的全面领导，如此等等，都有力地推动中国特色社会主义实践不断深入、中国特色社会主义道路不断拓展。

经过改革开放 40 年的探索和实践，中国特色社会主义道路越来越清晰，这就是：在中国共产党领导下，立足基本国情，以经济建设为中心，坚持四项基本原则，坚持改革开放，解放和发展社会生产力，巩固和完善社会主义制度，建设社会主义市场经济、社会主义民主政治、社会主义先进文化、社会主义和谐社会、社会主义生态文明，促进人的全面发展，逐步实现全体人民共同富裕，建设富强民主文明和谐美丽的社会主义现代化强国。这条道路，接续了历史的选择，反映了人民的意愿，也体现了人类文明进步的走向和趋势，是经过实践检验完全正确的道路。

（二）40 年改革开放创立和发展了中国特色社会主义理论体系。中国特色社会主义是在有着 5000 多年文明史、13 亿多人口、960 多万平方公里土地上展开的极为宏大的社会实践，必须以科学理论为指导。40 年来，中国共产党坚持把马克思主义基本原理同改革开放实践和时代特征结合起来，坚持解放思想和实事求是的统一，大力发扬求真务实精神，不断深化对共产党执政规律、社会主义建设规律、人类社会发展规律的认识，自觉把思想认识从那些不合时宜的观念、做法和体制的束缚中解放出来，从对马克思主义错误的和教条式的理解中解放出来，从主观主义和形而上学的桎梏中解放出来，创造性地探索和回答什么是社会主义、怎样建设社会主义，建设什么样的党、怎样建设党，实现什么样的发展、怎样发展，又创造性地探索和回答新时代坚持和发展什么样的中国特色社会主义、怎样坚持和发展中国特色社会主义。正是在带领中国人民不断回答时代之问、实践之问、人民之问的过程中，中国共产党形成和发展了包括邓小平理论、"三个代表"重要思想、科学发展观、习近平新时代中国特色社会主义思想在内的中国特色社会主义理论体系。这一理论体系坚持和发展了马克思列宁主义、毛泽东思想，凝结了几代中国共产党人带领人民不懈探索实践的智慧和心血，是中国共产党最可宝贵的政治和精神财富，是全国各族人民团结奋斗的共同思想基础。

习近平新时代中国特色社会主义思想，是马克思主义中国化最新成果。这一思想坚持和运用辩证唯物主义和历史唯物主义，强调树立战略思维、创新思维、辩证思维、历史思维、底线思维，丰富和发展了马克思主义哲学；这一思想提出新发展理念、供给侧结构性改革、加快构建开放型经济新体制、建设现代化经济体系等一系列新理念新思想新战略，谱写了马克思主义政治经济学新篇章；这一思想坚持科学社会主义基本原则，发展了中国特色社会主义道路、理论、制度、文化，使科学社会主义在21世纪中国焕发出强大生机活力。毫无疑问，习近平新时代中国特色社会主义思想开辟了马克思主义新境界，极大丰富和发展了中国特色社会主义理论体系，是当代中国马克思主义、21世纪马克思主义。

（三）40年改革开放健全和完善了中国特色社会主义制度。

中国特色社会主义制度，是在马克思主义指导下，立足中国国情、吸收借鉴古今中外人类创造的优秀制度文明成果、经过长期探索和实践形成发展起来的，是具有鲜明中国特色、明显制度优势、强大自我完善能力的先进制度。人民代表大会制度作为根本政治制度，体现着中国特色社会主义制度的本质，是中国人民当家作主的根本途径，也是中国共产党在国家政权中充分发扬民主、贯彻群众路线的最好实现形式。中国共产党领导的多党合作和政治协商制度、民族区域自治制度以及基层群众自治制度等基本政治制度，以公有制为主体、多种所有制经济共同发展的基本经济制度，规定着国家政治生活、经济生活的基本原则。建立在根本政治制度、基本政治制度和基本经济制度基础之上的经济体制、政治体制、文化体制、社会体制、生态文明体制和党的建设制度等，以及中国特色社会主义法律体系，在我国经济建设、政治建设、文化建设、社会建设、生态文明建设和依法治国等各个方面发挥着举足轻重的作用，推动着我国经济社会全面协调可持续发展。

40年改革开放，既是开创并坚持和发展中国特色社会主义的过程，也是完善和发展中国特色社会主义制度、彰显这一制度独特优势的过程。中国共产党作为国家最高政治领导力量的优势，中国特色社会主义制度自我完善的优势、高效运转的优势和集中力量办大事的优势等等，在改革开放中得到充分体现，有力地促进了中国特色社会主义经济、政治、文化、社会、生态文明等协调发展。

习近平总书记指出："中国特色社会主义制度是特色鲜明、富有效率的，但还不是尽善尽美、成熟定型的。中国特色社会主义事业不断发展，中国特色社会主义制度也需要不断完善。"在新时代，中国特色社会主义制度建设的根本任务，就是在习近平新时代中国特色社会主义思想指引下，推进国家治理体系和治理能力现代化，通过实践基础上的体制创新、制度创新，构建系统完备、科学规范、运行有效的制度体系，使各方面制度更加完善、更加成熟、更加定型、更加管用，为坚持和发展中国特色社会主义提供根本制度保障。

（四）40年改革开放发展和繁荣了中国特色社会主义文化。文化是民族的精神血脉、国家的精神世界、人民的精神生活，体现的是深层次的精神追求和精神坚守，在推动人类社会发展中具有不可替代的重要作用。中国连续几千年发展至今的历史从未中断，形成了独具特色、博大精深的中华文化，这在世界上是独一无二的。中华民族之所以成为世界上伟大的民族，就在于它创造了灿烂的中华文化。中华民族之所以是中华民族，就在于它是以中华文化为精神标识和身份标签的。实现中华民族伟大复兴，一定是包括文化复兴在内的全面复兴；没有文化的繁荣兴盛，不可能有中华民族的伟大复兴。

40年改革开放一个重大成果，就是发展和繁荣了中国特色社会主义文化。中国特色社会主义文化，以中华优秀传统文化为根基，以马克思主义为指导，以社会主义核心价值观为灵魂，以中国共产党领导人民在革命、建设、改革中创造的革命文化和社会主义先进文化为主体内容，以中国特色社会主义伟大实践为现实舞台，吸收借鉴人类文化优秀成果，是面向现代化、面向世界、面向未来的，民族的科学的大众的社会主义文化。在这一强大精神力量的凝聚和激励下，中国共产党带领人民团结奋进，在改革开放中创造了中国特色社会主义事业的辉煌成就。习近平总书记指出："文化自信是一个国家、一个民族发展中更基本、更深沉、更持久的力量。"中国特色社会主义是生长在中国大地上的，大力弘扬中国特色社会主义文化，增强对中华文化的认同，才能更好地坚定中国特色社会主义道路自信、理论自信、制度自信，走我们自己的路才具有深厚历史底蕴和强大前进动力。改革开放40年，正是基于中国特色社会主义文化自信，巩固了党和人民团结奋斗的思想基础，在全社会形成了奋发向上的精神力量，构筑起了实现中华民族伟大复兴的精神家园，使中华民族以更加自信、更加自强的姿态屹立于世界民族之林。

总起来说，改革开放40年来中国共产党在社会主义道路、理论、制度、文化上进行了一系列革命性变革，开创了中国特色社会主义的崭新天地。道路、理论、制度、文化相互贯通、相互作用，构成中国特色社会主义大厦的四根坚实支柱。中国特色社会主义道路是实现社会主义现代化、创造人民美好生活的必由之路，中国特色社会主义理论体系是指导党和人民实现中华民族伟大复兴的正确理论，中国特色社会主义制度是当代中国发展进步的根本制度保障，中国特色社会主义文化是激励全党全国各族人民奋勇前进的强大精神力量。在改革开放全面深化和不断发展的历史进程中，中国特色社会主义道路必将越走越宽广，中国特色社会主义理论体系必将越来越丰富，中国特色社会主义制度必将越来越成熟定型，中国特色社会主义文化必将越来越繁荣兴盛。这是极具重大意义的。

# 中国特色社会主义是社会主义
# 而不是其他什么主义

改革开放 40 年来，中国人民的面貌、社会主义中国的面貌、中国共产党的面貌之所以能够发生历史性变化，最根本的就是在改革开放中开创并坚持和发展了中国特色社会主义。中国特色社会主义之所以能够引领中国不断发展进步，最根本的就是既破除了对马克思主义的教条式理解，又抵制了抛弃社会主义基本制度的错误主张；既坚持了科学社会主义基本原则，又具有鲜明的时代特征和中国特色。中国特色社会主义具有非常丰富的内涵，以下仅从几个方面谈一些认识。

（一）中国特色社会主义是中国共产党全面领导的社会主义。无产阶级革命和社会主义社会必须由无产阶级政党来领导，是马克思、恩格斯明确提出的科学社会主义一条基本原则，也是被一百多年世界社会主义实践证明完全正确的宝贵经验。没有无产阶级政党领导，能有俄国十月革命的胜利，能有第二次世界大战后一批社会主义国家的建立吗？没有中国共产党的领导，能有中国新民主主义革命和社会主义革命的成功，能有今天中国特色社会主义事业的大好局面吗？这 40 年，中国改革开放和社会主义现代化建设任务的艰巨性和繁重性世所罕见，在改革发展稳定中所面临矛盾和问题的规模和复杂性世所罕见，在前进中所面临的困难和风险也世所罕见。中国人民之所以能够从容应对，妥善解决这些矛盾和问题、战胜这些困难和风险，最根本的就是中国共产党发挥了中流砥柱作用和领导核心作用。苏联解体后，前苏共中央政治局委员利加乔夫对比中国的情况后尖锐地指出："为什么我国的所谓改革导致一个世界大国解体，使千百万人民陷于贫困，处于无权地位，把我们俄罗斯抛到了资本主义一边；而中国的经济改革却把国家引导到建设、进步、改善人民生活的道路上，使中国进入了世界大国的地位呢？"他认为："第一个也是最重要的因素是中国共产党的领导作用。"习近平总书记强调，中国特色社会主义最本质的特征是中国共产党领导，中国特色社会主义制度的最大优势是中国共产党领导。真是一语中的，说到了根子上。

（二）中国特色社会主义是坚持社会主义市场经济改革方向的社会主义。在社会主义条件下搞市场经济，马克思、恩格斯没有讲过，其他社会主义国家也没有干过。把社会主义制度同市场经济有机结合起来，发展社会主义市场经济，是中国特色社会主义一个鲜明特征，也是中国共产党对科学社会主义和马克思主义政治经济学的历史性贡献。实践证明，计划经济不等于社会主义，市场经济也不等于资本主义，计划和市场都是发展经济的手段。党的十四大把建立社会主义市场经济体制确立为我国经济体制改革的目标，使多年来争论不清的关于计划与市场的关系在认识上和实践上取得了重大突破性进展。在建立和完善社会主义市场经济体制进程中，既充分发挥市场的决定性作用，使经济活动遵循价值规律、适应供需变化、体现竞争原则，又更好发挥政府作用，注重加强和完善宏观调控，克服市场自身存在的缺陷，以促进国民经济充满活力、富有效率、健康运行。尊重和发挥市场的积极作用，决定了势必实行公有制为主体、多种所有制经济共同发展的基本经济制度和按劳分配为主体、多种分配方式并存的分配制度。40 年来，中国经济快速发展，经济总量已稳居世界第二，综合国力极大增强，国际地位显著提高，这与选择和发展社会主义市场经济是紧密联系在一起的。离开社会主义市场经济，离开"有效的市场"和"有为的政府"二者的统一，就谈不上中国特色社会主义。

（三）中国特色社会主义是"五位一体"统筹发展、经济社会全面进步的社会主义。社会主义社会作为人类历史上崭新的社会形态，是在经济发展基础上全面进步的社会。物质贫乏不是社会主义，精神空虚、文化落后也不是社会主义；没有民主不是社会主义，没有法治也不是社会主义，社会无序、生态恶劣同样不是社会主义。只有经济、政治、文化、社会、生态文明都搞好，才是中国特色社会主义。改革开放 40 年来，中国共产党对社会主义现代化建设总体布局的认识不断深化。党的十二大提出建设社会主义物质文明、精神文明的任务，党的十六大正式扩展为经济建设、政治建设、文化建设"三位一体"，党的十七大增加社会建设变为"四位一体"，党的十八大增加生态文明建设正式提出"五位一体"总体布局。"五位一体"总体布局是一个有机整体，经济建设是根本，政治建设是保障，文化建设是灵魂，社会建设是条件，生态文明建设是基础，共同致力于全面提升全民族的物质文明、政治文明、精神文明、社会文明、生态文明水平，统一于把我国建成富强民主文明和谐美丽的社会主义现代化强国总目标。在新时代，统筹推进"五位一体"总体布局，目标方向就是建设现代化经济体系，发展社会主义民主政治，推动社会主义文化繁荣兴盛，加强和创新社会治理，提高保障和改善民生水平，加快生态文明建设，谱写坚持和发展中国特色社会主义新篇章。

（四）中国特色社会主义是坚持共享发展、最终达到共同富裕的社会主义。平均主义不是社会主义，两极分化也不是社会主义。坚持共享发展，实现共同富裕，是社会主义的本质规定，也是中国共产党人一以贯之的追求。毛泽东在 1955 年曾讲过："现在我们实行这么一种制度，这么一种计划，是可以一年一年走向更富更强的，一年一年可以看到更富更强些。而这个富，是共同的富，这个强，是共同的强，大家都有份"。邓小平讲："社会主义的本质，是解放生产力，发展生产力，消灭剥削，消除两极分化，最终达到共同富裕。"改革开放 40 年来，中国共产党始终坚持把实现好、维护好、发展好最广大人民根本利益作为一切工作的出发点和落脚点，始终坚持发展为了人民、发展依靠人民、发展成果由人民共享。允许一部分地区一部分人通过诚实劳动和合法经营先富起来，带动和帮助其他地区和其他群众，最终达到全国各地区的普遍繁荣和全体人民的共同富裕，这是改革开放中长期坚持的一个大政策。它符合经济发展客观规律的要求，是社会主义优越性在经济上的重要体现。消除贫困，是实现共同富裕的重要前提和艰巨任务。改革开放 40 年来，中国 7 亿多贫困人口摆脱绝对贫困，党的十八大以来通过精准扶贫、精准脱贫使贫困人口减少 6800 多万，创造了人类减贫史上的奇迹。习近平总书记讲："我们追求的发展是造福人民的发展，我们追求的富裕是全体人民共同富裕。虽然实现共同富裕要有一个过程，但我们要努力去做、不断推进。"这个宣示，明确了新时代坚持和发展中国特色社会主义的价值定向。

（五）中国特色社会主义是致力于和平发展、合作共赢的社会主义。和平发展、公平正义是马克思主义和科学社会主义的价值追求。社会主义与资本主义不同道路、不同制度的较量将长期存在，发展方向、发展模式的矛盾冲突不会停止。西方敌对势力不愿看到社会主义中国发展壮大，对中国进行政治诋毁、战略遏制、全面施压等也不会停止。中国共产党是为中国人民谋幸福的政党，也是为人类进步事业而奋斗的政党，始终把为人类作出新的更大贡献作为自己的使命。改革开放以来，中国坚持走和平发展道路，奉行互利共赢的开放战略，推动建设相互尊重、公平正义、合作共赢的新型国际关系，推动构建人类命运共同体，都不是韬光养晦的权宜之计，不是麻痹世界的策略选择，更不是谋求自己的势力范围，而是要同各国人民一道把人类和平与发展的崇高事业推向前进，是思想自觉和实践自觉的统一。从文化基因看，中华民族是爱好和平的民族，中国文化中没有霸权主义的元素。从历史传统看，中国没有称霸世界的传统，中国雄踞世界之巅逾千年，带给世界的是和平安宁，而不是烽火连天。从外交方针和国际战略看，中国坚持和平共处五项原则，永远不称霸、永远不搞扩张，是一以贯之的。从现实境遇看，中国没有以大欺小、倚强凌弱的冲动，中国始终是世界和平的建设者、全球发展的贡献者、国际秩序的维护者。

这里作一个小结：中国特色社会主义是社会主义而不是其他什么主义，它体现了科学社会主义理论逻辑和中国社会发展历史逻辑的辩证统一，是根植于中国大地、反映中国人民意愿、适应中国和时代发展进步要求的科学社会主义。在当代中国，坚持和发展中国特色社会主义，就是真正坚持社会主义，就是真正坚持马克思列宁主义、毛泽东思想。

# 在改革开放中坚持和发展
# 中国特色社会主义的启示

改革开放 40 年，在中国共产党领导下，中国走完了发达国家几百年走过的发展历程，创造了世界历史上的发展奇迹，走出了一条与西方国家完全不同的社会主义现代化道路，形成了"中国之治"与"西方之乱"的鲜明对照。这个伟大实践给我们提供了许多宝贵启示。

（一）党在社会主义初级阶段的基本理论、基本路线、基本方略一定要毫不动摇、一以贯之地坚持。40 年来，中国共产党在理论上和实践上具有决定性意义的重大成果和贡献，就是作出我国处于并将长期处于社会主义初级阶段的战略判断，据此创立和贯彻包括邓小平理论、"三个代表"重要思想、科学发展观、习近平新时代中国特色社会主义思想在内的中国特色社会主义理论体系，制定和贯彻"一个中心、两个基本点"的基本路线，形成和贯彻"十四个坚持"的基本方略。党在社会主义初级阶段的基本理论、基本路线、基本方略是相互联系、相互贯通的。基本理论是党的根本指导思想和行动指南；基本路线是指导全党活动的总方针总政策；基本方略是指导全党实践的基本遵循和行动纲领，它们统一于中国特色社会主义道路、理论、制度、文化，贯穿于坚持和发展中国特色社会主义实践之中。这"三基本"是党和人民历尽千辛万苦、付出各种代价得来的，是党和人民须臾不可或缺的政治财富，必须倍加珍惜，始终不渝坚持。只有坚持"三基本"，才能排除这样那样的干扰，避免出现系统性风险和颠覆性错误，沿着中国特色社会主义方向去实现既定的目标。坚持"三基本"毫不动摇，核心是坚持党的十一届三中全会以来的路线方针政策毫不动摇，坚持习近平新时代中国特色社会主义思想毫不动摇，既不走封闭僵化的老路，也不走改旗易帜的邪路，而是坚定不移走中国特色社会主义道路。能不能做到这一条，各级领导层是关键。领导干部要认真学习掌握"三基本"特别是习近平新时代中国特色社会主义思想，提高把握政治大局和政治方向的能力和水平，提高运用马克思主义指导应对重大挑战、抵御重大风险、克服重大阻力、化解重大矛盾、解决重大问题的能力和水平，坚持和发展中国特色社会主义就有了基本保证。

（二）以经济建设为中心、集中力量解放和发展社会生产力的战略思想一定要毫不动摇、一以贯之地坚持。生产力是一切社会发展的最终决定力量，解放和发展社会生产力是社会主义的根本任务。在社会主义初级阶段这个不发达阶段，我国社会主要矛盾是人民日益增长的物质文化需要同落后的社会生产之间的矛盾，这就要求我们必须更加重视和始终坚持发展生产力，必须把经济建设作为全党全国工作的中心，各项工作都要服从和服务于这个中心。改革开放前我们一个很大失误，就是长期以阶级斗争为纲。新时期进行拨乱反正，最根本的就是果断地把党和国家的工作重心转移到以经济建设为中心的现代化建设上来。改革开放40年，正是靠聚精会神搞建设、一心一意谋发展，中国大踏步赶上了时代。中国特色社会主义进入新时代，我国社会的主要矛盾已经转化为人民日益增长的美好生活需要和不平衡不充分的发展之间的矛盾，但我国仍处于并将长期处于社会主义初级阶段的基本国情没有变，我国是世界最大发展中国家的国际地位没有变，集中力量解放和发展社会生产力仍然是我们的中心任务。无论遇到什么情况，都不能动摇和影响经济建设这个中心，都要心无旁骛地抓好发展这个党执政兴国的第一要务。这也就是习近平总书记指出的："只要国内外大势没有发生根本变化，坚持以经济建设为中心就不能也不应该改变。这是坚持党的基本路线100年不动摇的根本要求，也是解决当代中国一切问题的根本要求。"

（三）解放思想、实事求是、与时俱进这个马克思主义活的灵魂一定要毫不动摇、一以贯之地坚持。人是生产力中最活跃的因素。解放和发展社会生产力，说到底首先是解放人，解放人的思想，解放人的精神世界。回想40年前那场真理标准问题大讨论，像一场强劲的春风荡漾神州大地，极大解放了亿万人民的思想，也极大解放了社会活力，为实行改革开放奠定了坚实的思想基础。党的十一届三中全会确定的指导方针，就是解放思想、开动脑筋、实事求是、团结一致向前看。当年如果不解放思想，怎么可能摆脱"两个凡是"的束缚，实现党和国家工作重心的转移？怎么可能允许个体经济和私营经济发展壮大？又怎么可能确立社会主义市场经济体制的改革目标？大一点说，这40年改革开放的哪一个突破，不是坚持解放思想、实事求是、与时俱进的结果？不是坚持"三个有利于"标准的结果？解放思想、实事求是、与时俱进，是马克思主义活的灵魂，也是习近平新时代中国特色社会主义思想活的灵魂，是我们适应新形势、认识新事物、完成新任务的根本思想武器。随着中国特色社会主义事业不断发展，新情况新问题新矛盾会层出不穷，可以预料和难以预料的困难和风险同样会层出不穷。既不能把书本上的个别论断当作束缚自己思想和手脚的教条，也不能使实践中已见成效的东西成为影响继续前进的包袱。还是要坚持马克思主义的发展观点，坚持实践是检验真理的唯一标准，坚持一切从实际出发，鼓励解放思想、创新创造，鼓励讲真话、讲实话，着力营造放开手脚干事业、甩开膀子勇作为的更好环境。这是新时代坚持和发展中国特色社会主义、实现"两个一百年"奋斗目标的内在要求和希望所在。

（四）以人民为中心的发展思想和尊重人民首创精神的历史唯物主义观点一定要毫不动摇、一以贯之地坚持。改革开放是人民的要求和党的主张的内在统一，是亿万人民自己的事业，必须尊重人民主体地位，发挥人民首创精神。回望40年改革开放历程，"人民"是贯穿始终的一条主线。中国共产党坚持人民创造历史这一马克思主义科学原理，真诚代表中国最广大人民的根本利益，最广泛调动人民群众的积极性、主动性、创造性，从人民的实践创造中汲取丰富智慧，从人民的发展要求中获得前进动力，使全体人民满腔热情地投身改革开放伟大事业。党坚持全心全意为人民服务的根本宗旨，通过改革发展为人民群众谋幸福，把人民拥护不拥护、赞成不赞成、高兴不高兴、答应不答应作为衡量一切工作得失的根本标准，使改革开放始终拥有不竭的力量源泉。在40年改革开放进程中，没有一种力量比人民更强大，没有一种根基比人心更坚实。习近平总书记指出："改革开放在认识和实践上的每一次突破和深化，改革开放中每一个新生事物的产生和发展，改革开放每一个领域和环节经验的创造和积累，无不来自亿万人民的智慧和实践。"改革开放的成功，归根到底在于顺应了中国人民要发展、要创新、要过美好生活的历史要求。在新时代，无论改革开放的领域拓展到哪里，无论外部条件发生什么样的变化，只要始终与人民想在一起、干在一起，就没有克服不了的困难，就没有越不过的沟坎。

（五）全面深化改革、全方位对外开放的基本国策一定要毫不动摇、一以贯之地坚持。40 年改革开放，破除了阻碍国家和民族发展的一切思想和体制障碍，开辟了中国道路，释放了中国活力，凝聚了中国力量，推动中国实现了从赶上时代到引领时代的伟大跨越，书写了国家和民族发展史上的壮丽篇章，不仅深刻改变了中国，也深刻影响了世界。特别是党的十八大以来，以习近平同志为核心的党中央以前所未有的决心和力度推进全面深化改革，敢于向顽瘴痼疾开刀，勇于突破利益固化藩篱，落实新发展理念，建设现代化经济体系，推动形成了更高层次改革开放新格局，由此推动党和国家事业取得历史性成就、发生历史性变革。实践充分证明，改革开放是坚持和发展中国特色社会主义的必由之路，是决定当代中国命运的关键一招，也是决定实现"两个一百年"奋斗目标、实现中华民族伟大复兴的关键一招。进入新时代，改革开放面临着新形势新任务新挑战，推进改革的复杂程度、敏感程度、艰巨程度不亚于 40 年前，国际上单边主义、保护主义愈演愈烈，开放还是封闭、前进还是后退，人类面临着新的重大抉择。改革的任务越艰巨，开放的挑战越严峻，改革开放的劲头越不能松、力度越不能减，改革开放的旗帜越要举得更高。在习近平新时代中国特色社会主义思想指引下，以逢山开路、遇河架桥的精神和坚韧不拔的毅力把全面深化改革进行到底、把对外开放的大门越开越大，就一定能不断闯关夺隘，在更高起点、更高层次上开创改革开放新局面。

（六）抓住机遇而不可丧失机遇的清醒认识和战略定力一定要毫不动摇、一以贯之地坚持。能不能抓住机遇，历来是关系一个国家、一个民族兴衰成败的大问题。中国 15 世纪前经济技术一直处于世界领先地位，15 世纪后之所以逐渐落后，最根本的就在于丧失了一些重要的发展机遇。40 年前，我们抓住加快发展的有利时机，以摸着石头过河的勇气和杀出一条血路的决心实行改革开放，使中国在落后世界现代化进程一个多世纪后终于大踏步赶上了现代化的最新浪潮。古今中外历史一再证明：抓住了机遇，落后的国家和民族就可能实现超越式发展，走在时代发展的前列；丧失了机遇，原本强盛的国家和民族也会不进反退，成为时代发展的落伍者。现在，我们比历史上任何时期都更接近实现中华民族伟大复兴的目标，比历史上任何时期都更有信心、更有能力也更有条件实现这个目标。中国发展经过长期量的积累进入质的提升阶段，已经由高速增长阶段转向高质量发展阶段，加上规模巨大、开放度高的国内市场已成为中国可持续发展的强大内生动力，中国发展的主动权更加牢牢掌握在我们自己手里。当今世界正进入百年未有之大变局，单边主义和霸权主义滋长蔓延，世界格局走向多极化步伐加快。综合分析国内外形势，中国仍处于一个大有可为的历史机遇期。如何继续抓住和用好这个历史机遇期，主要取决于我们自己的战略、策略和作为。中华民族伟大复兴绝不会轻轻松松就能实现，各种风险和挑战一定不少。重要的是，要登高望远，着眼大局，始终坚守中华民族伟大复兴进程决不能迟滞更不能中断这个最高利益，始终保持战略定力，不为任何风险所惧，不为任何干扰所惑，坚定不移向着"两个一百年"奋斗目标前进。这正是党的十八大以来以习近平同志为核心的党中央带领全党一直在做的事情。

（七）中国共产党勇于自我革命的鲜明品格和政治优势一定要毫不动摇、一以贯之地坚持。改革开放给党的肌体注入新的强大生机和活力，也使党面临新的严峻考验。中国共产党领导改革开放这场社会革命，自身必须过硬，必须敢于进行自我革命。40年来，党坚持在改革开放中加强和改进自身建设，采取了一系列自我革命的举措，包括进行整党和开展"三讲"教育活动、"三个代表"重要思想学习教育活动、保持共产党员先进性教育活动、深入学习实践科学发展观活动、党的群众路线教育实践活动等党内集中教育，取得了预期效果。党的十八大以来，党中央大力度推进全面从严治党，敢于直面问题，敢于刀刃向内，敢于刮骨疗伤，敢于壮士断腕，实现了党自身面貌的深度重塑和自身战斗力的大幅提升，实现了党心军心民心的有力凝聚，有力推动了改革开放不断向深度和广度发展。如同改革开放没有完成时一样，党的自我革命也永远在路上。特别要看到，党面临的"四大考验"是长期复杂的，面临的"四种危险"是尖锐严峻的，防止跌入"历史周期率"、始终保持和巩固党的执政地位，是党在整个执政过程中都要高度重视并不断解决好的根本问题。习近平总书记今年1月在一次重要讲话中，深入分析了古今中外治乱兴衰的经验教训，得出"功成名就时做到居安思危、保持创业初期那种励精图治的精神状态不容易，执掌政权后做到节俭内敛、敬终如始不容易，承平时期严以治吏、防腐戒奢不容易，重大变革关头顺乎潮流、顺应民心不容易"的重要论断。这"四个不容易"高深精辟，警示我们堡垒最容易从内部攻破，只有把从严从紧从实的要求贯穿和体现到党的建设全过程，不断增强党自我净化、自我完善、自我革新、自我提高的能力，才能赢得最广大人民的长期支持和拥护，才能确保始终拥有执政地位。这是整个党的建设长期的根本性任务。

20世纪以来，中国先后发生了三次伟大社会革命，产生了孙中山、毛泽东、邓小平这三位站在时代前列的伟大人物。孙中山领导辛亥革命推翻了统治中国几千年的君主专制制度，为中国的进步打开了闸门。毛泽东领导新民主主义革命和社会主义革命取得胜利，为当代中国一切发展进步奠定了根本政治前提和制度基础。邓小平领导改革开放这场新的伟大革命开创了中国特色社会主义，引领中国人民走上了实现国家现代化和中华民族伟大复兴的康庄大道。在如此壮阔宏大的历史进程和时代背景下，我们迎来了改革开放40周年。

四十不惑，中国进入了改革开放新时代、进入了中国特色社会主义新时代。这是一个在中国特色社会主义道路上全面建成小康社会，进而全面建成社会主义现代化强国、实现中华民族伟大复兴的新时代，一个继往开来、成就千秋伟业的新时代。数风流人物，还看今朝。让我们在习近平新时代中国特色社会主义思想伟大旗帜指引下，在以习近平同志为核心的党中央坚强领导下，撸起袖子加油干吧！

（原载《学习时报》2018年12月7日）

# 坚持马克思主义在哲学社会
# 科学领域指导地位

习近平总书记在哲学社会科学工作座谈会上的讲话发表一年来，我国哲学社会科学领域发生了可喜变化，广大哲学社会科学工作者意气风发，形成了着力构建中国特色哲学社会科学的浓厚氛围。一个很重要的方面，就是马克思主义在哲学社会科学领域指导地位不断巩固，哲学社会科学工作者坚持以马克思主义为指导的自觉性不断提高。实践证明，马克思主义是我国哲学社会科学之魂，坚持以马克思主义为指导是当代中国哲学社会科学区别于其他哲学社会科学的根本标志，繁荣发展中国特色哲学社会科学必须毫不动摇坚持马克思主义指导地位。

## 坚持马克思主义指导地位，就要在坚定理论
## 自觉、真懂真信马克思主义上毫不动摇

哲学社会科学坚持以马克思主义为指导，是近代以来我国发展历程赋予的规定性和必然性。近代以来的历史和现实表明，什么时候我们马克思主义指导地位坚持得好，哲学社会科学乃至整个中国社会就发展得好；什么时候我们放松了对马克思主义指导

地位的坚持，哲学社会科学乃至整个中国社会发展就会走入误区，遭受挫折。

哲学社会科学坚持以马克思主义为指导的这种规定性和必然性，来自马克思主义的理论品格与实践品格。马克思主义以无可辩驳的事实和不容置疑的逻辑揭示了人类社会发展的普遍规律。像关于世界的物质性及其发展规律、人类社会及其发展规律、认识的本质及其发展规律等原理，为我们研究把握哲学社会科学各个学科各个领域提供了基本的世界观和方法论。只有真正弄懂了马克思主义，才能在揭示共产党执政规律、社会主义建设规律、人类社会发展规律上不断有所发现、有所创造，才能更好识别各种唯心主义观点，更好抵御各种历史虚无主义谬论。

真懂真信马克思主义，不是抽象的，而是实在的。不一定甚至不必"言必称马"，但一定是行必依、事必用马克思主义立场观点方法。哲学社会科学学科门类很多，每个学科都有自己的基本概念、研究范式、分析框架、特殊方法，但马克思主义的基本观点和基本方法在哲学社会科学研究中总是普遍管用、长期管用、根本管用的。比如，唯物论与一切从实际出发的原则、实践论与实践标准、生产力最终决定论与生产力标准、人民主体论与人民利益标准、辩证法与辩证分析方法、矛盾论与矛盾分析方法、系统论与系统分析方法、价值论和价值评价方法、历史观与历史主义方法，等等。这些都是我们从事哲学社会科学研究不应该背离也不能背离的。我们必须有这样的理论自觉和理论坚定。

## 坚持马克思主义指导地位，就要在坚定政治立场、牢固树立以人民为中心的研究导向上毫不动摇

为什么人的问题是哲学社会科学研究的根本性、原则性问题。世界上没有纯而又纯的哲学社会科学。不论哲学社会科学工作者是否有这样的意识，他选择的研究主题，选取的研究材料，依赖的研究路径，使用的研究方法，形成的研究成果，可以说一定程度上都反映了研究者本人的政治立场、意识形态和价值判断。换句话说，哲学社会科学研究一开始，就既定了价值立场，就预设了价值前提，不可能有所谓"价值中立"与"价值超然"。

我国是人民当家作主的社会主义国家，哲学社会科学承载着为时代立言、为人民立命的使命，承载着上层建筑的功能，承载着坚持和发展中国特色社会主义的职责，毫无疑问应当为社会主义服务、为人民服务。坚持人民立场，代表人民利益，为人民做学问，是我国哲学社会科学的特色所在、使命所在、价值所在、生命所在。

立场问题从来不是虚幻的，而是实实在在存在着的。不同性质的社会有不同的立场倾向。在资本主义社会，资本逻辑是社会的主导逻辑，权力受命于资本、受制于资本、也服务于资本，这就决定了资产阶级学者总体上代表的是"资本"的利益。在中国，"人民"是真正的主人，代表人民利益是中国特色哲学社会科学的最高利益所在，为人民著书立说是我国哲学社会科学工作者的崇高使命所系。在少数人和多数人的利益拉锯中，在"资本"和

"人民"的利益博弈中，我国哲学社会科学工作者应该有自己的坚守和定力，自觉选择站在最大多数人一边，为人民做学问、替人民发声，做人民利益的忠实代言人。坚持这一条，就在根本上坚持了马克思主义；背离这一条，就在根本上背离了马克思主义。

因此，坚持人民是历史创造者的观点，树立为人民做学问的理想，尊重人民主体地位，聚焦人民实践创造，自觉把个人学术追求同国家和民族发展紧紧联系在一起，努力多出经得起实践、人民、历史检验的研究成果，既是当今时代对我国哲学社会科学工作者的崇高要求，也是在当代中国毫不动摇坚持马克思主义在哲学社会科学领域指导地位的具体体现。

## 坚持马克思主义指导地位，就要在运用科学的思维方法、掌握"伟大的认识工具"上毫不动摇

对于哲学社会科学各学科来说，究竟怎么用马克思主义才是真用呢？最重要的，就是将马克思主义的精髓和活的灵魂，也就是马克思主义基本原理及贯穿其中的立场观点方法，内化为学养、外化为研究方法，转化为"伟大的认识工具"。恩格斯早就说过："马克思的整个世界观不是教义，而是方法。它提供的不是现成的教条，而是进一步研究的出发点和供这种研究使用的方法。"马克思主义不可能取代任何一门具体的哲学社会学科，也不可能为任何一门社会学科的研究提供具体的学术结论。不能以实用主义态度对待马克思主义，不能因为出现了马克思主义经典作家没有讲过的东西，就认为马克思主义不管用了；也不能以教

条主义态度对待马克思主义，不能因为马克思主义经典作家没有说过的就不能说、不敢说。

马克思主义在哲学社会科学研究各个环节、各个阶段都有用武之地。在"研究什么"上，关键是做到从问题出发，坚持问题意识和问题导向，坚持实事求是的思想路线。问题是时代的先声，是理论的生长点。中国特色哲学社会科学，就要研究中国发展和中国共产党执政面临的重大理论和实践问题，更好揭示中国社会发展、人类社会发展的大逻辑大趋势，提出解决问题的正确思路和有效办法。在"怎么研究"上，关键是做到坚持科学的思维方法论，既包括马克思主义立场观点方法，也包括具体的社会科学方法论。要吸收借鉴西方社会科学研究的有益方法，但不能食洋不化。方法决定看法，方法不一样，看法就不一样，结论也不一样。要看到，在历史学研究中，不坚持历史唯物主义，只强调历史细节、历史情节，就不可能真正对历史进行科学研究；在新闻学研究中，不坚持马克思主义的新闻观，就不可能真正建立科学的社会主义新闻传播学；在政治学研究中，不坚持马克思主义的政治观，就很难建立科学的社会主义政治学。在"评价研究得怎么样"上，关键是坚持科学的真理标准即马克思主义的实践标准，拿事实说话。

## 坚持马克思主义指导地位，就要在立足中国实际、回答时代问题、推进理论创新上毫不动摇

当代中国正经历着我国历史上最为广泛而深刻的社会变革，

也正在进行着人类历史上最为宏大而独特的实践创新。这种前无古人的伟大实践，不是简单延续我国历史文化的母版，不是简单套用马克思主义经典作家设想的模板，不是其他国家社会主义实践的再版，也不是国外现代化发展的翻版，没有也不可能找到现成的教科书。因此，对于当代中国哲学社会科学研究来说，必然的选择就是以我们正在做的事情为中心，从我国改革发展的实践中挖掘新材料、发现新问题、提出新观点、构建新理论。

比如，如何在经济基础发生深刻变化，人们思想活动的独立性、选择性、多变性、差异性明显增加的新形势下，通过卓有成效的方式夯实马克思主义在意识形态领域的指导地位，培育和践行社会主义核心价值观，巩固全党全国各族人民团结奋斗的共同思想基础，需要理论创新。如何在我国经济发展进入新常态、国际发展环境深刻变化的新形势下，贯彻落实新发展理念、加快转变经济发展方式、提高发展质量和效益，进而更好保障和改善民生、促进社会公平正义，需要理论创新。如何在改革进入攻坚期和深水区、各种深层次矛盾和问题不断呈现、各类风险和挑战不断增多的新形势下，切实提高改革决策水平、推进国家治理体系和治理能力现代化，需要理论创新。如何在我们党面临"四大考验""四种危险"、全面从严治党进入重要阶段的新形势下，不断提高党的领导水平和执政水平、增强拒腐防变和抵御风险能力，使党始终成为中国特色社会主义事业坚强领导核心，需要理论创新，等等。

改革开放近四十年来，正是我们坚持理论创新，正确回答了什么是社会主义、怎样建设社会主义，建设什么样的党、怎样建设党，实现什么样的发展、怎样发展等重大课题，不断根据新的实践推出新的理论，才形成了一系列具有原创性、时代性的概念和理论，进而形成了当代中国的马克思主义，极大推进和丰富了21世纪马克思主义。实践是发展着的，新情况新问题是不断涌现的，立足中国实际，回答时代问题，哲学社会科学才能实现自身价值。当代中国哲学社会科学发展的理论逻辑与实践逻辑都表明，如果不能及时研究、提出、运用新思想、新理念、新办法，理论就会苍白无力，哲学社会科学就会"肌无力"，坚持马克思主义指导地位也就会成为一句空话。

## 坚持马克思主义指导地位，就要在坚定文化自信、推动中华文化创造性转化和创新性发展上毫不动摇

习近平总书记指出："一个抛弃了或者背叛了自己历史文化的民族，不仅不可能发展起来，而且很可能上演一场历史悲剧。"不忘本来才能开辟未来，善于继承才能更好创新。在哲学社会科学领域坚持马克思主义指导地位，不是、不能也不会割断中华历史文化传统，而恰恰是要更好地把历史文化传统发扬光大，在发扬光大中华优秀传统文化中，发扬光大当代中国哲学社会科学。

中华文化积淀着中华民族最深沉的精神追求，包含着中华民族最根本的精神基因，代表着中华民族独特的精神标识，是中华民族生生不息、发展壮大的丰厚滋养。中华传统文化是我们民族的"根"和"魂"，如果抛弃传统、丢掉根本，就等于割断了自己的精神命脉。坚持马克思主义指导地位，就是要坚持马克思主

义方法，坚持马克思主义态度，对中华优秀传统文化进行创造性转换和创新性发展。

我们要按照时代特点和要求，对那些至今仍有借鉴价值的内涵和陈旧的表现形式加以改造，赋予其新的时代内涵和现代表达形式，以激活其生命力；我们要按照时代的新进步新进展，对中华优秀传统文化的内涵加以补充、拓展、完善，以增强其影响力和感召力。当代中国社会依然是一个努力追求讲仁爱、重民本、守诚信、崇正义、尚和合、求大同的社会。同时我们一定要看到今日中国社会的"仁爱"与当年封建社会形态下的"仁爱"有本质不同；今日中国社会的"民本"是社会主义社会形态下的"民本"，而不是封建皇帝头脑中的"民本"；今日中国社会的"大同"追求是立足于"每个人的自由发展是一切人自由发展的前提"，而不是小国寡民、老死不相往来的互不干涉。所以，在不割断血脉、不丢失基因的同时，我们一定要坚持与时俱进、推陈出新，使中华民族最基本的文化基因与当代文化相适应、与现代社会相协调，把跨越时空、超越国界、富有永恒魅力、具有当代价值的文化精神弘扬起来。

接续中华文化之脉、中华文明之脉，直接出发点当然是解决当代中国的问题、解决中华民族发展的问题。而解决好民族性问题，就有更强能力去解决世界性问题；把中国实践总结好，就有更强能力为解决世界性问题提供思路和办法。在这方面，中华文化确实可以"跨越时空、超越国界"，"富有永恒魅力、具有当代价值"。当今天的世界面对越来越严峻的环境问题时，"天人合一"为人类修复自己的家园送上一剂良药；当今天的世界因为各种各样的利益纠纷与冲突擦枪走火的时候，"和而不同"恐怕是实现各得其所的唯一选择；当人类社会越来越沉湎于社会发展方式"唯一解"的时候，"生生不息"告诉世界还有别样的可能性、别样的精彩。汲取传统智慧的当代中国哲学社会科学，一定会再次塑造出"为人类文明作贡献的中国"。

（原载《学习时报》2017 年 5 月 22 日）

# 马克思主义发展观的
# 中国实践与中国创新

党的十八届五中全会鲜明提出创新、协调、绿色、开放、共享新发展理念，具有重大的理论意义和实践意义。"十三五"规划建议紧紧围绕新发展理念谋篇布局，提出若干重大战略、重大工程、重大举措，因之成为一个有创新的发展理念作为灵魂而贯穿始终的、关于发展的纲领性文件。学习贯彻党的十八届五中全会精神，关键是要把新发展理念学习领会好、贯彻落实好。

## 新发展理念实现了对发展观的中国创新

发展是人类社会的永恒主题，发展也是马克思主义的永恒主题。从经济社会发展到人的自由全面发展，从西方社会开创资本主义生产方式的发展到东方社会跨越"卡夫丁峡谷"的发展，马克思主义发展观以其强大的逻辑力量和鲜明的立场情怀不仅科学地阐释了人类社会的发展，更有力地塑造了人类社会的发展。历史证明，马克思主义发展观从来不是抽象的教条，其现实形态总是在与具体国家、具体时代、具体实践相结合的过程中焕发生机、丰富发展的。马克思主义发展观的中国实践是马克思主义中国化的题中应有之义，中国共产党人正是在坚定不移坚持马克思主义发展观的同时，又用新的实践新的创造不断丰富发展着马克思主义发展观。从50多年前社会主义建设初期毛泽东高屋建瓴的《论十大关系》，到30多年前改革开放之初邓小平英明提出"以经济建设为中心"和"发展是硬道理"的精辟论断，再到后来我们党强调发展是党执政兴国的第一要务，强调坚持科学发展、坚持全面协调可持续发展，中国共产党人对发展的认识不断深化，对发展的实践不断积累，马克思主义发展观随着实践、时代也不断地与时俱进。

发展观的科学和进步，铸就了发展实践的奇迹和发展成果的辉煌。制造大国的世界第一、经济总量的世界第二、对世界经济发展30%的贡献率、远超世界经济平均增长率3到4个百分点等等这些耀眼的指标，让中国"十三五"的发展已经站在了一个很高的起点上。但是新起点也伴随着新挑战，新目标更是提出新要求。如何在我国经济发展阶段性特征呈现重大转换、战略机遇期内涵发生深刻变化的背景下，适应新常态、把握新常态、引领新常态，不仅完美收官全面建成小康、完成第一个百年目标，而且未雨绸缪为第二个百年目标奠定良好基础，所有这些都迫切要求中国的发展要有新作为，发展观要有新突破。

党的十八届五中全会深刻总结国内外发展经验教训，深刻分析中国社会当前和未来发展大势，自觉运用共产党执政规律、社会主义建设规律、人类社会发展规律，在此基础上鲜明提出创新、协调、绿色、开放、共享新发展理念，用发展理念统领发展思路、发展方向、发展着力点，用发展理念彰显价值、重申立场、宣誓决心，再一次实现了马克思主义发展观的时代创新，也开辟了当代中国发展的新境界。

## 新发展理念彰显对发展价值的历史自觉

为什么发展，实现什么样的发展，是人类社会在发展历程中面临的首要问题，更是当代中国共产党人必须解决好的首要问题。发展当然是硬道理，发展毫无疑问是第一要务，但发展本身不是也不能成为目的，发展必有其目的归宿，发展必有其价值指向。价值指向不同，发展结果迥异。

就当代中国社会来说，发展既不能是为发展而发展，更不能是为少数人发展，我们的发展过程一定要人人能参与、人人都尽力，我们的发展成果一定要人人可享有。正如习近平总书记所指出的，人民对美好生活的向往，就是我们的奋斗目标。把人民的期待变成我们的行动，把人民的希望变成生活的现实，让人民群众有幸福感，有获得感，这就是我们中国共产党人致力于发展的价值取向和根本目的所在。"十三五"发展坚持以人民为中心的发展思想，把坚持人民主体地位摆在发展的指导原则之首，用共享发展为发展理念筑基兜底，先后衔接，相互呼应，彰显了中国共产党人对发展价值的历史自觉。

马克思在《1857—1858 年经济学手稿》中有这样一段论述："在一切社会形式中都有一种一定的生产决定其他一切生产的地位和影响，因而它的关系也决定其他一切关系的地位和影响。这是一种普照的光，它掩盖了一切其他色彩，改变着它们的特点。"在"十三五"发展中，以人民为中心就是这样一种"普照的光"。在它的普照之下，创新发展是为了给人民群众创造更高水平、更有质量的生活，协调发展是为了让不同地域、不同民族的人民群众都能与整个国家的发展保持大体同步，绿色发展是通过形成人与自然和谐发展回应人民群众对美好生活的追求，开放发展让人民群众在更大范围内、在更高水平上分享经济全球化带来的巨大红利，共享发展更是中国特色社会主义本质在发展领域的展开，让中国社会的发展朝着共同富裕的方向稳步前进。

发展为了人民，发展依靠人民，有了这样的发展理念，不论是全面脱贫还是居民收入同步增长乃至全民参保、普及高中阶段教育等等这些事关人民群众最关心最直接最现实利益的政策设计，在"十三五"发展战略中就会水到渠成。

## 新发展理念体现对发展规律的科学遵循

发展不能想当然，发展更不能蛮干，必须遵循经济规律、自然规律、社会规律等发展规律。遵循经济规律讲的是发展的科学性。习近平总书记指出，一个国家经济增长，有快有慢是正常的，不能说只能加速、不能减速，这不符合经济规律。遵循自然规律讲的是发展的可持续性，要始终牢记绿水青山就是金山银山，"像保护眼睛一样保护生态环境，像对待生命一样对待生态环境"。遵循社会规律讲的是发展的包容性，让更多人共同享有人生出彩的机会，共同享有梦想成真的机会，共同享有同祖国和时代一起成长与进步的机会。

新发展理念充分体现了对发展规律的科学遵循与正确运用：

　　——要在我国发展动力转换过程中做到"换挡"不失速，不可能总是依靠惯性，必须有新引擎，这引擎来自创新，因为创新是引领发展的第一动力；要在国际发展竞争日趋激烈环境中拔得头筹，不能总是因循守旧，必须有新突破，这突破同样离不开创新，所以创新居于国家发展全局的核心位置。

　　——发展是一个系统工程，必须全国一盘棋，善于"弹钢琴"。保持经济社会、城乡区域、软实力硬实力、"新四化"以及经济国防等等各种重大关系协调推进，这是发展的基本方式，只有这样才能有效避免发展不平衡问题，增强发展整体性。

　　——告别了发展的最初级阶段，解决了生存的最基本需要，绿色发展自然进入发展视野。经济要上台阶，生态文明也要上台阶，在大厦林立、车水马龙的同时还要"望得见山、看得见水、记得住乡愁"。建设美丽中国是我们的使命，保障全球生态安全是大国的担当。

　　——作为国家繁荣发展的必由之路，开放发展是中国过去30多年的成功经验，也是未来发展的当然选择。只不过在全球经济版图深刻变动的大背景下，开放是双向开放，市场是深度融合，模式是内外联动，中国社会不仅要提高在产品制造上的话语权，更要积极参与全球经济治理和公共产品供给，提高在全球经济治理中的制度性话语权。

　　——通过共享让人民群众感受到公平正义进而满足人民期待当然是中国社会发展的最高指向，但反过来，对公平正义的追求和人民群众需求的被满足又将极大激发人民群众的积极性和创造性，并转化为最强大的发展动力。

# 新发展理念是对科学发展观的坚持与发展

科学发展观科学地回答了实现什么样的发展、怎样发展这一事关当代中国发展的根本问题，是中国共产党人进入新世纪以来对发展认识所达到的最高水平、所取得的最新成果，是马克思主义关于发展的世界观和方法论的集中体现。新发展理念是针对我国发展中的突出矛盾和问题提出来的，集中体现了新的发展环境和发展条件下我国发展的思路、方向和着力点，进一步深化了我们党对经济社会发展规律的认识。

新发展理念坚定不移地坚持了科学发展观。无论是强调坚持以经济建设为中心还是重申发展是第一要务，无论是突出问题导向还是着力体制机制，新发展理念与科学发展观从价值指向、立场情怀到思维模式、策略选择等各个方面都是高度一致、一以贯之、一脉相承的。科学发展观的核心是以人为本，新发展理念同样把以人民为中心作为发展必须坚持的首要原则与根本思想。解放思想、实事求是、与时俱进、求真务实是科学发展观最鲜明的精神实质，同样也是新发展理念最突出的实践品格。

新发展理念又创造性地丰富和发展了科学发展观。坚持是为了发展，发展是最好的坚持。尽管我国仍处于并将长期处于社会主义初级阶段的基本国情没有变，人民日益增长的物质文化需要同落后的社会生产之间的矛盾这一社会主要矛盾没有变，我国依然是世界上最大发展中国家的国际地位没有变，我国仍处于发展重要战略机遇期没有变。但是与新世纪之初相比，在发展的阶段性特征中又呈现出了新的特征，战略机遇期的内涵也发生了深刻变化，由此指导我国发展的理念也需要相应地变化。

新发展理念以新迎新，以变应变，用新的内涵丰富科学发展观，用新的实践深化科学发展观，用新的创造发展科学发展观。在这里，创新发展不再仅仅是建设创新型国家这样一个单项指标，而是要"让创新贯穿党和国家一切工作，让创新在全社会蔚然成风"；协调发展也大大拓展了新内涵，要求硬实力与软实力相协调，"在增强国家硬实力的同时注重提升国家软实力"；至于从生态文明高度推进的绿色发展，注重提高"在全球经济治理中的制度性话语权"的开放发展，以及使全体人民"有更多获得感"的共享发展等等，也都以新的内涵和要求使科学发展观焕发出新的光辉，引领着新实践的辉煌。

## 新发展理念推动对发展全局的深刻变革

在经济新常态背景下，随着发展方位、发展环境、发展条件的变化，中国社会在过去数十年中已经适应、习惯的发展方式越来越力不从心、越来越不管用甚至不能用了。但近些年来中国发展方式的转变却步履艰难。究其原因，除了路径依赖的行为惯性外，不敢转、不想转的心态也在拖后腿，因循守旧的发展理念甚至还会有意无意去固化一些不合理的体制机制与行为模式。

习近平总书记指出，发展理念是发展行动的先导。要实现发展实践的变革，必须确立新的发展理念，用新的发展理念引领发展行动。正是在这个意义上，我们讲新发展理念既是事关我国发展全局的一场深刻变革，又会进一步推动我国发展全局的深刻变革。

　　首先是发展方式的深刻变革。"中国制造2025"的实施将推动工业制造业转型升级，"制造强国"呼之欲出；"互联网＋"推动信息化与工业化深度融合，新技术新概念新业态方兴未艾；"大众创业、万众创新"不仅是中国经济繁荣的"新引擎"，还会成为社会和谐有活力的"新引擎"。把这一切整合起来就是迈向工业4.0的全新经济发展范式，有的学者甚至称之为中国的"新工业革命"。

　　还有发展体制的深刻变革。从促进创新的体制架构到城乡发展一体化体制机制，从最严格的环境保护制度到开放型经济新体制，以及更加公平更可持续的社会保障制度、覆盖城乡的基本医疗卫生制度和现代医院管理制度，甚至还包括党领导经济社会发展工作体制机制等等一些基础性制度体系，都将在新发展理念引领下更加成熟更加定型。

　　这样的变革还会体现在社会心态、行为模式、交往方式、利益格局等更多的方面。归结起来一句话：新理念引领新变革，新变革造就新发展。只要把新发展理念真正树立起来并切实贯彻下去，中国社会的发展必将以新战略赢得新优势，以新作为开拓新境界。

（原载《学习时报》2015年11月26日）

# 中华民族伟大复兴与中国话语的崛起

话语体系建设是当代中国理论建设、思想建设、文化建设的重要方面，是维护文化安全、捍卫文化主权的重要方略，是讲好中国故事、构建中国话语的必然要求。党的十八大以来，习近平总书记高度重视话语体系建设，反复强调要"讲好中国故事，传播好中国声音"，切实扭转我国在国际上"有理说不出、说了传不开"的境地。近年来，在以习近平同志为核心的党中央坚强领导下，中华民族伟大复兴进程与话语体系建设同向共进，中国话语在国际上的影响力、认同度稳步提升，话语体系建设取得切实进展。

## 话语崛起与民族复兴共命运

话语权属于国家文化软实力，对内可以引领社会舆论、塑造良好社会政治心态，对外能捍卫国家文化主权、影响国际舆论。话语权是国之重器。大国兴起，往往伴随着话语的崛起。一个物质富裕而精神塌陷、话语贫困的民族，不可能屹立于世界民族之林。正如习近平总书记指出的："块头大不等于强，体重大不等于壮，虚胖不行。"

历史上，悠久灿烂的中华文明锻造了强大的思想文化凝聚力和引领力，向世界贡献了富有魅力和影响力的思想体系、价值体系、话语体系等，成为人类文明宝库中至为珍贵的财富。中华古典话语，如"仁者爱人""无为而治""近悦远来"等以其厚重的内涵、深沉的智慧、优雅的姿态，引领文明风尚，泽被邻国四方，至今备受世人景仰。

近代以来，由于封建制度腐朽没落，昔日东方大国渐渐落后于时代，滑落到了被开除球籍的边缘。从鸦片战争开始，在西方列强坚船利炮之下，中国逐步跌入灾难深重的黑暗深渊，中华民族不仅因落后而挨打，也因落后而失去了话语自信、文化自信。伴随着世界中心地位的转移，西方话语逐渐上升为世界主导话语，占领了思想文化高地，掌握了国际规则的制定权，国际话语的解释定义权、议题设置权、争议裁量权。西方或以布道师身份出场，谋求将地域性话语上升为普世性话语，殖民于世界；或以裁判者面貌出现，以西方是非为是非，对其他国家评头论足、说三道四。伴随着西方话语汹涌而至，中华古典话语被挤入历史暗角，遮蔽了璀璨的荣光。

中华人民共和国的成立，是中华民族走向复兴的伟大历史开端，也是中国话语走向世界的伟大历史开端。像和平共处五项原则，"三个世界"划分等，就是当年中国话语对国际话语体系的贡献。70年弹指一挥间，今日之中国迎来了从大国走向强国的历史新起点。现在中国经济上、物质上的强大正在成为现实，但这绝不是中华民族孜孜以求的梦想的全部，中国绝不能成为一个物质发达而精神贫困、失语失声的"跛脚大国"。习近平总书记指出："实现我们的发展目标，不仅要在物质上强大起来，而且要在精神上强大起来。"一个物质强大的中国，还必须是一个精神自立、文化自强、话语自觉的中国。如果物质的丰饶伴随着精神的退化，经济的崛起伴随着文明的塌陷，体量的壮大伴随着话语的贫弱，那么这样的"大国"不可能成为世界意义上的现代化强国。

近年来，随着中国走向复兴，中国话语的国际影响力得到大幅提升，但与中国的文明古国身份、世界大国地位还不能完全匹配。究其原因，是由于国际话语权的大小首先取决于实力。在国际话语场，有了强大的国家力量，就有了无声的话语权。通常情况是，谁拥有了压倒性的硬实力，谁就拥有了压倒性的话语权。今天，国际话语权争夺的焦点首先是规则的制定权，然后才是道义原则上的"谁说的话更在理"。当今的国际秩序，西方发达国家依然掌握着主要的国际话语权，但基于人类共同利益基础上的国际政治经济新秩序的构建日益成为各国的迫切愿望和世界发展的潮流。在此背景下，中国提出的共同价值观、新安全观、文明观、新型大国关系等新理念，获得了世界的广泛认同；西方提出的"历史终结论""文明冲突论""西方中心论""普世价值论"，伴随着金融危机以来西方经济的一蹶不振而日渐式微。中国话语与中国复兴共命运，在中国日渐走向世界舞台中央的过程中，中国话语的崛起指日可待。

## 二十一世纪是中国话语崛起的世纪

21世纪是中华民族伟大复兴的世纪，也是中国话语崛起的世纪。新时代的中国既是行动的巨人，也必将成为话语的引领者。

我们之所以有这个信心和底气，是因为中国是一个有追求、有深度、有成功实践的国度，中国完全有理由讲好中国故事。新中国成立 70 年来，中国共产党团结带领全国人民砥砺奋进，书写了社会主义革命和建设的中国故事、改革开放新时期的中国故事、党的十八大以来发生历史性转折的中国故事，书写了创造时速罕见的经济发展奇迹和社会稳定奇迹的中国故事，书写了贡献世界和平与人类进步事业的中国故事，这为中国话语建构提供了最坚实的底气、最深刻的基础、最厚重的源泉。中国故事来源于人类历史上绝无仅有的独特环境中。当代中国无论在何种意义上都是一个世界级的伟大样本，超长时间的历史纵深、超大规模的经济体量、超大幅员的国土面积、超大数量的人口规模、从未间断的文化血脉和文化传统，正在经历着我国历史上乃至人类历史上最为宏阔最为广泛的实践创新。事实胜于雄辩，以西方发达国家为代表的资本主义模式，以苏联为代表的传统社会主义模式，以巴西为代表的拉美模式等，都不可与中国故事同日而语。中国故事是由中国共产党领导的，根植于中国的历史文化土壤，蕴含着中国的独特创造。以中国故事为源头活水的中国话语体系，一定会在国际话语体系中占据应有的位置。

我们之所以有这个信心和底气，是因为中国正前所未有地接近世界舞台中央，中国话语在世界范围崛起是历史大趋势。放眼世界，国际形势纷繁复杂，世界正处于百年未有之大变局。如何解局？如何布局？作为一个取得了卓越成就的发展中大国，国际社会期待聆听中国发出的声音，看到来自中国的方案，中国不能缺席。为了应对百年变局，习近平总书记提出了构建人类命运共同体的中国方案。在过去的 7 年，习近平总书记在众多国内国际场合阐述、倡导人类命运共同体理念，得到国际社会的普遍认同，人类命运共同体理念多次被写入联合国决议。这一跨越时空的宏伟构想已经激荡起全球的广泛共鸣，联合国秘书长古特雷斯高度赞同这一中国理念，他说："我们践行多边主义的目的，就是要建立人类命运共同体。"第 71 届联合国大会主席彼得·汤姆森说，构建人类命运共同体，"这是人类在这个星球上的唯一未来"。中国作为负责任大国，必将以更加积极的姿态参与全球治理和重大国际行动，发出更加响亮的中国声音，中国话语必将成为国际舆论场上的一个最强音。

我们之所以有这个信心和底气，是因为中国的学术界理论界正在摆脱对西方话语的路径依赖，不断增强建构中国话语体系的集体自觉。我们必须清醒地认识到，试图通过西方理论的植入和西方话语的中介来讲述中国，最终呈现的不过是不着边际、不伦不类的中国形象。如今，是否能够构建中国话语体系，不是看是否符合西方的价值逻辑、贴近既有的历史经验，是否有某些政治人物、思想人物的概念作话语基础；而是看是否能够从中国实践中升华出中国理论、展示中国思想、提出中国主张，是否能讲好中国故事、解码中国样本、破译中国密码。讲好中国故事，不能简单延续中华古典话语的母版，不能简单套用马克思主义经典话语的模板，不能简单复制"苏东"国家话语体系的样版，更不能沿袭西方话语体系的翻版，东拼西凑、东搬西挪是无法建构起中国话语的宏伟大厦的。习近平总书记指出："这是一个需要理论而且一定能够产生理论的时代，这是一个需要思想而且一定能够产生思想的时代。"中国各条战线各个领域的理论工作者特别是马克思主义理论学科的专家学者不能辜负了这个时代，一定要坚定"四个自信"，脚踏中国大地，用中国话语讲好中国故事，写出科学社会主义的当代中国"新版本"，形成纵贯古今、融通内外的中国话语体系，开创用中国话语讲好中国故事的新时代。

## 努力为全球话语体系变革贡献中国智慧

近代以来，与资本主义国家经济飞速发展相对应，全球话语格局长期具有"西话主导、西强东弱"的特征。进入 21 世纪，随着新兴经济体的群体性崛起，特别是中国特色社会主义进入新时代，中国健步走近世界舞台中央，一度固化的国际话语格局逐渐呈现出了多彩纷呈的迹象。

针对全球治理赤字、信任赤字、和平赤字、发展赤字，中国没有扮演悄无声息、缺乏自我主张的大国角色。习近平总书记明确提出，"要围绕我国和世界发展面临的重大问题，着力提出能够体现中国立场、中国智慧、中国价值的理念、主张、方案"。党的十八大以来，以习近平同志为核心的党中央聚焦百年未有之大变局，主导创设了一批世界性议题，凝练出一批叫得响、传得开的标识性概念，为全球话语格局变革贡献了中国智慧。

第一，优化全球治理的中国话语。在传统的全球治理体系中，治理主体要么是少数发达国家（比如七国集团），要么是发达国家占主导地位的国际机制（比如世界银行和国际货币基金组织），代表性和包容性不够，全球治理越位、治理缺位同时并存，治理赤字由来已久。大国主导、几方共治的传统治理逻辑，不符合全球正义的原则，没有反映国际力量对比的新变化。如何化解全球治理赤字？习近平总书记指出，"我们要推进国际关系民主化，不能搞'一国独霸'或'几方共治'。世界命运应该由各国共同掌握，国际规则应该由各国共同书写，全球事务应该由各国共同治理，发展成果应该由各国共同分享"。习近平新时代中国特色社会主义思想，倡导共商共建共享的全球治理观，主张国际社会大家的事要由各国人民商量着办，不能由一家说了算，不能由少数人说了算。中国倡议的中非合作论坛、中阿合作论坛、"一带一路"国际合作高峰论坛，是践行共商共建共享原则的典范，为许多处于"边缘地带"的国家提供了公平参与全球治理的机会。

第二，增进全球信任的中国话语。当今世界，人类利益交融、命运与共、休戚相关。然而，一些西方国家固守零和博弈思维，秉持赢者通吃的丛林法则，以大欺小，舍义取利，国际竞争摩擦呈上升之势，博弈色彩明显加重，国际社会信任和合作受到侵蚀。"本国优先""本国第一"公然上升为个别西方大国的执政理念，以本国利益为轴心，任意退群、肆意毁约，罔顾全球公义，制造信任危机。如何化解全球信任赤字？习近平总书记指出，"信任是国际关系中最好的黏合剂"。习近平新时代中国特色社会主义思想，倡导正确义利观，以义为先、义利兼顾，构建命运与共的全球伙伴关系；倡导把互尊互信挺在前头，坚持求同存异、聚同化异，增进战略互信，减少相互猜疑。中国提出的正确义利观、信任观，是对西方利益观和丛林法则的超越，为世界各国相互信任、并肩前行，共同建设更加美好的世界提供了正确遵循。

第三，维护世界和平的中国话语。西方主导的世界安全秩序固守排他性安全观，强调霸权带来稳定，结盟带来安全，没有责任保障盟友之外的国家的安全等，不利于世界和平稳定。尽管和平发展、合作共赢成为时代潮流，但世界仍很不太平，地区冲突和局部战争持续不断，战争的"达摩克利斯之剑"仍然高悬在人类头上，和平赤字依然严峻。如何化解全球和平赤字？习近平总书记指出，和平是全人类的共同价值，"不能一个国家安全而其他国家不安全，一部分国家安全而另一部分国家不安全，更不能牺牲别国安全谋求自身所谓绝对安全"。习近平新时代中国特色社会主义思想，倡导"对话而不对抗、结伴而不结盟"的国际交往观，实现了对西方结盟机制和冷战思维的超越；倡导"共同、综合、合作、可持续"的新安全观，实现了对西方排他性安全观的超越；倡导"不冲突不对抗、相互尊重、合作共赢"的新型大国关系，实现了对大国必战、国强必霸的修昔底德陷阱的超越。

第四，促进共同发展的中国话语。长期以来，西方奉行线性发展、梯度进化的发展逻辑，发达国家在全球产业链中占领制高点，发展中国家被迫长期处于低端，世界发展差距愈拉愈大，致使收入分配不平等、发展空间不平衡成为全球经济发展面临的最突出问题。如何化解全球发展赤字？习近平新时代中国特色社会主义思想，倡导"创新、协调、绿色、开放、共享"的发展理念和"开放、融通、互利、共赢"的合作理念；提出打造富有活力的增长模式、开放共赢的合作模式、平衡普惠的发展模式，让世界各国人民共享经济全球化发展成果；提出"一带一路"国际合作倡议，为消解全球发展赤字作出了中国贡献。

总而言之，习近平总书记以上四个方面的标识性话语，已经成为世界"读懂中国的标识"、成为中国话语在全球治理体系中崛起的标志。当前重要的是，我们的理论界、学术界应当加强对习近平新时代中国特色社会主义思想的原创性话语的研究，善于创设世界性议题，善于提炼标识性概念，善于打造易于为国际社会所理解和接受的新概念、新范畴、新表述，着力提升推动全球话语体系变革的能力和本领。

展望未来，中国走向世界舞台中央的过程也是中国话语在全球话语体系中崛起的过程。到本世纪中叶，随着中国全面建成富强民主文明和谐美丽的社会主义现代化强国、实现中华民族伟大复兴的中国梦，中国的发展优势、中国特色社会主义的制度优势、中国共产党的治国理政优势、马克思主义中国化的真理优势、中华民族五千年历史积淀的文明优势，终将转化为国际舞台上的中国话语优势。40多年前，历史学家汤因比曾经预言：人类的希望在东方，中国文明将照亮21世纪。今天，在以习近平同志为核心的党中央坚强领导下，中国正阔步行进在民族复兴的大道上，中国话语在全球话语体系中崛起已经成为不可逆转的大逻辑。我们完全有理由坚信，推动全球话语体系朝着更加平等、开放、包容方向发展的希望在东方，东方的希望在中国，中国的希望在中国共产党。

（原载《学习时报》2019年9月27日）

# 建设世界上最强大的政党

# 中国共产党的郑重选择

## ——论六中全会明确习近平总书记的核心地位

当今世界正在发生重大而深刻的变化。当代中国正在进行伟大而深刻的变革。中国正在进入世界舞台中心，中华民族比历史上任何时候都更接近实现伟大复兴的目标。这是一个风云际会、成就大业的时代，这是一个需要雄才大略的政治领袖也能够造就这样的政治领袖的时代。

党的十八届六中全会主题重要、意义重大、成果丰硕。最具标志性历史性意义的成果，就是明确了习近平总书记的核心地位，正式提出"以习近平同志为核心的党中央"。信息一经公开，党心大振、军心大振、民心大振，全党全军全国各族人民一片欢腾。历史一定会不断证明：党的十八届六中全会这个决定，是中国共产党的郑重选择，不仅将造福中国，而且将影响世界。

## （一）

中国共产党是执政党，党的领导是中国特色社会主义最本质的特征，是中国特色社会主义制度的最大优势，是做好党和国家各项工作的根本保证。坚持党的领导，首先是坚持党中央的集中统一领导。我们这样一个有 13 亿多人口的大国，必须有一个众望所归的领袖；我们这样一个有 8800 多万名党员和 440 多万个党组织的大党，必须有一个党心所向的核心；我们这样一支党绝对领导下的人民军队，必须有一个雄韬伟略的统帅。这是中国革命、建设、改革实践所揭示的一条规律，已被历史和现实充分证明。有了这样的领袖、这样的核心、这样的统帅，有了党中央的集中统一领导，才能一呼百应，把全党全军全国各族人民紧密地团结起来，形成排山倒海的磅礴力量，去不断推进中国特色社会主义伟大事业和党的建设新的伟大工程，不断赢得具有许多新的历史特点伟大斗争的胜利。党的十八届六中全会提出"一个国家、一个政党，领导核心至关重要"，强调"坚决维护党中央权威"，抓住了党和国家事业全局的关键和要害；全会明确习近平总书记的核心地位，正式提出"以习近平同志为核心的党中央"，对全党团结一心、不忘初心、继续前进，对保证党和国家兴旺发达、长治久安，具有十分重大而深远的意义。

习近平总书记成为党中央的核心、全党的核心，是在领导和推进伟大事业、伟大工程、伟大斗争的实践中自然形成的。党的十八大以来，以习近平同志为核心的党中央，坚持把党的领导贯彻到党和国家工作的方方面面，充分发挥总揽全局、协调各方的领导核心作用：把战略谋划落实到各个领域，"五位一体"总体布局和"四个全面"战略布局扎实推进；把人民利益始终放在心中最高位置，全面建成小康社会决战决胜迈出坚实步伐；把全面深化改革紧紧抓在手上，重要领域和关键环节改革取得突破性进展；把管党治党责任牢牢扛在肩上，全面从严治党不断向纵深推进。四年来，习近平总书记带领全党全军全国各族人民干了许多开创性的工作，做了许多过去想做而做不了的事情，在改革发展稳定、内政外交国防、治党治国治军等方面取得了一系列具有重大现实意义和深远历史意义的成就，实现了党和国家事业的继往开来，在治国理政道路上开启了新征程，赢得了全党全军全国各族人民衷心拥护，受到国际社会高度赞誉。习近平总书记在新的伟大斗争实践中，事实上已经成为党中央的核心、全党的核心。这次六中全会正式提出"以习近平同志为核心的党中央"，是党心军心民心所向，是党、国家和军队之幸，是人民之福。习近平总书记这个核心，是经过历史证明、实践检验的，是群众公认、全党认同的，是实至名归、当之无愧的，也是形势所求、水到渠成的。

当前，我国已进入全面建成小康社会决胜阶段，中华民族正处于走向伟大复兴的关键时期。改革进入深水区，经济发展进入新常态，各种矛盾叠加，风险隐患集聚。当今世界，国际力量对比发生新的变化，世界经济进入深度调整，我国发展面临的国际环境更加复杂严峻。在这样的国内外形势下，要保证我们党始终成为坚强有力的马克思主义执政党，始终成为中国特色社会主义伟大事业的坚强领导力量，使我们党能够团结带领人民有力应对重大挑战、抵御重大风险、克服重大阻力、解决重大矛盾，党中央、全党必须有一个核心。明确习近平总书记的核心地位，维护党中央权威和习近平总书记这个核心，这是党和国家根本利益所在，是坚持和加强党的领导的根本保证，是进行具有许多新的历史特点的伟大斗争、坚持和发展中国特色社会主义伟大事业的迫切需要。

# （二）

从马克思主义发展史、世界社会主义发展史看，维护党的权威和党的领袖的权威，始终是马克思主义政党一条基本原则。马克思恩格斯在领导欧洲工人运动和建立无产阶级政党的实践中，始终强调"权威"的必要性和重要性。1873年，恩格斯专门发表著名的《论权威》一文，指出：权威和服从不是由人的主观愿望确定的，而是社会发展的客观要求。无产阶级无论是在革命时期还是在夺取政权以后，都必须维护无产阶级专政的权威，利用这个权威推翻资产阶级的统治，建立无产阶级新政权，并运用这个政权去组织社会主义建设。马克思恩格斯认为，不仅革命权威、政治权威具有重要作用，个人权威、领袖权威同样对无产阶级政党建设具有重要作用。马克思甚至说过，每一个社会时代都需要有自己的大人物，如果没有这样的人物，这个社会时代就要把他们创造出来。1871年建立的法国巴黎公社是世界上无产阶级专政的首次尝试，在总结公社失败教训时，马克思恩格斯深刻指出："巴黎公社遭到灭亡，就是由于缺乏集中和权威。"

列宁也高度重视维护党的权威，注重发挥革命领袖的权威作用。他指出："群众是划分为阶级的……阶级是由政党来领导的；政党通常是由最有威信、最有影响、最有经验、被选出担任最重要职务而称为领袖的人们所组成的比较稳定的集团来主持的。"列宁强调："在历史上，任何一个阶级，如果不推举出自己的善于组织运动和领导运动的政治领袖和先进代表，就不可能取得统治地位。"他严肃批评了俄国一些激进知识分子提出的不要权威、不要纪律、不要政治领袖的主张，明确指出工人阶级要在全世界进行艰难而顽强的斗争以取得彻底解放，就必须有权威。列宁特别强调党的杰出领袖对党的意志统一的决定性作用，明确提出："培养一批有经验、有极高威信的党的领袖，这是一件长期的艰苦的事情。但不这样做，无产阶级专政、无产阶级的'意志统一'，就会成为一句空话。"回望俄国十月革命那个风起云涌的年代，布尔什维克党正是有以列宁为政治领袖，由斯大林、托洛茨基等一批斗争经验丰富、组织领导才干卓越的职业革命家组成的最高领导团队的顶层谋划和组织运筹，又有一大批忠诚于布尔什维克党、忠诚于无产阶级革命事业的干练的领导骨干队伍去宣传和组织群众，还有一支党领导和掌握的武装力量去冲锋陷阵，才干成了十月革命，才粉碎了帝国主义的武装干涉和包围封锁，巩固了新生的苏维埃政权，并富有成效地展开了大规模社会主义建设。然而，也正是这个列宁缔造的执政74年的老资格的党，这个曾经让世界上众多马克思主义政党仰慕和学习的老大哥党，在20世纪90年代初却顷刻瓦解毁灭。为什么会有这样的结局？很重要的就是习近平总书记精辟指出的，这个党的民主集中制被抛弃了，政治纪律被动摇了，党中央的权威没有了，"谁都可以言所欲言、为所欲为"，党内思想混乱、纪律松弛，在这种情况下，"哗啦啦轰然倒塌"，也就成为难以逃脱的命运了。

中国共产党自身加强领导核心建设的正反两方面经验更值得重视。遵义会议前，我们党没有形成一个成熟的党中央，从陈独秀、瞿秋白、向忠发、李立三到王明和博古，都没有形成坚强有力的党中央，更没有形成一个众望所归的党中央核心、全党的核心。这是党的事业几经挫折甚至面临失败危险的重要原因。遵义会议确立了毛泽东同志在红军和党中央的领导地位，我们党开始形成坚强的领导核心，有了成熟的领导集体。在其后几十年里，我们党在坚强有力的党中央领导下，取得了中国革命、建设、改革举世瞩目的伟大成就。邓小平同志是党的许多重大历史事件的亲历者，他晚年以极大的精力和心血关注并致力于中国共产党的领导核心建设，在总结我们党领导核心建设历史经验教训的基础上，提出了一系列政治分量很重的思想观点和重要论断，并将这些作为他的政治交代。他特别深刻地指出："任何一个领导集体都要有一个核心，没有核心的领导是靠不住的。第一代领导集体的核心是毛主席。因为有毛主席作领导核心，'文化大革命'就没有把共产党打倒。第二代实际上我是核心。因为有这个核心，即使发生了两个领导人的变动，都没有影响我们党的领导，党的领导始终是稳定的。"这些重要论述和其中蕴含的宝贵经验，是历史实践的客观反映，值得我们深刻领会和长期坚持。

1994 年 9 月召开的党的十四届四中全会，坚持和遵循邓小平同志的重要思想，在全会通过的《中共中央关于加强党的建设几个重大问题的决定》中郑重写道："党的历史表明，必须有一个在实践中形成的坚强的中央领导集体，在这个领导集体中必须有一个核心。如果没有这样的领导集体和核心，党的事业就不能胜利。这是坚持民主集中制的一个重大问题。"这是在我们党的重要文件中第一次论述了建立党的领导核心的极端重要性。党的十八届六中全会明确习近平总书记的核心地位，正式提出"以习近平同志为核心的党中央"，这是结合新的实际对马克思主义关于群众、阶级、政党、领袖关系基本原理的坚持，是对中国共产党优良传统和独特优势的继承。

## （三）

　　明确习近平总书记的核心地位，是党的十八届六中全会的重大战略决策；全党自觉维护习近平总书记的核心地位，维护党中央权威，是学习贯彻六中全会精神的重大任务。这次全会明确提出：坚决维护党中央权威，是加强和规范党内政治生活的重要目的。这个新论断是画龙点睛之笔，把维护党中央权威、维护党的核心的重要性，把健全党内政治生活的目的性，讲得很到位、很透彻，我们要认真学习领会、坚决贯彻落实。

　　这里很重要的，是进一步增强政治意识、大局意识、核心意识、看齐意识。这是维护党的团结统一、推进全面从严治党的关键，是维护党中央权威、维护党的核心的重要思想基础。"四个意识"是相互联系的统一整体，目的在于确保全党方向和立场坚定正确，确保局部和整体协调一致，确保团结和集中统一，确保队伍整齐有力。增强"四个意识"，集中体现为增强核心意识、看齐意识。什么是政治意识、大局意识？今天最重要的就体现为有无核心意识、看齐意识。如何检验政治意识、大局意识？今天首先要看是否向党中央看齐、向党的核心看齐。我们增强"四个意识"，最重要的就足要更加紧密地团结在以习近平同志为核心的党中央周围，更加坚定地维护以习近平同志为核心的党中央权威，更加自觉地在思想上政治上行动上同以习近平同志为核心的党中央保持高度一致。"四个意识"强不强，不是抽象的，而是体现在一言一行上；不只是表态，更要看实际行动。要把"四个意识"转化为在党爱党、在党言党、在党忧党、在党为党的实际行动，坚持围绕核心发力、向党中央看齐，坚持从政治上考量、在大局下行动，做到党中央提倡的坚决响应、党中央决定的坚决执行、党中央禁止的坚决不做。

纪律严明是全党统一意志、统一行动、步调一致前进的重要保障，是加强和规范党内政治生活的内在要求。政治纪律是党的最根本、最重要的纪律。早在改革开放初期，党中央和邓小平同志就对严明党的政治纪律、维护中央权威高度重视，有一系列明确要求。邓小平同志反复强调："改革要成功，就必须有领导有秩序地进行"，"党中央的权威必须加强"。没有中央这个权威，"局势就控制不住"；"有了这个权威，困难时也能做大事"。对于损害中央权威、不听中央话的，"处理要坚决，可以先打招呼，不行就调人换头头"。党中央这些政治要求和纪律要求，对保证改革开放有领导有秩序地顺利推进起到了十分重要的作用。

今天我们贯彻落实六中全会精神，遵守政治纪律的第一条，就是自觉在思想上政治上行动上同以习近平同志为核心的党中央保持高度一致，就是坚定维护以习近平同志为核心的党中央权威。由此想到，周永康、薄熙来、徐才厚、郭伯雄、令计划这几个人，他们不仅经济上贪婪、生活上腐化，而且政治上野心膨胀，大搞阳奉阴违、结党营私、拉帮结派等政治阴谋活动，直接挑战党中央权威，严重破坏党的团结统一。党中央果断查处他们，为党的事业消除了严重政治隐患。实践表明，维护党中央权威和党的核心，必须把党的纪律挺在前面，用铁的纪律从严惩治破坏党的政治纪律和政治规矩、破坏党的集中统一、挑战党中央权威的行为，坚决防止"七个有之"，切实做到"五个必须"。

作为共产党员特别是党员领导干部，都应当自觉遵守政治纪律和政治规矩，做到坚守政治信仰、站稳政治立场、把准政治方向。

按照党的十八大精神，党的十八届三中、四中、五中、六中全会分别对全面深化改革、全面依法治国、全面建成小康社会、全面从严治党作了专题研究和部署，这样就构成了对"四个全面"战略布局的整体部署。接下来，最重要的就是抓好贯彻落实。让我们更加紧密地团结在以习近平同志为核心的党中央周围，按照党中央大政方针和决策部署，精心谋划，精心组织，精心推进，万众一心、扎实苦干，确保各项工作落到实处、开创新局，以优异成绩迎接党的十九大胜利召开。

（为《学习时报》撰写的特约评论员文章，
原载《学习时报》2016 年 10 月 31 日）

# 努力建设世界上最强大的政党

2016 年 2 月，习近平总书记在中央政治局常委会议审议"两学一做"学习教育方案时明确提出："我们党要搞好自身建设，真正成为世界上最强大的一个政党。"这一重要论述，鲜明表达了中国共产党推进党的建设新的伟大工程的崇高志向和远大追求，体现了以习近平同志为核心的党中央管党治党的坚定决心和高度自信，反映了我们这样一个马克思主义政党的宽阔眼界和历史担当。

## （一）

为什么要把中国共产党建设成为世界上最强大的政党？一言以蔽之，就是因为我们党是一个在 13 亿多人口的发展中大国执政的马克思主义政党，肩负着实现中华民族伟大复兴和促进人类文明发展的历史重任，理想最崇高，使命最艰巨，事业最伟大。建设成为世界上最强大的政党，是理想所寄，使命所使，事业所需。

讲理想最崇高，是因为共产主义奋斗目标昭示着人类社会最美好的未来。中国共产党以马克思主义为指导，把共产主义作为自己的远大理想。为最广大人民根本利益而奋斗，致力于实现人的自由而全面的发展，这是我们党最显著的政治标识。共产主义理想，超越迄今为止所有的社会政治理想，揭示了人类社会发展演进的必然趋势，体现了合规律性与合目的性的高度统一，160多年来始终占据着人类真理和道义的制高点。正因为坚持这样的社会政治理想，我们党把全心全意为人民服务作为最高准则，没有自己的特殊利益，政治上最纯粹、最先进。也正是为了实现这样的社会政治理想，一代又一代中国共产党人赴汤蹈火、前赴后继，不畏艰难、不怕牺牲，付出了全部心血和赤诚。追求和实现这样的社会政治理想，是中国共产党成为世界上最强大政党的最大底气。

讲使命最艰巨，是因为在一个古老大国实现社会主义现代化和民族复兴的进程异常复杂而艰难。实现社会主义现代化，实现中华民族伟大复兴，既是中华民族近代以来最伟大的梦想，也是历史赋予中国共产党最艰巨的使命。历史一再表明，任何国家的现代化道路都充满复杂的矛盾和挑战，甚至还会出现曲折迂回、事与愿违的局面，这样的例子不胜枚举。特别对于中国这样一个古老大国的复兴，为实现追赶和超越的目标使得现代化进程的时空高度压缩，也使得矛盾之大、困难之多、考验之严峻都前所未有，"塔西佗陷阱""中等收人陷阱"等客观地摆在我们面前。今天，在中国共产党领导下，我们比历史上任何时期都更接近中华民族伟大复兴的目标，比历史上任何时期都更有信心、有能力实现这个目标。但就像攀登珠峰，登顶那一段最艰险；就像跨越峡谷，转折关口最显本事。当此穿越惊涛骇浪、风高浪急的"三峡最惊险处"之时，方显"船长"何其重要！中国共产党就是"中华号"深孚民望的"船长"。只有世界上最强大的政党，才有勇气担此大任。

讲事业最伟大，是因为我们党正在带领人民开辟具有世界意义的崭新的人类发展道路。实现中华民族伟大复兴，必须坚持中国特色社会主义道路。新中国之所以能够快速发展起来，改革开放以来中国之所以能够在短短30多年里跃升为世界第二大经济体，中华民族之所以能够彻底摆脱被开除球籍的危险，最根本的是我们党带领人民找到并走出了一条中国特色社会主义道路。这条道路，是一代又一代中国共产党人用生命、鲜血和汗水探索得来的，代表了中国共产党人推动传统中国走向社会主义现代化的智慧和创造。这条道路，是在借鉴和吸收人类文明成果的基础上形成和发展的，为解决当今时代和人类社会面临的诸多问题提供了中国智慧和中国方案，面对当今世界遇到的和平赤字、发展赤字、治理赤字，它越来越为国际社会所认可。这条道路，前人没有走过，没有经验可循，既不是封闭僵化的老路，又不是改旗易帜的邪路，而是一条充满光明前景的新路，只能靠中国共产党人在保持强大的政治定力中不断去深化探索和实践。

强党引领强国，强国必先强党。为着崇高理想，为着神圣使命，为着伟大事业，必须把中国共产党建设成为世界上最强大的政党。这是由党的性质所决定的内在逻辑，也是历史和实践得出的科学结论。

## （二）

什么才是世界上最强大的政党？最强大的政党应该有哪些标

志性的特征？不同角度会有不同的评判标准，对不同性质的政党也会有不同的答案。中国共产党作为具有崇高追求的马克思主义政党，最基本的就是要有强大的政治引领力、强大的民心感召力、强大的组织动员力、强大的自我革新力。

政治属性是政党第一位的要求，政治方向、政治追求是其中的决定性要素。世界上最强大的政党，首要的是在把握社会进步方向上具有最强的政治引领能力、最高的政治引领水平。政治引领能力大小、政治引领水平高低，很大程度上取决于政党的纲领，取决于政党的定力。马克思认为，一个政党的正式纲领是一面公开树立起来的旗帜，是人们用以判断这个政党的活动性质与水平的界碑。中国共产党的最高纲领是实现共产主义，但在不同历史时期，总是根据社会发展状况、人民群众意愿和事业发展需要，提出富有感召力的奋斗目标，团结带领人民为之奋斗。把最高纲领与现实纲领统一起来，保证了我们党能够始终站在时代发展的最前沿，在生动的现实实践中带领群众不断开辟前进的道路。前进有前进的队形，就像一队人马，如果领头的打"退堂鼓"，队伍难免作"鸟兽散"。以苏共为例，当时在世界政坛上也是数一数二的"强大"，但竟然哗啦啦地垮了。尽管垮台因素是多方面的，但作为马克思主义政党，最致命的就是政治上的蜕变和摇摆，要么僵化教条，要么极端冒进，搞不下去了，最终使江山改旗易帜。所以，习近平总书记反复强调："风云变幻，最需要的是战略定力"。

民心是最大的政治。1934 年 1 月，毛泽东同志在江西瑞金召开的第二次全国工农兵代表大会上指出："要得到群众的拥护吗？要群众拿出他们的全力放到战线上去吗？那末，就得和群众在一起，就得去发动群众的积极性，就得关心群众的痛痒，就得真心实意地为群众谋利益"。张学良总结国民党在大陆失败的主要原因是"民心尽失"，并赞叹："共产党的厉害，就是共产党能够看清这事情的趋势，知道民众往哪儿走，他知道了民众的意思，他就能够真正去那么做。"可见"得众则得国，失众则失国"。长期以来，我们党把实现共同富裕作为中国特色社会主义的本质规定，坚持以人民为中心的发展观，坚持发展为了人民、发展依靠人民、发展成果由人民共享，在经济发展基础上不断增强人民群众的获得感，这是我们党始终赢得群众拥戴的关键所在。世界知名民调机构皮尤研究中心的最新调查结果显示，中国民众对中国共产党和中国政府的满意程度，远高于全世界其他政体下的大部分国家。

作为一个强大的政党，应该具备"振臂一呼、应者云集"的组织威力。习近平总书记指出，"组织使党的力量倍增"。中国共产党的组织动员力是举世公认的，这种能力来源于强大的组织体系，来源于得力的干部队伍，来源于严密的组织纪律。这也是世界上其他政党羡慕中国共产党的众多优势中较为突出的一点，许多西方学者从政治学、社会学理论上也给予了很高评价。美国学者亨廷顿是西方政治发展理论的代表人物，他在大量比较研究基础上得出一个基本结论，即：没有政党或者只有许多弱小政党的国家是最不稳定的。他特别承认中国共产党在现代化进程中的作用，认为有效的"动员"和"组织"增强了共产党推进现代化的能力。

一个政党的生命力在于不断革新。只有不断进行革新，才能跟上形势发展和时代变迁，始终保持蓬勃生机和旺盛活力。世界上最强大的政党，一定是善于顺势而为、勇于自我革新、直面解决问题的政党。没有强大的自我革命精神和强大的自我革新能力，面对这样那样的问题、困难、风险、挑战，一个政党很可能经不住失误和挫折的考验，跨不过这样那样的"坎"，更不可能转危为安、化危为机。当年苏东剧变之后，一些西方的中国问题研究专家认为，中国也会步其后尘。但后来中国共产党不仅没有像他们预期的那样，反而发展势头越来越好。这样截然不同的结果促使西方学者反思。有学者认为是中共的适应性使其有效回应了外部压力，甚至一些一向对中共持负面看法的学者也开始用"弹性"这样的中性表述来解释中共为什么能成功应对挑战。还有的学者认为中共擅长"调适"。其实，无论是适应性还是"弹性"或"调适"，实质就是一种自我革新能力。通过自我革新做到自我净化、自我完善、自我提高，这正是中国共产党的独特政治品格和政治优势所在。

强大的政治引领力、强大的民心感召力、强大的组织动员力、强大的自我革新力，这四个方面有机联系、互为支撑、相辅相成。这是中国共产党建党近百年、执政近 70 年走过的真实道路，也是我们党真正的力量所在。今天，世界还没有哪个政党在这些方面能够与中国共产党媲美。正因为如此，中国共产党始终是人民信赖拥戴的"主心骨"，成为稳坐中军帐统揽全局的"帅"，成为世界文明进步的希望所在。

行百里者半九十。以习近平同志为核心的党中央始终保持着高度的战略清醒。习近平总书记特别强调："现在更需要'愈大愈惧，愈强愈恐'的态度，切不可在管党治党上有丝毫松懈。""我们党要搞好自身建设，真正成为世界上最强大的一个政党"。

这里的"真正"两个字，字字千钧，表明了中国共产党在"百炼成钢"上的意志和决心。

## （三）

最强大的政党不是自然形成的，不是一蹴而就的，也不是一成不变的。过去强大不等于现在强大，现在强大不等于今后强大，更不意味着永远强大。在兴党强党问题上，必须坚持不忘初心，牢记使命，从严治党，砥砺前行。

党的十八大以来，以习近平同志为核心的党中央带领全党全国人民大气魄治党治国治军、大视野运筹国际国内大局、大手笔推动改革发展稳定，开辟了治国理政新境界，开创了党和国家事业发展新局面，谱写了坚持和发展中国特色社会主义新篇章。在这个过程中，党中央推动全面从严治党不断向纵深发展，以自我革命的政治勇气大力解决党自身存在的突出问题，抓思想从严、抓管党从严、抓执纪从严、抓治吏从严、抓作风从严、抓反腐从严，推动管党治党真正从宽松软走向严紧硬，做到管党有方、治党有力、建党有效，开辟了党内政治文化健康向上、党内政治生活严肃认真、党内政治生态山清水秀的管党治党新境界，有力有效回答了上个世纪末邓小平同志关于"这个党该抓了，不抓不行了"的政治交代。这五年取得的管党治党成效是前所未有的，不仅出乎国人的期待，而且出乎国际社会的预料，进一步提升了全党的道路自信、理论自信、制度自信、文化自信，坚定了全党建设世界上最强大政党的信念和信心，明确了如何建成世界上最强大政党的兴党强党之路。

一定要稳固强党之魂。共产党人的政治灵魂和精神支柱是什么？就是对马克思主义的信仰，就是对社会主义和共产主义的信念。世界社会主义实践的曲折历程告诉我们，马克思主义政党一旦放弃马克思主义信仰、放弃社会主义和共产主义信念，就会土崩瓦解。共产党人如果没有信仰、没有理想，或信仰、理想不坚定，精神上就会"缺钙"，就会得"软骨病"。魂在党在，魂亡党亡，魂固党固，魂强党强。思想建党是中国共产党的优良传统和固魂强魂之道。在社会思潮日益多元多样多变的今天，在市场经济领域实行商品交换原则的条件下，必须加强对全党的理想信念教育，丰富教育内容，创新教育形式，把信仰的工作做到人心里去。要用当代中国的发展实践、用马克思主义中国化最新成果教育党员干部，坚定"四个自信"，增强"四个意识"，旗帜鲜明讲政治，严守政治纪律和政治规矩，在思想上政治上行动上同以习近平同志为核心的党中央保持高度一致。只有这样，才能形成强大的政治引领力，最大限度地凝聚全党全国人民的意志和力量。这是建设世界上最强大政党的思想政治保障。

一定要广聚强党之源。这个"源"，就是民心。民心所向就是中国共产党的努力方向。习近平总书记指出，我们党作为马克思主义执政党，根基在人民，血脉在人民，力量在人民。无论过去、现在和将来，密切联系群众都是我们党从胜利走向胜利的最大政治优势，而脱离人民群众是我们党执政面临的最大危险。密切党群关系，广聚民心，要做到"堵疏并举"。"堵"，就要锲而不舍反对形式主义、官僚主义、享乐主义和奢靡之风，以永远在路上的精神旗帜鲜明同腐败现象作斗争，持续深入解决人民群众反映强烈的突出问题，不断以解决问题的实际成效取信于民。

"疏"，就要加强对党员干部的群众路线教育，引导党员干部切实明白我们党"为了谁""依靠谁""我是谁"，保持对人民群众的赤子之心，切实解决群众困难，改进联系群众方法，维护群众切身利益，保护群众合法权益，切实做好新形势下群众工作。堵疏结合，就能更好地保持党的性质和宗旨，就能调动起一切积极因素，化解掉一切消极因素，把同心圆做得更大，使我们党的"人气"变得更加旺盛。

一定要夯实强党之基。中国共产党组织庞大，党员众多，基层基础建设尤为重要。习近平总书记指出，党的工作最坚实的力量支撑在基层，最突出的矛盾问题也在基层，必须把抓基层打基础作为长远之计和固本之举，努力使每个基层党组织都成为坚强战斗堡垒。对中国共产党这座宏伟大厦、这棵参天大树、这一超级巨人来说，基层党组织和党员干部就是基石、就是根须、就是细胞。只有基石稳固、根须繁茂、细胞健康，党才能更加坚强有力。这些是建设世界上最强大政党的主要硬件。因此，必须加强党的基层组织建设，落实主体责任，发挥好基层党组织的政治功能和服务功能，使广大的基层党组织真正成为服务人民的坚强阵地。要处理好党员规模和质量的关系，把党员质量放在突出位置，推动党员充分发挥先锋模范作用。要按照"好干部"标准，克服"四唯"倾向，防止"逆淘汰"，推动形成能者上、庸者下、劣者汰的用人导向，进一步形成风清气正、英才辈出、人才济济的良好局面。

一定要把握强党之要。这个"要"，就是制度。建设好、管理好一个有450多万个党组织、8900多万名党员的执政党，离开党内法规、离开健全的制度是难以想象的。党的十八大以来，党中央把制度治党、依规治党作为全面从严治党的重要内容统筹谋划和部署，一系列具有标志性、关键性、引导性的法规制度陆续出台，进一步夯实了全面从严治党的制度基础。"把权力关进制度的笼子里""把纪律挺在前面""坚决防止'破窗效应'""党纪国法不能成为'橡皮泥'、'稻草人'"，如此等等新观念深入人心。关键是各项制度要落地生根，要成为管党治党的硬约束，成为各级组织和党员干部的硬责任。

中国共产党已经走过 96 年波澜壮阔的奋斗历程。当年那个诞生在上海石库门里、全国党员总数不足 60 人的新生政党，已蔚然成为一个在 13 亿多人口的发展中大国连续执政近 70 年的世界第一大党。中国共产党，肩负着人民和民族的重托，承载着人类文明发展进步的希望。这个"世界第一大党"，还要成为"世界上最强大的政党"。今天，在以习近平同志为核心的党中央坚强领导下，中国共产党正满怀豪情和信心，阔步走在兴党强党的大路上。

（原载《学习时报》2017 年 7 月 10 日）

# 大党就要有"大的样子"

## ——站在历史和时代前列的中国共产党

中国共产党已经成立 98 年。从一大时全国 50 多名党员到今天的 9000 多万名党员，从 6 个国内早期党组织到今天 460 多万个基层党组织，从一大为躲避搜查而移地开会到今天执掌全国政权 70 年并且使一个近 14 亿人口的东方大国成为世界第二大经济体。这 98 年创造了史无先例的伟大奇迹，也走出了一个世所罕见的伟大政党。习近平总书记讲："中国共产党是世界上最大的政党。大就要有大的样子。"这"大的样子"，不仅仅指中国共产党的党员人数超大规模、组织体系超大规模，更重要更本质的是中国共产党政治品格、组织塑造、领导智慧、精神境界等方面的集中体现。这"大的样子"，来自中国共产党在近百年奋斗中对初心的坚守、对使命的担当、对责任的自觉。这"大的样子"，在中国共产党为中国人民谋幸福、为中华民族谋复兴的恢宏实践中已经充分展现并不断发扬光大。

## 一个思想伟大有大志向大追求的党

在中国这样一个占世界人口五分之一、经济文化落后的大国夺取全国政权、建立社会主义制度，进而建设社会主义现代化强国，是马克思主义发展史上的崭新课题，面对的国内外敌人之强、遇到的困难和矛盾之多、经历的挑战和风险之大都是世界上任何政党所不能比拟的。因此，对于领导中国革命、建设、改革的中国共产党来说，最重要的就是把马克思主义基本原理同中国具体实际相结合，既继承前人又突破陈规、既借鉴世界经验又不照搬别国模式，坚定不移走自己的路。

中国共产党把马克思主义作为立党立国的指导思想，这使党一成立就得以用最先进的理论武装起来。98 年来，党在推进中华民族伟大复兴的实践中不断开辟马克思主义中国化新境界，创立和形成了毛泽东思想、邓小平理论、"三个代表"重要思想、科学发展观、习近平新时代中国特色社会主义思想，为党和人民事业发展提供了不可或缺的科学指南。正是在马克思主义和马克思主义中国化成果指引下，中国共产党能够摆脱以往一切政治力量追求自身特殊利益的局限，以追求真理的科学精神、无私无畏的博大胸怀领导和推动中国革命、建设、改革，团结带领人民完成了近代以来各种政治力量不可能完成的艰巨任务，干成了前人不可能企及的千秋伟业。重视思想建党、理论强党，拥有自己一整套既一脉相承又与时俱进的科学理论并用以武装全党、指导实践，从而把科学理论转化为亿万人民强大的物质力量——这种特质、这种优势、这种效果，在当今世界所有政党中是独一无二的。

中国共产党政治抱负远大、政治追求崇高。党的一大纲领就明确提出"以社会革命为自己政策的主要目的"，党的二大进而提出"消除内乱，打倒军阀，推翻国际帝国主义的压迫，达到中华民族完全独立"的反帝反封建民主革命纲领，并提出了"渐次达到一个共产主义的社会"的最高纲领。党把最高纲领同最低纲领统一起来，同党正在做的事情统一起来，这就保证党能够始终站在时代发展最前沿带领人民群众不断开辟前进的道路。98年来，对社会主义和共产主义的信仰，成为一代又一代共产党人的政治灵魂和经受任何考验的精神支柱；为中国人民谋幸福、为中华民族谋复兴的初心使命，吸引和鼓舞着一代又一代共产党人前赴后继为之奋斗。为什么中国共产党在那么弱小的情况下能够逐步发展壮大起来，在腥风血雨中能够一次次绝境重生，在攻坚克难中能够不断从胜利走向胜利？根本原因就在于不管是处于顺境还是逆境，也不管是在革命、建设、改革时期，党始终胸怀远大理想、践行初心使命、义无反顾、矢志不移地向着既定目标迈进，从而赢得了人民衷心拥护和坚定支持。

历史深刻表明，一个政党能够有多大作为，根本取决于这个政党能够在多大程度上发挥人民群众的历史主体作用。中国共产党之所以"能"，归根到底靠的是人民的力量。上个世纪60年代，英国元帅蒙哥马利访问中国，在同毛泽东会见后深有感慨地说："毛泽东的哲学非常简单，就是人民起决定作用。"这句话，客观上揭示了中国共产党同资产阶级政党的根本区别，彰显了我们党人民至上的大情怀和天下为公的大境界。中国共产党始终坚持全心全意为人民服务的根本宗旨，把群众路线作为贯彻党的政治路线、思想路线、组织路线的根本工作路线，把不断实现好、维护好、发展好最广大人民群众的根本利益作为党的全部工作的出发点和落脚点，从人民群众的智慧和力量中汲取前进的不竭动力，使之成为推动革命、建设、改革的力量源泉。纵观世界各国政党，哪一个政党像中国共产党这样近百年始终如一坚持一切为了人民、一切依靠人民，始终如一与人民风雨同舟、生死与共，始终如一同人民群众保持着血肉联系！得人心者得天下。老一辈革命家习仲勋同志曾深刻指出："人民就是江山，江山就是人民。"这12个字，把共产党和人民之间的鱼水关系、舟水关系讲透了。

中国共产党这种信仰的伟大、理想的伟大、使命的伟大、宗旨的伟大，从政治品格上鲜明展示和体现了这个世界最大政党的"大的样子"。

## 一个组织强大有大团结大一统的党

思想伟大使中国共产党牢牢站上站稳人类社会道义的制高点，组织强大则使中国共产党不断迈向事业发展的新高峰。习近平总书记指出："党的力量来自组织，组织能使力量倍增。"这是千真万确的。98年来，中国共产党之所以能够在革命、建设、改革中攻克一个又一个看似不可攻克的难关，创造一个又一个彪炳史册的人间奇迹，关键在于党拥有严密系统的组织体系、德才兼备的干部队伍、健全严格的组织纪律、科学管用的组织制度。这种组织上的巨大资源和巨大优势，使中国共产党具备"振臂一呼、应者云集"的强大组织动员力和政治执行力，这同样是当今世界上无论哪个政党都不具备、都做不到的。

中国共产党按照马克思主义建党原则，建立了由党的中央组织、地方组织和基层组织构成的，覆盖全国各个地方、各个领域、各个系统、各个行业的组织体系，使全党形成一个上下贯通、运转高效、联系广泛、执行有力的统一整体，共同为实现党的纲领和目标任务而奋斗。中国工人阶级的先进分子和中国人民、中华民族的先进分子，全国各个民族、各个领域、各个方面的优秀人才，大多数集中在中国共产党内。确保党的集中统一，充分发挥各级党委的核心领导作用，充分发挥基层党组织的战斗堡垒作用，把千千万万党员的力量拧成一股绳，把千千万万党员的智慧汇聚到一起，把千千万万党员的意志凝聚到同一个方向，这就形成改天换地的磅礴伟力，天下还有什么困难不能克服、还有什么事情不能干成？！

在中国共产党的宏大队伍中，起关键作用的无疑是党的干部队伍特别是各级领导骨干。党在领导革命、建设、改革中，坚持五湖四海、任人唯贤，德才兼备、人岗相适的用人原则，重视基层和艰苦岗位锻炼、重视干部实绩和群众公认的用人导向，在干部培养、选拔、使用、教育、管理等方面形成一系列科学理念和一整套制度机制。在各个历史时期都培养造就了一支与实现党的政治路线和中心任务相适应、能够担当重任、经得起各种风浪考验的干部队伍，特别是造就了一大批德才兼备、干练而充满活力的领导骨干。回顾中国共产党98年的奋斗史，无论战争年代、和平时期，无论政治军事、财政经济、科教文化等领域，无论内政外交国防、治党治国治军，各方面都是人才济济、精英荟萃、阵容齐整。正是靠着这样一支优秀干部队伍和这样一批高素质领导骨干，中国共产党在带领人民创业奋斗中从稚嫩走向成熟、从弱小走向强大，一直走到今天。毛泽东说：政治路线确定之后，干部就是决定的因素；习近平总书记说：治国之要，首在用人。中国共产党领袖的这些精辟论断，正是对党的干部队伍和各级领导层在中国革命、建设、改革中关键作用的高度概括。

建设和管理好中国共产党这样超大规模的党，制度更带有根本性、全局性、稳定性、长期性。党实行民主基础上的集中和集中指导下的民主相结合的制度，即民主集中制的根本组织制度。这一制度正确规范了党内政治生活、处理党内关系的基本准则，既充分发挥各级党组织和广大党员的积极性创造性，又形成全党的统一意志、统一行动，既切实完善和扩大党内民主、倡导讲真话讲实话，又实行 "四个服从"、坚决维护党中央权威和集中统一领导，从而保证了我们这个世界第一大党既朝气蓬勃、充满活力又始终保持全党政治上高度统一、行动上强大有力。战争年代党中央和毛泽东仅凭电台 "嘀嗒、嘀嗒" 就能运筹帷幄、决胜千里，就是一个例证。实践证明，民主集中制是保证党的路线方针政策和重大决策部署得以正确制定和有力执行的制度，是科学的合理的有效率的制度。

## 一个目光远大有大智慧大谋略的党

大党就要有大智慧。中国共产党围绕革命、建设、改革不同历史时期的目标任务，运用辩证唯物主义和历史唯物主义观察和分析问题，制定一系列符合中国国情和时代特征的路线、方针、政策，提出一系列对党和人民事业发展有重大意义的战略、策略、谋略，作出一系列影响深远的重大决策部署，展示出目光敏锐、高瞻远瞩、多谋善断、举要驭繁的政治智慧和政治经验。

党的政治路线是党和国家的生命线、人民的幸福线，政治路线正确与否是决定一切的。中国共产党在民主革命时期制定了无产阶级领导的，人民大众的，反对帝国主义、封建主义和官僚资本主义的新民主主义革命总路线，把革命引向了胜利。新中国成立后，党制定了在一个相当长的时间内逐步实现国家的社会主义工业化，并逐步实现国家对农业、手工业和资本主义工商业的社会主义改造的过渡时期总路线，在中国建立起社会主义制度。十一届三中全会确立了社会主义初级阶段以经济建设为中心、坚持四项基本原则、坚持改革开放的基本路线，从根本上改变了中国的面貌。党在制定和坚持这些正确政治路线上表现出的政治智慧，是富有独创性的大智慧大谋略。

政策和策略是实现党的政治路线的重要手段和保证。没有正确的政策和策略，党的政治路线就是空的、虚的。所以毛泽东把政策和策略提到党的生命的高度，要求全党在这个问题上万万不可粗心大意。98 年来，中国共产党把原则性和灵活性结合起来，根据政治形势和实际情况及其变化制定政策和策略。比如民主革命时期提出：弱小的革命力量在变化着的主客观条件下能够最终战胜强大的反动力量，战略上要藐视敌人，战术上要重视敌人，要掌握斗争的主要方向，不要四面出击，对敌人要区别对待，利用矛盾、各个击破等。比如社会主义革命和建设时期提出：人民内部在政治上实行"团结—批评—团结"，在党与民主党派关系上实行"长期共存、互相监督"，在科学文化工作中实行"百花齐放、百家争鸣"，在统一战线上调动一切积极因素，化消极因素为积极因素，以便团结全国各族人民建设社会主义强大国家等。比如改革开放新时期提出：公有制为主体、多种所有制共同发展，允许和鼓励一部分地区、一部分人先富起来，以建立社会主义市场经济体制为改革目标，分"三步走"基本实现现代化，在祖国统一方面实行"一国两制"方针等。凡此种种，无不蕴涵着丰富的政治智慧和政治谋略。特别是党的十八大以来，以习近平同志为核心的党中央提出一系列新理念新思想新战略，出台一系列重大方针政策、推出一系列重大举措，尤其是提出"十四个坚持"的基本方略，充分展现出深谋远虑的政治判断、卓越高超的政治智慧、娴熟老练的政治韬略。

中国共产党在重大历史关头和重大问题上作出关系全局的重大战略决策，同样表现出巨大的政治勇气、高超的政治智慧和强烈的历史担当。比如在中华民族危亡的严重时刻发生"西安事变"，党提出正确的政策主张，使事变得以和平解决，推动实现了第二次国共合作和全民族抗战。"皖南事变"后，面对国民党的反共气焰和党内一些错误情绪，党提出对国民党"政治上取攻势、军事上取守势"的方针，使形势朝着有利于我党的方向发展。抗日战争胜利后中国面临两种命运两种前途的决战，党提出"向北发展、向南防御"的战略方针，派 10 万大军经略东北、抢占先机，为解放战争的胜利发挥了独特战略作用。再比如十一届三中全会后，党坚持科学评价毛泽东的历史地位和毛泽东思想的科学体系，根本否定"文化大革命"的错误实践和理论，同时坚决顶住否定毛泽东和毛泽东思想的错误思潮。在上个世纪80年代末90年代初国内国际发生政治风波的重大历史关头，党旗帜鲜明地坚持四项基本原则，维护国家的独立、尊严、安全和稳定，同时毫不动摇地坚持经济建设这个中心，坚持改革开放，使党和国家事业继续沿着十一届三中全会确定的路线蓬勃发展。现在回过头来看，当年作出这两个重大决策的政治魄力和政治远见是多么不同凡响。

这里要特别指出，进入新时代，在世界经历百年未有之大变局之际，以习近平同志为核心的党中央积极推动构建以合作共赢为核心的新型国际关系，明确提出并积极推进构建人类命运共同体，创造性地提出"一带一路"倡议，为破解人类难题贡献了中国智慧、中国方案。如今，"构建人类命运共同体"理念被写入联合国决议，成为照亮人类未来的明灯；"一带一路"倡议推动各国共建和平、繁荣、开放、创新、文明之路，中国共产党的大智慧大情怀大担当为人类和平与发展的崇高事业作出了新的更大贡献。

## 一个胸怀博大有大境界大担当的党

世界最大政党是否有"大的样子"，还要看这个党的胸怀、境界、格局和担当。如果世界上政党之间比胸怀之开阔、比境界之高尚、比格局之宏大、比担当之勇敢，那么中国共产党必定首屈一指。为什么？最重要的是中国共产党有其他政党不具备的自我革命精神。

勇于进行自我革命是马克思主义政党的根本要求。马克思曾经说过，无产阶级革命与其他革命不同之处就在于：它自己批评自己，并靠批评自己壮大起来。列宁也讲过："一个政党对自己的错误所抱的态度，是衡量这个党是否郑重，是否真正履行它对本阶级和劳动群众所负义务的一个最重要最可靠的尺度。公开承认错误，揭露犯错误的原因，分析产生错误的环境，仔细讨论改正错误的方法——这才是一个郑重的党的标志"。

中国共产党的发展历程，就是党在推进伟大社会革命中不断进行伟大自我革命的历程。近百年来，我们党有高奏凯歌的辉煌，也有失误挫折的低谷，甚至一次次站在生死存亡的悬崖边上。但在历史紧要关头，中国共产党总能够一次次力挽狂澜，就在于党敢于坚持真理、善于修正错误，始终保持自我革命、从头再来的勇气；就在于党敢于刀刃向内，敢于刮骨疗毒，敢于壮士断腕，始终具有极强的自我纠错能力和自我修复能力。

中国共产党勇于进行自我革命，是基于对自己初心使命的清醒认识和责任担当，是基于对中国革命、建设、改革伟大任务艰巨性、复杂性、长期性的清醒认识和责任担当，是基于对"中国要出问题，还是出在共产党内部"和"没有什么外力能够打倒我们，能够打倒我们的只有我们自己"这种政治考验、政治风险的清醒认识和责任担当。这样的自我革命，覆盖党的思想建设、组织建设、作风建设、反腐倡廉建设、纪律建设、制度建设各个方面，通过自我净化、自我完善、自我革新、自我提高，使党获得更加强大的生机活力。

请看，民主革命时期，面对大革命的失败，党进行深入总结反思，毛泽东提出枪杆子里面出政权的战略思想，探索和开创了农村包围城市、武装夺取政权道路；遵义会议后纠正王明错误路线，批判张国焘分裂党和红军的错误，经过延安整风使全党在毛泽东思想基础上实现空前统一，中国共产党和中国革命出现崭新局面。社会主义建设时期，总结反思"大跃进"的教训，提出社会主义建设规律的宝贵经验。十一届三中全会以后，总结反思"文化大革命"的沉痛教训，开创了改革开放和社会主义现代化建设新时期。

再请看，党的十八大以来，以习近平同志为核心的党中央以全面从严治党开局起步，以刀刃向内的政治勇气向党内顽瘴痼疾开刀，在刮骨疗毒中解决了自身思想、组织、作风、纪律等方面存在的一系列突出问题，扭转了长期以来存在的管党治党宽松软局面，实现了自身革命性锻造和自身战斗力的极大提升，实现了党心军心民心的极大凝聚，实现了党和国家事业的历史性变革，开辟了坚持和发展中国特色社会主义崭新境界。

由此及彼，其兴也勃焉、其亡也忽焉的历史周期率不只是中国历史上政权的兴衰治乱、往复循环，也是世界政党政治中执政在野、上台下台的历史写照。世界上那些有过不凡历史和政绩的老党大党之所以没有跑赢历史周期率而垮台，很重要的原因就是在掌控执政资源、创造执政业绩的光环下，存在着忽略自身不足、忽视自身问题的状况，陷入"革别人命容易、革自己命难"的怪圈。只有中国共产党坚持不懈进行自我革命，勇于正视和解决自身问题，正在不断破解历史周期率的魔咒，也正在进一步塑造和丰富自己的政党优势。这种卓尔不群、独树一帜，恰恰是中国共产党永葆活力、长盛不衰的奥秘和关键所在。

《共产党宣言》发表170多年来，马克思主义在世界范围内得到广泛传播，马克思主义政党在全世界雨后春笋般建立和发展起来，深刻改变了整个世界，也深刻改变了整个中国。中国共产党成立已近百年，在全国执政也已70年，这在马克思主义发展史和世界社会主义发展史上都是极为罕见的，这个现实不仅对中国和中华民族的发展，而且对世界社会主义的发展都具有十分重大的意义。

中国共产党作为百年大党，大有大的优势，大也有大的难处。如何永葆先进性和纯洁性、永葆青春活力，如何永远得到人民拥护和支持，如何实现长期执政，是必须解决好的一个根本性问题。正在全党开展的"不忘初心、牢记使命"主题教育就是通过深刻的政治洗礼，为中国共产党加强新时代党的建设汇聚起磅礴的正能量，让中国共产党的伟大品格更加彰显。一个思想伟大的党、一个组织强大的党、一个目光远大的党、一个胸怀博大的党，一言以蔽之，一个始终走在时代前列、人民衷心拥护、勇于自我革命、经得起各种风浪考验、朝气蓬勃的马克思主义执政党，正带领着中国各族人民昂首阔步走向富强民主文明和谐美丽的社会主义现代化强国，走向中华民族的伟大复兴。这，就是新时代中国共产党"大的样子"。

（原载《学习时报》2019 年 8 月 19 日）

# 中国共产党是最高政治领导力量

中国共产党是最高政治领导力量，是习近平总书记提出并反复强调的一个重大政治论断，也是习近平新时代中国特色社会主义思想一个重要理论观点。这一重大论断和重要观点，科学概括了中国共产党在整个国家的根本地位和无可替代的领导作用，充分表达了只有中国共产党才能肩负起带领中国人民实现中华民族伟大复兴的历史使命。

## （一）

中国是一个幅员辽阔、历史悠久、文明灿烂、人口众多的大国，近代以来多个政党和政治力量在中国政治舞台轮番角逐，为何中国共产党能够脱颖而出最终成为最高政治领导力量呢？

这是由中国共产党的先进性决定的。一个政党能不能具有与其他政党相比较的先进性，始终走在时代前列，是决定这个政党前途命运的关键所在。中国共产党是在马克思列宁主义与中国工人运动相结合的过程中诞生的，先进性是党的本质属性。党的阶级基础是工人阶级，党的理论基础是马克思主义，党的根本宗旨是全心全意为人民服务，党的奋斗目标和远大理想是实现社会主义和共产主义，党的根本组织制度和领导制度是民主集中制。党集中了中国工人阶级和中国人民、中华民族数量众多的先进分子，集中了全国各个民族各个领域数量众多的优秀人才，建立了覆盖全国各个地方、各个领域、各个行业的科学严密的组织体系，具有强大的组织动员力和执行力。党坚持一切为了群众、一切依靠群众，从群众中来、到群众中去的工作路线，始终同人民群众保持着密切联系，除了工人阶级和最广大人民群众的利益，没有自己特殊的利益。所有这些，集中体现了中国共产党作为马克思主义政党的先进性。90多年来，中国共产党把这些先进性要求贯穿于党的理论和实践中，体现在党组织和党员的行动上，创造性地保持和发展了党的先进性。中国共产党的这种先进性，是中国共产党成立之前和成立之后中国其他任何政党和政治组织所不具备也做不到的。正因为中国共产党具有并始终保持了自身的先进性，所以才能够成为领导中国革命、建设、改革的核心力量。毫无疑问，先进性成就了中国共产党的辉煌，成就了中国共产党最高政治领导力量的地位。

这是由中国共产党的历史作用赢得的。1840年鸦片战争以后，中华民族陷入内忧外患、苦难深重的悲惨境地。无数仁人志士为了挽救国家危亡、实现民族独立，设计过各种政治主张，成立过多种政党，提出过各式救国方案，然而都不能从根本上解决中国的前途命运问题。用毛泽东同志的话说就是："一切别的东西都试过了，都失败了。"在各种主张、各条道路的反复权衡中，在各派政治力量的反复较量中，在中国人民反抗外来侵略和封建统治的反复斗争中，中国人民最终选择了中国共产党，并在党的领导下最终选择了社会主义。中国共产党从成立时起就担负起领导人民实现民族独立、人民解放和国家富强、人民幸福的历史重担。从建党的"开天辟地",到新中国成立的"改天换地",到改革开放的"翻天覆地",再到今天又带领人民创造了举世瞩目的"中国奇迹",不仅迎来了从站起来、富起来到强起来的伟大飞跃,更迎来了实现中华民族伟大复兴的光明前景。实践证明,正是有中国共产党领导,中国才实现了民族独立、人民解放;正是有中国共产党领导,坚持走社会主义道路,中国才能用几十年时间取得西方发达国家用了几百年取得的发展成就,得以大踏步赶上时代。中国共产党兴则国家兴,中国共产党强则国家强,这是历史的结论。中国共产党成为最高政治领导力量,不是外力扶持的,不是上天恩赐的,更不是自封的,而是历史的选择、人民的选择。

这是由中国共产党勇于自我革命的品格铸就的。在中国这样一个具有半殖民地半封建历史基础的东方大国领导革命、建设、改革,是根本改造中国、造福中国的历史伟业,是前人没有干过的崭新事业,面对的国内外敌人之强、遇到的困难和矛盾之多、经历的挑战和风险之大都是世界上任何政党所不能比拟的,因而在奋斗历程中难免有失误、有挫折、有低潮、有逆境。重要的是,中国共产党始终坚持实事求是的思想路线,始终保持自我净化、自我完善、自我革新、自我提高的思想自觉和行动自觉,勇于自我批评、敢于修正错误、精于总结经验、善于吸取教训,不断从失误和挫折中获得新的更加强大的生机活力。中国共产党90多年来就是这样一路走过来的,《关于若干历史问题的决议》和《关于建国以来党的若干历史问题的决议》,就是对党在民主革命时期和新中国成立后正反两方面经验的集中总结。习近平总书记指出："中国共产党的伟大不在于不犯错误，而在于从不讳疾忌医，敢于直面问题，勇于自我革命，具有极强的自我修复能力。"中国共产党为什么能够团结带领人民跨过一道又一道沟坎，为什么能够一次又一次在危难之际绝处逢生、在挫折之后毅然奋起、在失误之后拨乱反正、在磨难之中百折不挠？根本原因就在于党能够始终保持自我革命精神，一次次靠自己解决自身问题，在刮骨疗毒、革故鼎新、守正出新中不断实现伟大的跨越。这样的党，理所当然成为最高政治领导力量。

归结起来看，中国共产党成为最高政治领导力量，是由我国国家性质和国体政体所决定的，是由国家宪法所确立的，是经过中国革命、建设、改革长期实践所检验的，具有深刻的历史逻辑、理论逻辑、实践逻辑。在当代中国，没有任何政党和政治组织比得上中国共产党的先进性，也没有任何政党和政治组织比得上中国共产党的坚强有力，更没有任何政党和政治组织比得上中国共产党为中国人民谋幸福、为中华民族谋复兴的历史担当。只有中国共产党，最具备素质、最有资格成为中国最高政治领导力量。中国共产党立志于中华民族千秋伟业，百年恰是风华正茂。人民的幸福、国家的前途、民族的未来、文明的赓续，寄望于中国共产党充分发挥最高政治领导作用。

（二）

中国共产党作为最高政治领导力量，不是抽象的而是具体的，主要体现在把准政治方向、统领政治体系、主导社会治理、决策重大问题等方面。

中国共产党是中国政治方向的掌舵者。政治方向是党和国家发展的首要问题，方向决定道路，道路决定命运。毛泽东同志早就说过："革命党是群众的向导，在革命中未有革命党领错了路而革命不失败的。"习近平总书记也指出："古今中外，由于政治发展道路选择错误而导致社会动荡、国家分裂、人亡政息的例子比比皆是。"中国共产党成立以来给全国各族人民指引的政治方向，总起来说就是在马克思主义指导下，经过新民主主义社会进入社会主义社会，就是最终实现共产主义远大理想。在新时代，中国共产党引领的政治方向，就是坚持和发展中国特色社会主义、向"两个一百年"奋斗目标迈进的方向，就是党在社会主义初级阶段的基本理论、基本路线、基本方略指引的方向，就是"五位一体"总体布局、"四个全面"战略布局指引的方向。这样的政治方向已被实践证明是引领中华民族实现伟大复兴和繁荣昌盛的正确方向，必须准确把握、牢牢坚守；不仅在一般情况下要准确把握、牢牢坚守，尤其在遇到各种干扰和重大历史关头等特殊情况下更要准确把握、牢牢坚守。这是中国共产党作为最高政治领导力量的第一要务。这就要教育引导广大党员坚定对马克思主义的信仰、对中国特色社会主义的信念、对实现中华民族伟大复兴的信心，坚定"四个自信"，廓清思想迷雾，澄清模糊认识，排除各种干扰，在政治方向和重大政治是非问题上始终保持高度的政治清醒、政治敏锐和政治洞察力。还要推动党的各级组织和各级领导干部把坚持正确政治方向贯彻到谋划重大战略、制定重大政策、部署重大任务、推进重大工作的实践中，贯彻到党的政治建设、思想建设、组织建设、作风建设、纪律建设、制度建设和反腐倡廉建设等各方面工作中，解决纠正偏离和违背正确政治方向的行为，确保坚持正确政治方向的要求不悬空、不虚化。

中国共产党是国家政治体系的统领者。当今中国的政治体系是一个大系统，涵盖国家机关、政党组织、群团组织和各种政治主体。在这个大系统中，中国共产党处于总揽全局、协调各方的核心统领地位，用习近平总书记的话说，就像"众星捧月"，这个"月"就是中国共产党。中国共产党作为最高政治领导力量，对党和国家实行全面领导，协调、综合、代表各方面利益，推动构建系统完备、科学规范、运行高效的党和国家机构职能体系，形成总揽全局、协调各方的党的领导体系，职责明确、依法行政的政府治理体系，中国特色、世界一流的武装力量体系，联系广泛、服务群众的群团工作体系，推动人大、政府、政协、监察机关、审判机关、检察机关、人民团体、企事业单位、社会组织等在党的统一领导下协调行动、增强合力，全面提高国家治理能力和治理水平。中国共产党在国家机关、事业单位、群团组织、社会组织、企业和其他组织中设立党委（党组），通过这些党委（党组）实施领导，确保党的方针政策和决策部署在同级组织中得到贯彻落实。党在国家政治体系中发挥统领作用，能够实现党的领导、人民当家作主、依法治国有机统一，能够做到"全国一盘棋""集中力量办大事"，能够有效防止一些国家群龙无首、一盘散沙的现象，也能够防止西方政治体制中相互掣肘、内耗低效的现象。这正是中国特色社会主义最本质的特征，也是中国特色社会主义制度的最大优势。

中国共产党是社会治理的主导者。经过长期实践和发展，我国基本形成了党委领导、政府负责、社会协同、公众参与、法治保障的社会治理体制，正在努力打造共建共治共享的社会治理格局。实践证明这个治理体制是适应中国国情的好体制，这个格局是满足人民意愿的好格局。好就好在有一个居于主导地位的中国共产党，代表最广大人民的利益，不局限于局部和眼前利益，能够超然于各种治理主体和治理力量之上，既能平衡各种力量，又能主导各种力量，既避免"政府失灵"，又纠正"市场失灵"。而在西方社会，资本力量独大，即使是国家的政治力量和拥有"第四权力"之称的媒体力量都会被垄断资本控制，无法真正反映绝大多数民众的意志和愿望，垄断集团利益、党派利益凌驾于民众利益之上。《中国之治终结西方时代》一书的作者巴西学者奥利弗·施廷克尔，在《学习时报》发表新作《中国之治与世界未来》文章时说道："'中国之治'作为一个成功样板已经在全球完美树立"，称赞中国共产党"这台完美运作的政治机器，到今天更加彰显出了她的大气磅礴和组织优势"。这位外国学者一语道破了"中国之治"的奥妙所在，那就是中国的社会治理得益于中国共产党的主导作用。

中国共产党是重大决策的决断者。这是党作为最高政治领导力量的重要职责，也是党政治领导水平的集中体现。离开决策，所谓领导就是虚的、空的。中国共产党作为最高政治领导力量的决策，主要是关系党和国家方向性、全局性、战略性、根本性问题的决策，关系政治道路、政治原则、政治抉择、大政方针和重大战略、重大研判、重大人事问题的决策。邓小平同志曾指出，"党委的领导，主要是政治上的领导，保证正确的政治方向，保证党的路线、方针、政策的贯彻，调动各个方面的积极性。"实践表明，在决定重大问题、制定大政方针、提出立法建议、推荐重要干部等重大决策上，党的领导的重要职责，就是确保整个过程科学、民主、依法、合规；在决策程序上，党的领导的重要职责，就是注重通过国家权力机关、行政机关、政协组织、民主党派、人民团体、基层单位等渠道，就经济社会发展重大问题和涉及群众切身利益的实际问题，广泛协商、广集民智、增进共识、增强合力。对于党中央作出的决策部署，党的领导的重要职责，就是对决策的贯彻执行进行检查监督，使决策部署得到有效落实。

这里需要指出，党是最高政治领导力量，不是说党要"包打天下"，事无巨细什么都去管；党领导一切，并不是"取代一切"，也不是从中央到地方乃至各个领域、各个行业"上下左右一般粗"。习近平总书记在讲到党的全面领导时多次指出，党的领导主要是管方向、管政策、管原则、管干部，发挥把方向、谋大局、定政策、促改革、保落实作用，而不是包办具体工作。我们要全面科学理解和把握党领导一切、党是最高政治领导力量的实践要求，善于使党的主张通过法定程序成为国家意志，善于使党组织推荐的人选成为国家政权机关的领导人员，善于通过国家政权机关的党委（党组）实施党对国家和社会的领导，支持国家政权机关依照宪法和法律独立负责、协调一致地开展工作。

（三）

世界社会主义历史表明，马克思主义政党夺取政权不容易，巩固政权更不容易，长期巩固政权尤其不容易。中国共产党在全国执政、成为最高政治领导力量已 70 年。这 70 年是中国的面貌、中国人民的面貌、中华民族的面貌发生翻天覆地、前所未有变化的 70 年，执政成就有目共睹、有口皆碑。但是，过去辉煌并不意味着未来一定永远辉煌，以往执政并不等于今后一定长期执政。辉煌靠的是自身强大，执政有赖于高超本领。中国共产党久经考验，靠奋斗和牺牲赢得过往辉煌、成为最高政治领导力量，也能够靠奋斗和牺牲去夺取未来更大辉煌、巩固和保持最高政治领导力量地位。

基本途径是加强政治建设、提高政治能力。中国共产党是具有崇高政治理想、高尚政治追求、纯洁政治品质、严明政治纪律的马克思主义政党，讲政治是党的本质属性，加强政治建设是党的根本性建设。如果不注重从政治上管党治党，就会陷入头痛医头、脚痛医脚的被动局面，就无法从根本上解决问题。如果党在政治上的先进性丧失了，党的最高政治领导力量地位就在根本上动摇了。加强党的政治建设，一定要在坚定政治信仰、强化政治领导、严明政治纪律、规范政治生活、净化政治生态等方面着力，不断提高全党首先是各级领导层的政治能力。所谓政治能力，就是把握方向、把握大势、把握全局的能力，就是辨别政治是非、保持政治定力、驾驭政治局面、防范政治风险的能力。习近平总书记指出："在领导干部的所有能力中，政治能力是第一位的。"要引导和帮助领导干部加强政治历练，积累政治经验，提高把握政治大局和政治方向的能力和水平，增强政治定力和政治判断力，观察分析形势把握政治因素，筹划推动工作落实政治要求，处理解决问题防范政治风险。还要提高政治执行力，面对大是大非敢于亮剑，面对矛盾敢于迎难而上，面对危机敢于挺身而出，面对失误敢于承担责任，面对歪风邪气敢于坚决斗争，永葆共产党人的政治本色。

关键举措是完善坚持党的领导的体制机制。加强党的全面领导，更好发挥党作为最高政治领导力量的作用，必须靠体制机制来保障。中国共产党在长期实践中形成了一整套科学管用的领导制度和领导体制，包括党的领导和执政制度，党同国家政权机关、人民团体、群团组织及其他组织关系的制度，党的建设各方面制度等等。这些制度体制，是坚持和加强党的全面领导的基本制度安排，随着党的领导实践的发展将不断完善发展。其中很重要的，是要强化党的组织在同级组织中的领导地位，理顺党的组织同其他组织的关系，更好发挥党总揽全局、协调各方作用。各级党委主要是集中精力把好方向、抓好大事、出好思路、管好干部，总揽不包揽，协调不取代。要对全局工作通盘考虑、整体谋划，明确哪些是党委亲自抓的工作，哪些是党委推动的工作，哪些是党委支持的工作，形成全面的工作机制。要研究制定党领导经济社会各方面重要工作的党内法规，把党的全面领导贯彻到全面依法治国全过程和各个方面；贯彻落实宪法规定，制定和修改有关法律法规，明确规定党领导相关工作的法律地位；把坚持党的全面领导的要求载入人大、政府、法院、检察院的组织法，载入政协、民主党派、工商联、人民团体、国有企业、高等学校、有关社会组织的章程，健全党对这些机构和组织实施领导的制度规定，确保其始终在党的领导下开展工作。

重要法宝是驰而不息进行自我革命。中国共产党领导革命、建设、改革的伟大征程必须进行自我革命，把新时代坚持和发展中国特色社会主义这场伟大革命胜利推向前进仍然必须进行自我革命，敢于刀刃向内，敢于刮骨疗毒，敢于壮士断腕，同一切影响党的先进性、弱化党的纯洁性的问题作坚决斗争。要在坚定高远理想信念中发扬自我革命精神，高扬共产党人的"心学"，自觉用习近平新时代中国特色社会主义思想武装头脑，涤荡思想上的尘埃污垢，拧紧世界观、人生观、价值观这个"总开关"，牢记党的初心使命。精神上不缺"钙"了，自我革命的骨气就会硬起来。要在顺应人民意愿中发扬自我革命精神，严厉查处各种以权谋私现象，坚决反对特权思想和特权现象，坚决防止党内出现利益集团，坚决破除利益固化藩篱，让人民有更多获得感、幸福感、安全感。要在敢于斗争、善于斗争中发扬自我革命精神，在斗争中学真本领、练真功夫，在斗争中惩恶扬善、净化队伍，在斗争中争取团结、凝聚力量。习近平总书记指出："自我监督是世界性难题，是国家治理的哥德巴赫猜想。"中国共产党90多年来通过自我革命在自我净化、自我完善、自我革新、自我提高上取得优异成绩，在新时代坚持自我革命、深化自我革命一定能够不断实现党的自身建设和各项事业的新发展新超越。

根本任务是坚决做到"两个维护"。中国共产党领导是中国特色社会主义最本质的特征，是中国特色社会主义制度的最大优势。这个最本质特征和最大优势在政治上、组织上一个突出体现，就是党中央集中统一领导，有一锤定音、定于一尊的权威。党中央是全党的大脑和中枢，是党的最高领导机构和决策机构。正如习近平总书记指出的："在国家治理体系的大棋局中，党中央是坐镇中军帐的'帅'，车马炮各展其长，一盘棋大局分明。党政军民学，东西南北中，党是领导一切的。"坚持党的领导，最重要的是维护党中央权威和集中统一领导，维护习近平总书记党中央的核心、全党的核心地位。这是保持党和国家事业发展的根本保证，是党的领导的最高原则，任何时候任何情况下都不能含糊、不能动摇。一个近 14 亿人口的大国，一个近 9000 万名党员的大党，靠什么把全党全国各族人民凝聚起来为民族复兴而奋斗？靠中国共产党的坚强领导，靠党中央的高度权威，靠核心的巨大凝聚力、号召力。这就要求我们的党员和干部增强"四个意识"，坚定"四个自信"，做到"两个维护"，对党忠诚、为党尽责，严守党的政治纪律和政治规矩，始终在思想上政治上行动上同以习近平同志为核心的党中央保持高度一致，自觉做到党中央提倡的坚决响应、党中央决定的坚决执行、党中央禁止的坚决不做，执行党中央决策部署不讲条件、不打折扣、不搞变通。这是保证中国共产党作为最高政治领导力量的必然要求。

（原载《学习时报》2019 年 5 月 17 日）

# 论中国共产党的自我革命

革命者必先自我革命，必先有更加坚定的自我革命意志和行动。习近平总书记明确指出："勇于自我革命，是我们党最鲜明的品格，也是我们党最大的优势。中国共产党的伟大不在于不犯错误，而在于从不讳疾忌医，敢于直面问题，勇于自我革命，具有极强的自我修复能力。"深入学习领会习近平总书记关于中国共产党自我革命的重要论述，解决好为什么要自我革命、什么是自我革命、如何推进自我革命的重大历史课题，对于把我们党建设成为世界上最强大的政党，顺利实现党的奋斗使命具有极为重大而深远的意义。

## （一）

中国共产党为什么要坚持自我革命？归根结底是两条：第一，这是马克思主义政党性质的必然要求；第二，这是我们党近百年奋斗历程的经验结晶。

马克思主义政党的根本使命和远大理想是实现共产主义。这样的崇高使命和理想，揭示的是人类历史进步的发展规律，代表的是最广大人民的根本利益，彰显的是实现人的自由而全面发展的美好社会的价值追求。而实现这样的崇高使命和理想，是人类社会有史以来最雄伟、最壮丽的事业，也是最艰巨、最复杂的任务。这意味着客观世界和主观世界的不断改造，意味着生产力和生产关系、经济基础和上层建筑的不断变革，意味着人类社会新的历史、新的纪元的不断开辟，其内在逻辑前提就是进行最坚决、最彻底的革命。这也就是为什么列宁在评价马克思主义时强调它"在本质上是批判的和革命的"深刻道理所在。

在马克思主义政党所进行的革命之中，自我革命又是首当其冲的。马克思主义政党要保持先进性和纯洁性，就要同一切弱化先进性、损害纯洁性的问题作斗争，就要祛病疗伤，激浊扬清。马克思说过，无产阶级革命与其他革命不同之处就在于：它自己批评自己，并靠批评自己壮大起来。列宁讲过："一个政党对自己的错误所抱的态度，是衡量这个党是否郑重，是否真正履行它对本阶级和劳动群众所负义务的一个最重要最可靠的尺度。公开承认错误，揭露犯错误的原因，分析产生错误的环境，仔细讨论改正错误的方法——这才是一个郑重的党的标志"。

中国共产党作为马克思主义政党，作为中国工人阶级同时作为中国人民和中华民族的先锋队，自然需要不断进行自我革命，以更好实现为人民谋幸福的历史使命。在近百年的风雨沧桑中，中国共产党用实际行动坚守了自我革命的初心、彰显了自我革命的品格、践行了自我革命的誓言。

当年的革命与建设，究其根本首先是中国共产党的自我革命。20世纪上半叶，中国共产党人带领中国社会进行了反帝反封建、争取民族独立和人民解放的伟大革命，20世纪中叶又开始了独立自主、自力更生建设社会主义的伟大革命。建党初期对党员和党的一些组织思想不纯、组织不纯以及来自"左"、右两方面错误进行坚决斗争是自我革命，长征途中反对党和军队中存在的"左"倾冒险主义、张国焘分裂逃跑主义的斗争是自我革命，延安时期通过整风对党内存在的主观主义、教条主义、经验主义进行坚决斗争是自我革命，新中国成立后开展的反贪污、反浪费、反官僚主义等同样是自我革命。正是在这样一系列自我革命中，中国共产党一次次转危为安、化危为机，不断地由小到大、由弱变强，带领中国人民从胜利走向胜利。

改革是中国共产党又一次自我革命。这场革命，既深刻改变了中国社会，深刻改变了中华民族，也深刻改变了中国共产党自身。从以阶级斗争为纲到以经济建设为中心，从封闭半封闭到全面对外开放，从计划经济到社会主义市场经济，近40年的改革开放充分体现了中国共产党对社会主义建设进程中形成的一些不适应现代化建设要求的思想观念、行为习惯与体制机制所作的自我革命。正是这样一次深刻的自我革命，中国共产党开始了带领中国人民建设中国特色社会主义的伟大征程，当之无愧成为中国特色社会主义伟大事业的领导核心。

党的十八大以来，以习近平同志为核心的党中央以从严管党治党开局起步，以刀刃向内的政治勇气向党内顽瘴痼疾开刀，体现的就是中国共产党自我革命的坚定决心与坚强意志。从实施八项规定转变作风到扎紧制度笼子加强党内监督，从"打虎""拍蝇""猎狐"无禁区、全覆盖到坚决查处周永康、薄熙来、郭伯雄、徐才厚、令计划等重大腐败案件，从党的群众路线教育实践活动到"两学一做"学习教育常态化制度化，从全面规范党内政治生活到着力营造山清水秀政治生态，凡此等等，使中国共产党在刮骨疗毒中解决了自身思想、组织、作风、纪律等方面存在的一系列重大问题，扭转了长期以来存在的管党治党失之于宽、失之于松、失之于软的局面。正是靠着自我革命的勇气，靠着壮士断腕的精神，中国共产党实现了又一次"凤凰涅槃"，实现了自身面貌和自身战斗力的有力提升，实现了党心军心民心的有力凝聚，开创了管党治党工作的崭新局面，开辟了坚持和发展中国特色社会主义的崭新境界。

"历史周期率"，不只是中国历史上政权的兴衰治乱、往复循环，也是世界政党政治中执政在野、上台下台的历史写照。世界上许多有过不凡历史和业绩的老党大党之所以没有跑赢"历史周期率"而垮台，其中一个重要原因，就是在掌控执政资源、创造执政业绩的光环下，出现了忽略自身不足、忽视自身问题的现象，陷入"革别人命容易、革自己命难"的境地。从这个意义上讲，中国共产党坚持不懈推进自我革命，勇于正视和解决自身问题，正在不断破解"历史周期率"的魔咒，正在不断塑造着自己的政党优势，也正在不断塑造着中国特色社会主义的政治制度优势。

现在，中国共产党正在进行具有许多新的历史特点的伟大斗争，形势环境变化之快、改革发展稳定任务之重、矛盾风险挑战之多、对我们党治国理政考验之大都前所未有。党要带领人民战胜各种风险挑战，统筹推进"五位一体"总体布局和协调推进"四个全面"战略布局，实现"两个一百年"奋斗目标和中华民族伟大复兴的中国梦，必须更加自觉地弘扬将革命进行到底的精神，不断深化自我革命的历史进程。正如习近平总书记指出，在世情国情党情深刻变化的情况下，"有没有强烈的自我革命精神，有没有自我净化的过硬特质，能不能坚持不懈同自身存在的问题和错误作斗争，就成为决定党兴衰成败的关键因素"。

## （二）

革命，就其本源意义来讲是革故鼎新，其价值指向是向好、向新、向善，正所谓"苟日新、日日新、又日新"。自我革命，则是指这一革命是来自主体对自己自觉、自发、自动的行为。中国共产党的自我革命，概括来说就是不忘初心，牢记宗旨，坚持一切从实际出发，在自我警醒、自我否定、自我反思、自我超越中实现自我净化、自我完善、自我革新、自我提高。其精髓要义和基本特质主要体现在以下四个方面。

第一，这是一种坚持真理、修正错误的崇高追求。到过延安、瞻仰过党的七大会址的同志都不会忘记，会场两侧挂有六个插着党旗的旗座，每个旗座上都书写着"坚持真理，修正错误"八个大字，既显示出这次具有里程碑意义会议的灵魂，也彰显出中国共产党人不断自我革命的精髓。历史总是循着曲折的道路前进，一帆风顺是理想，曲折前行是常态。中国共产党从胜利走向胜利，重要秘籍就是不掩饰缺点、不回避问题、不文过饰非，有缺点克服缺点，有问题解决问题，有错误承认并纠正错误。

世界历史发展表明，一个政党的伟大不取决于在顺境之中轻装上路、阔步前行，而取决于在逆境之中能否逆势前行，在绝境之中能否绝地重生，在错误之后能否拨乱反正，在挫折之后能否毅然奋起。近百年来，我们党有凯歌高奏的辉煌，也有失误挫折的低谷，甚至一次次站在生死存亡的悬崖边上。但在历史紧要关头，中国共产党能够一次次悬崖勒马、力挽狂澜，就在于我们党敢于坚持真理、修正错误，始终保持自我革命、从头再来的勇气；就在于我们党始终具有极强的自我纠错能力和自我修复能力。毛泽东同志在《为人民服务》一文中指出："因为我们是为人民服务的，所以，我们如果有缺点，就不怕别人批评指出。""只要我们为人民的利益坚持好的，为人民的利益改正错的，我们这个队伍就一定会兴旺起来。"他还强调，有了错误，"我看不应当怕。我们的态度是：坚持真理，随时修正错误"。的确，我们党胸怀开阔，光明磊落，对党在认识上和实践中出现的错误从来都采取彻底的唯物主义态度。正如党的第二个《历史决议》指出："'坚持真理，修正错误'，这是我们党必须采取的辩证唯物主义的根本立场。过去采取这个立场，曾使我们的事业转危为安、转败为胜。今后继续采取这个立场，必将引导我们取得更大的胜利。"

第二，这是一种刀刃向内、无私无畏的政治勇气。自我革命意味着要"革"自己的命，对自身存在的问题"动刀子"；意味着反躬自省，自己否定自己，自己扬弃自己，自己超越自己。但刀刃向内、自我革命并不是形而上学的否定观，而是一种辩证的否定观。也就是说，自我革命的目的不是要自己推翻自己、全盘否定自己，不是要改弦更张、改旗易帜，而是要确保党始终成为中国特色社会主义事业的坚强领导核心，确保党开创的事业始终沿着正确的轨道、既定的目标前进，确保中国特色社会主义制度变得更加成熟、更加定型。一个成熟、强大的马克思主义政党，既要有坚守自我的定力，也要有革新自我的魄力；既要有自美其美的自信，也要有揭短亮丑的自觉；既要有"革别人命"的胆识，也有要"革自己命"的勇气。

中国共产党的自我革命是一项艰巨的工作，它打破的是利益藩篱，触动利益比触动灵魂更难；革除的是体制之弊，清除的是腐败毒瘤，因而是一场很不容易的革命。但是中国共产党走了过来，也做了出来。请看党的十八大以来我们党自我革命的成果吧：到去年底，党中央查处了200多名高级干部。到今年7月，全国共处分乡科级及以下党员、干部114万多人，处分农村党员、干部55万多人。打"虎"之多，拍"蝇"之众，既超出国人的期待，又出乎外人的意料。习近平总书记强调："法治之下，任何人都不能心存侥幸，都不能指望法外施恩，没有免罪的'丹书铁券'，也没有'铁帽子王'。"这段话，展示了我们党反对腐败的决心和毅力。这样的自我革命，没有破釜沉舟、舍我其谁的魄力，没有刮骨疗毒、壮士断腕的勇气，是根本做不到的。

第三，这是一种全方位、全过程变革的历史运动。大凡进行革命的政党，或多或少都有一些自我革命的行动，但自我革命的广度、力度决定了不同政党所能达到的境界。中国共产党的自我革命，是全方位的革命，是全过程的革命，更具积极谋划、自觉发动、自主掌控的特性，既包括对自身的革命，也包括对所推进事业的革命，是推进党的事业和加强自身建设的统一。

这样的革命发力于对自身的革命。正是基于对"中国要出问题，还是出在共产党内部"的清醒认识，中国共产党对自己的革命既是一种清醒、一种自觉、一种担当，也是一种管党治党的实际行动，是知和行的统一。这样的革命，强调自我监督、自我修复，但不排斥群众监督、社会监督、舆论监督等外部监督，是各方面合力作用的结果，是自律和他律的统一。这样的革命，覆盖党的思想建设、组织建设、作风建设、反腐倡廉建设、制度建设各个方面，是通过自我革命使思想理论充满创造力、使组织体系更具动员力、使作风形象更有亲和力、使制度体系更加成熟定型、使反腐倡廉更加标本兼治。

这样的革命贯穿伟大事业全过程。带领一个 13 亿多人口的发展中国家实现社会主义现代化和中华民族伟大复兴，是过去从来没有过的全新事业、全新探索、全新实践。如何让中国特色社会主义道路越走越宽广，让科学社会主义在 21 世纪焕发出新的蓬勃生机，要用新的理念、新的作为将自我革命进行到底。这样的革命是一个没有止境的过程，永不懈怠、永不停步，永远在路上。革故鼎新是社会规律，是历史大势，从不停步也不能停步。因此，就特定阶段、特定目标来说，革命已经成功；就更大范围、更长历史时期来看，革命尚未成功，同志仍需努力。当然，自我革命在不同历史阶段有不同的历史任务，体现出不同的阶段性特征，是阶段和过程的统一。

第四，这是一种革故鼎新、守正出新的实际行动。社会生活在本质上是实践的、变化的，辩证法在本质上是批判的、革命的，自我革命体现了马克思主义的实践品格和批判精神。马克思曾指出，哲学家们只是解释世界，问题在于改变世界。因循守旧，抱残守缺，只能复制一个旧世界；革故鼎新，守正出新，才能创造一个新世界。中国共产党的自我革命是一种意志、一种精神、一种追求、一种勇气，但归根结底是一种行动，一种突破陈规、开拓创新的实际行动。

路是走出来的，事业是干出来的，强大的政党是在自我革命中锻造出来的。中国共产党历来勇于以自我革新的实际行动开创事业新局面。在革命战争年代，中国共产党领导中国人民创造了"革命的世界奇迹"，根本的就在于我们没有沿袭西方民主革命的老路，没有复制俄国"十月革命"的道路，而是走出了一条农村包围城市、武装夺取政权的新民主主义革命道路；在和平建设年代，中国共产党领导中国人民创造了"发展的世界奇迹"，根本的就在于我们没有简单延续我国历史文化的母版，没有简单套用马克思主义经典作家设想的模板，没有照抄其他国家社会主义实践的模式，没有照搬国外现代化发展的经验，而是走出了一条中国特色社会主义道路。新民主主义革命道路和中国特色社会主义道路的成功开辟，是中国共产党自我革命精神的真实写照，也是自我革命实践的伟大成果。

在领导改革开放的历史进程中，中国共产党深刻认识到，社会主义是一个经常变化和改革的社会，改革是社会主义社会发展的直接动力，是社会主义制度的自我完善和发展；也深刻认识到，创新是一个民族进步的灵魂，是国家兴旺发达的不竭动力，必须把创新摆在国家发展全局的核心位置，不断推进理论创新、制度创新、科技创新、文化创新等各方面创新。今天，改革的理念、创新的理念已经深深镌刻在中国共产党的血脉之中，改革创新成为时代精神的核心，革故鼎新、守正出新已经深深融入中国共产党的血液而体现为自觉的行为、坚决的行动。

## （三）

一部中国共产党的历史，就是一部在自我革命中实现超越和发展的奋斗史。中国共产党领导革命、建设、改革的伟大征程需要自我革命，实现中华民族伟大复兴中国梦、实现为人类文明做出更大贡献的庄严承诺依然需要自我革命。历史和现实充分证明，中国共产党要肩负人民和民族的重托、承载人类文明发展进步的希望，一刻也不能停止自我革命。

我们必须在坚定信仰信念中保持自我革命的战略定力。马克思曾经指出："无产阶级的运动必然要经过各种发展阶段；在每一个阶段上都有一部分人停留下来，不再前进。"造成这些人不再前进的原因可能很多，但最主要的是丧失了信念或放弃了信仰，甚至还会"利用党去干私人肮脏的勾当"，更不用说自我革命了。因此，对于中国共产党来说，要保持自我革命的战略定力，就一定要重视用理想信念强魂健魄。对马克思主义的信仰，对社会主义和共产主义的信念，是共产党人的政治灵魂，是共产党人经受住任何考验的精神支柱。中国共产党人越是信仰信念坚定，就越是敢于"抛掉自己身上的一切陈旧肮脏的东西"。当今中国，社会思潮日益多元多样，市场经济中的商品交换原则对社会政治生活的渗透很广，共产主义"渺茫论"和马克思主义"过时论"等在一些共产党员中仍有市场。这些都会对保持自我革命的定力造成一定的冲击。我们必须用好思想建党这个法宝，高扬共产党人的"心学"，加强对全党的信仰信念教育，着力用习近平总书记系列重要讲话精神和治国理政新理念新思想新战略这一马克思主义中国化最新成果教育全体党员干部。要推进"两学一做"学习教育常态化制度化，旗帜鲜明讲政治，坚定"四个自信"、增强"四个意识"，在思想上政治上行动上同以习近平同志为核心的党中央保持高度一致。精神上不缺"钙"了，自我革命的骨头、骨气就会硬起来。

我们必须在顺应人民意愿中坚持自我革命的正确方向。人民立场是中国共产党的根本政治立场，以人民为中心是中国共产党事业发展的出发点和落脚处。离开人民，我们党的一切斗争和理想不但都会落空，而且都将变得毫无意义。自我革命同样如此。习近平总书记指出："我们党之所以有自我革命的勇气，是因为我们党除了国家、民族、人民的利益，没有任何自己的特殊利益。不谋私利才能谋根本、谋大利，才能从党的性质和根本宗旨出发，从人民根本利益出发，检视自己。"顺应人民的意愿，就要始终把握好立党为公、执政为民的执政逻辑，把人民群众高兴不高兴、满意不满意、答应不答应作为衡量一切工作的根本标准，严厉防范和查处一切以权谋私现象，坚决防止党内出现既得利益集团。顺应人民的意愿，我们还要把防止社会利益固化作为自我革命的重点任务，坚持以人民为中心的发展思想，敢于打破利益藩篱，让人民共享改革发展成果，让人民拥有更多获得感。只要我们真正顺应人民的意愿进行自我革命，就能消除形式主义、官僚主义、享乐主义和奢靡之风，就会避免出现精神懈怠、能力不足、脱离群众和消极腐败的危险，就能不断夯实党创造新的历史的坚实群众基础。

我们必须在解决突出问题中激发自我革命的强大动力。习近平总书记强调，我们党领导人民干革命、搞建设、抓改革，从来都是为了解决中国的现实问题。通过解决好改革发展稳定中的各种问题、党的建设自身问题、人民群众反映的突出问题，就会激发出中国共产党自我革命的强大动力。因为，每成功解决一个问题，都在不断凝聚起推进国家有序治理、人民幸福安康、社会繁荣进步的强大力量。而每一次问题的解决，都会使中国共产党获得一次自我反省的机会、一副自我矫正的良方、一个改革创新的起点。中国共产党要管好治好一个有8900多万名党员、450多万个基层党组织的世界第一大执政党，要推进中国特色社会主义这一前无古人的伟大事业，必须直接对着问题去、跟着问题走，什么问题突出就着力解决什么问题，以问题整改开局起步、以问题整改注入动力、以问题整改赢得民心。中国共产党在解决问题中，形成了一套深化自我革命的内生机制，依靠这套机制又培育出一系列促进自我革命的方式方法、路径手段。比如，定期进行体检和大扫除，自己拿着手术刀给自己做手术，就是着眼于防微杜渐、防患于未然；用批评和自我批评的武器"硬碰硬"，是为了让党内政治生活更加严肃规范；自己给自己定边界、立规矩、划底线，是要把权力关进制度的笼子里；突出领导干部这一"关键少数"则是为了以身作则、以上率下，更好地引领全党自我革命，等等。所有这些，都为中国共产党进行自我革命提供着不竭的正能量。

我们必须在创新体制机制中提高自我革命的能力水平。毛泽东同志在党的八届二中全会上指出："生产力是最革命的因素。生产力发展了，总是要革命的。"要看到，随着生产力发展带来的制度革命，必将极大推动体制机制创新；而每一次体制机制创新又将反过来推动进一步的革命，继续解放和发展生产力。自我革命也是同样的机理。中国共产党通过自我革命，不断地推进体制机制的创新，不断地促进制度的成熟与定型。反过来，体制机制的创新又为中国共产党啃硬骨头、涉深水区，进一步自我革命提供了保障，从而也提高了自我革命的能力与水平。近年来，中国共产党大力破除体制机制桎梏，不断推进体制机制创新，着力在各个方面建立比较成熟的制度体系，极大地提升了在推进国家治理体系和治理能力现代化方面的自我革命能力，提升了在统筹推进"五位一体"总体布局和协调推进"四个全面"战略布局中的自我革命能力，就是最具说服力的明证。

能胜强敌者，先自胜者也。"没有什么外力能够打倒我们，能够打倒我们的只有我们自己"。前途命运掌握在我们自己手上。今天，面对复杂的国际国内形势和繁重的改革发展稳定任务，只要全党紧密团结在以习近平同志为核心的党中央周围，坚持勇于自我革命，持续深化自我革命，我们就一定能够在进行具有许多新的历史特点的伟大斗争中不断实现党的自身建设和各项事业的新发展新超越，向着强党强国的目标奋勇前进。

（原载《学习时报》2017 年 7 月 24 日）

# 新时代中国共产党的历史使命

习近平同志在党的十九大报告中指出："中国共产党一经成立，就把实现共产主义作为党的最高理想和最终目标，义无反顾肩负起实现中华民族伟大复兴的历史使命"。报告全面总结我们党为实现中华民族伟大复兴走过的辉煌历程，明确提出实现新时代党的历史使命的新要求。这对于进一步增强全党的使命意识、担当精神，奋力夺取新时代中国特色社会主义伟大胜利具有重大意义。

## 中国共产党是民族复兴使命的合格担当者

历史的长河大浪淘沙，也昭示历史担当者的风采。实现中华民族伟大复兴是近代以来中华民族最伟大的梦想，谁能够承担起这个历史使命，谁就能赢得中国各民族人民的衷心拥护，成为中华民族的主心骨。

中华民族有五千多年文明历史，为人类进步与发展作出了卓越贡献。鸦片战争后，中国陷入内忧外患的黑暗境地，中国人民经历了战乱频仍、山河破碎、民不聊生的深重苦难。为了民族复兴，无数仁人志士"以爱国相砥砺，以救亡为己任"，不屈不挠、前仆后继，进行可歌可泣的斗争，进行各式各样的尝试。不甘屈服的中国人民一次次抗争，一次次失败，又一次次奋起。历史呼唤真正合格的使命担当者。在历史的反复比较中，在各种政治力量的反复较量中，在马克思列宁主义同中国工人运动的结合过程中，中国共产党应运而生。我们党一经成立，就义无反顾肩负起实现中华民族伟大复兴的历史使命。

我们党团结带领人民进行28年浴血奋战，打败日本侵略者，打败国民党反动派，推翻帝国主义、封建主义、官僚资本主义统治，完成了新民主主义革命，建立了中华人民共和国，实现了中国从几千年封建专制政治向人民民主的伟大飞跃，为中华民族伟大复兴扫清了根本障碍。

我们党团结带领人民完成社会主义革命，确立社会主义基本制度，推进社会主义建设，完成了中华民族有史以来最为广泛而深刻的社会变革，实现了中华民族由近代不断衰落到根本扭转命运、持续走向繁荣富强的伟大飞跃，为中华民族伟大复兴奠定了坚实基础。

我们党团结带领人民进行改革开放新的伟大革命，开辟了中国特色社会主义道路，使中国大踏步赶上时代，迎来了中华民族从站起来到富起来、强起来的伟大飞跃，为中华民族伟大复兴开辟了光明前景。

回顾近代以来的中国历史，正是有了中国共产党，才改变了中国人民的命运，创造了中华民族新辉煌。为了实现中华民族伟大复兴的历史使命，一代又一代中国共产党人同中国人民接续奋斗，攻克了一个又一个看似不可攻克的难关，创造了一个又一个彪炳史册的人间奇迹。实践充分证明，中国共产党是民族复兴使命的合格担当者，只有中国共产党才能带领人民实现中华民族伟大复兴的梦想。

## 实现新时代历史使命必须付出更为艰苦的努力

党的十八大以来，在新中国成立特别是改革开放以来我国发展取得的重大成就基础上，党和国家事业发生历史性变革，我国发展站到了新的历史起点上，中国特色社会主义进入了新时代。今天，我们比历史上任何时期都更接近、更有信心和能力实现中华民族伟大复兴的目标。行百里者半九十。在新的历史条件下实现党的历史使命，意味着面临的新情况新问题越来越多、矛盾和困难越来越多、风险和挑战越来越多，阻力和压力也会越来越大，必须准备付出更为艰巨、更为艰苦的努力。

当今世界，和平与发展仍然是时代主题。世界多极化、经济全球化、社会信息化、文化多样化深入发展，全球治理体系和国际秩序变革加速推进，各国相互联系和依存日益加深，国际力量对比更趋平衡，和平发展大势不可逆转。同时，世界面临的不稳定性不确定性突出，人类面临许多共同挑战。特别是中国的发展壮大必然对现有国际格局产生重大影响，国际社会期待我国在更多领域承担更多责任，但也有一些国家不愿看到社会主义中国发展壮大，千方百计对我们进行防范、阻挠和遏制。如何顺应和平、发展、合作的时代潮流，在识变、应变、求变中急起直追？如何更好统筹国内国际两个大局，在激烈的国际竞争中赢得优势、赢得主动、赢得未来？如何在参与全球治理中扩大话语权、规则制定权，坚定捍卫我国主权、安全、发展利益，维护世界和平、促进共同发展？这些都需要我们付出更加艰苦的努力，以新的作为作出回答。

当前，我国经济社会发展呈现良好势头，社会总体和谐稳定，人民生活继续改善，经济增速在世界主要国家中一直名列前茅。同时，改革进入深水区，经济发展进入新常态，经济下行压力加大，各种矛盾叠加，风险隐患增多，形势变化之快前所未有，改革发展稳定任务之重前所未有，矛盾风险挑战之多前所未有，对党治国理政的考验之大前所未有。如何破解前进道路上面临的各种难题？如何有效应对重大挑战、抵御重大风险、克服重大阻力、解决重大矛盾？这些都需要我们付出更加艰苦的努力，拿出新的理念和办法。

经过党的十八大以来全面从严治党，党的建设取得重大成效，党内政治生活气象更新，党内政治生态明显好转。同时，我们党面临的执政环境是复杂的，影响党的先进性、弱化党的纯洁性的因素也是复杂的，党内存在的思想不纯、组织不纯、作风不纯等突出问题尚未得到根本解决，一些老问题反弹回潮的可能依然存在，还出现了一些新情况新问题。全面从严治党依然任重道远。如何推动全面从严治党向纵深发展？这同样需要我们付出更加艰苦的努力。

## 统揽伟大斗争、伟大工程、
## 伟大事业、伟大梦想

新时代给党的历史使命提出了新要求，我们必须紧紧围绕实现伟大梦想去进行伟大斗争、建设伟大工程、推进伟大事业。

党的十九大把伟大斗争、伟大工程、伟大事业、伟大梦想作为一个统一整体提出来，是一个重大理论创新，明确了党在新时代治国理政的总方略、引领全局的总蓝图、谋划工作的总坐标，体现了奋斗目标、实现路径、前进动力的高度统一，体现了历史传承、现实任务、未来方向的高度统一，体现了党的前途命运、国家的前途命运、民族的前途命运的高度统一，深刻回答了什么是新时代党的历史使命、怎样实现新时代党的历史使命这一重大理论和实践问题，使我们党对自身肩负历史使命的认识达到了新的高度。

实现伟大梦想，必须进行伟大斗争。社会是在矛盾运动中前进的，有矛盾就会有斗争。今天，新的伟大斗争的内容十分广泛，表现形式也必然复杂多样，需要我们始终保持高度政治警觉，随时准备进行斗争。要更加自觉地坚持党的领导和我国社会主义制度，对一切否定党的领导、否定我国社会主义制度、否定改革开放的言行，对一切歪曲、丑化、否定中国特色社会主义的言行，对一切违背、歪曲、否定党的基本路线的言行，必须旗帜鲜明地反对和抵制。要更加自觉地维护人民利益，坚决防止和反对脱离群众、损害和侵占群众利益的行为。要更加自觉地投身改革创新时代潮流，敢于向积存多年的顽瘴痼疾开刀，坚决清除妨碍生产力发展的体制机制障碍。要更加自觉地维护我国主权、安全、发展利益，坚决反对一切分裂祖国、破坏民族团结和社会和谐稳定的行为。要更加自觉地防范各种风险，增强忧患意识、风险意识，坚决战胜一切在政治、经济、文化、社会等领域和自然界出现的困难和挑战。在推进伟大斗争中，我们要强化斗争意识、鼓足斗争勇气、把握斗争规律、讲究斗争艺术、提高斗争本领，坚决摒弃一切贪图享受、一切消极懈怠、一切回避矛盾的思想和行为，不断夺取伟大斗争新胜利。

实现伟大梦想，必须建设伟大工程。新的历史条件下，我们党要始终成为时代先锋、民族脊梁，保持马克思主义政党本色，自身必须始终过硬。越是目标远大、任务艰巨，越是挑战频仍、矛盾集中，越是要把党建设得更加坚强有力，越是要求全党同志精神状态、思维方式、行为方式、工作方式有新的转变，素质能力有新的提升。要按照党的十九大提出的党的建设总要求和重点任务，牢固树立全面从严治党永远在路上的理念，消除一切损害党的先进性和纯洁性的因素，清除一切侵蚀党的健康肌体的病毒，不断增强管党治党的系统性、预见性、创造性、实效性，不断增强党的政治领导力、思想引领力、群众组织力、社会动员力，确保我们党永葆旺盛生命力和强大战斗力。尤其要把党的政治建设摆在首位，用习近平新时代中国特色社会主义思想武装全党，建设高素质专业化干部队伍，加强基层组织建设，持之以恒正风肃纪，夺取反腐败斗争压倒性胜利，健全中国特色国家监察体制，全面增强执政本领。

实现伟大梦想，必须推进伟大事业。中国特色社会主义是改革开放以来党的全部理论和实践的主题，是党和人民历尽千辛万苦、付出巨大代价取得的根本成就，是当代中国发展进步的根本方向。新时代推进伟大事业，必须保持强大政治定力，坚定道路自信、理论自信、制度自信、文化自信，既不走封闭僵化的老路，也不走改旗易帜的邪路，坚定不移走中国特色社会主义道路。要深刻认识新时代坚持和发展中国特色社会主义的新要求，顺应我国社会主要矛盾发生的新变化，准确把握实现"两个一百年"奋斗目标新的战略安排，统筹推进"五位一体"总体布局，协调推进"四个全面"战略布局，在继续推动发展的基础上，着力解决好发展不平衡不充分问题，大力提升发展质量和效益，更好满足人民在经济、政治、文化、社会、生态等方面日益增长的需要，更好推动人的全面发展、社会全面进步。

伟大斗争、伟大工程、伟大事业、伟大梦想紧密联系、相互贯通、相互作用，是一个有机统一的整体。伟大梦想指引正确方向，为伟大斗争、伟大工程、伟大事业提供领航导向；伟大斗争昭示担当精神，为伟大工程、伟大事业、伟大梦想扫除障碍、提供牵引；伟大工程锻造领导力量，为伟大斗争、伟大事业、伟大梦想提供坚强保证；伟大事业宣示道路旗帜，为伟大斗争、伟大工程、伟大梦想开辟前进路径。在新时代，我们要把伟大斗争、伟大工程、伟大事业、伟大梦想贯通起来理解、协同起来贯彻，牢固确立"四个意识"，在思想上政治上行动上同以习近平同志为核心的党中央保持高度一致，肩负起新时代中国共产党人的历史使命，在坚持和发展中国特色社会主义伟大实践中不断创造新的辉煌业绩。

（原载《人民日报》2017 年 11 月 28 日）

# 实现中国梦是新时代中国
# 共产党人的历史使命

实现中华民族伟大复兴的中国梦，是党的十八大以来以习近平同志为核心的党中央提出的具有强大号召力和感召力的奋斗目标。党的十九大擘画了实现中国梦的路线图和时间表，吹响了中国特色社会主义新时代实现中国梦的集结号，进一步彰显了以习近平同志为核心的党中央巨大的政治勇气和强烈的责任担当。

## 中国梦是近代以来中华民族
## 最伟大的梦想

中华民族自秦汉以来在世界上"独领风骚"上千年，对世界文明作出巨大贡献。近代以来，帝国主义的入侵使中国濒临亡国灭种边缘，中华民族遭受战乱频仍、山河破碎、民不聊生的深重苦难。19世纪末，孙中山先生浩叹"中国积弱，至今极矣"，组织兴中会力图"振兴中华"。为了救亡图存，中华儿女奋起抗争、前仆后继，进行可歌可泣的斗争，进行各式各样的尝试，但终究未能改变旧中国的社会性质和中国人民的悲惨命运。

正是这样的背景催生了中国共产党。中国共产党一经成立，就义无反顾肩负起实现中华民族伟大复兴的历史使命，团结带领中国人民进行了艰苦卓绝的斗争，为中华民族作出了"三个伟大历史贡献"。第一个，就是经过28年浴血奋战，打败日本帝国主义，推翻国民党反动统治，完成新民主主义革命，建立了中华人民共和国。第二个，就是完成社会主义革命，确立社会主义基本制度，消灭一切剥削制度，推进了社会主义建设。第三个，就是进行改革开放新的伟大革命，中国人民的生活显著改善，综合国力显著增强，国际地位显著提高。由于这"三个伟大历史贡献"，中华民族伟大复兴具备了坚实的政治基础和物质基础，中国人民迎来了从站起来、富起来到强起来的历史性飞跃，正阔步走在全面建设社会主义现代化国家的新征程上。今天的中国，无论综合实力、经济实力、科技实力、国防实力，还是国际地位、国际影响力，都处于近代以来最强的时期。今天，我们比历史上任何时期都更接近、更有信心和能力实现中华民族伟大复兴的目标。深藏于中国人民心中的民族复兴梦想，一定会变成现实。

习近平总书记曾经引用"雄关漫道真如铁""人间正道是沧桑""长风破浪会有时"三句诗，精辟概括中华民族的昨天、今天、明天，形象展示百余年来中国社会波澜壮阔、沧桑巨变的历史图景，生动诠释近代以来中国人民寻梦、追梦、圆梦的艰辛历程。试问世界上有哪一个民族"追梦"历程如此不屈不挠？有哪一个政党"圆梦"决心如此矢志不渝？历史能不为坚定不移致力于实现这样伟大梦想的伟大民族和伟大政党点赞吗？！

实现"两个一百年"奋斗目标、实现中华民族伟大复兴的中国梦，在中华民族发展史上、在世界社会主义发展史上、在人类社会发展史上，都具有十分重大的意义。这标志着具有5000

多年文明历史的中华民族进入全面建成社会主义现代化国家的时代，中华文明在世界全球化进程中愈益焕发出蓬勃生机和旺盛活力；标志着具有 500 年历史的社会主义主张在世界上人口最多的国家成功开辟出现实可行、成效卓著的正确道路，科学社会主义在 21 世纪愈益焕发出蓬勃生机和旺盛活力；标志着有一百多年历史的中国共产党领导的具有 100 年历史的中华人民共和国创造了人类社会发展史上惊天动地的发展奇迹，中华民族愈益焕发出蓬勃生机和旺盛活力。

## 中国梦是中华民族团结奋斗的
## 最大公约数

中国梦视野宏阔、内涵丰富、意旨深远。习近平总书记指出："中国梦的本质是国家富强、民族振兴、人民幸福。"这个梦想的最大特点就是把国家、民族和个人作为一个命运共同体，把国家利益、民族利益、人类利益、人民利益紧紧联系在一起，取最大公约数，贯通国家、民族、个人，贯通过去、现在和未来，贯通硬实力、软实力和综合实力，体现了中华民族和中国人民的整体利益，表达了全体中华儿女的共同愿景。

中国梦是国家情怀、民族情怀、人民情怀相统一的梦。国泰而民安，民富而国强。国家好，民族好，大家才能好。在国家层面，实现中国梦意味着物质文明、政治文明、精神文明、社会文明、生态文明全面提升，中国成为富强民主文明和谐美丽的社会主义现代化强国。在民族层面，实现中国梦意味着中华民族的世界影响力和对世界的贡献大大提升，以更加昂扬向上、文明开放的姿态屹立于世界民族之林。在个人层面，中国梦的实现意味着全体中国人都能"人生出彩"和"梦想成真"，享有更好的教育、更稳定的工作、更满意的收入、更可靠的社会保障、更高水平的医疗卫生服务、更舒适的居住条件、更优美的环境、更丰富的精神文化生活。实现国家、民族和个人的命运与幸福的相互统一、相互依存，这正是习近平总书记提出中国梦的初衷，也是中国共产党人为实现中国梦接续奋斗的价值追求。

中国梦具有鲜明的中国特色、时代特色、大众特色。讲中国特色，是因为她使用了中国人民耳熟能详的"小康社会""大同世界"等描述词汇，浑身释放着中华民族的历史底蕴和文化元素。讲时代特色，是因为她顺应了当今时代潮流。世界上不少国家都以各自的"梦"来命名各自的奋斗目标，以此号召民众、提振人心。讲大众特色，是因为她的形式和内容都接"地气"，所以一经提出便很快家喻户晓，大众喜闻乐见。

中国梦是历史的、现实的，也是未来的。历史是现实之源，未来是现实之续。中国梦连接着中国的昨天，总揽着中国的今天，映照着中国的明天。中国梦从中国历史深处走来，上承中华民族五千多年连绵不断的文明成果，这是我们实现中国梦的基础和底气；中国梦契合时代潮流和基本国情，立足中国特色社会主义取得的非凡成就，这是我们实现中国梦的优势和实力；中国梦引领中国未来，影响世界未来，占据真理和道义的制高点，必将推进实现中国特色社会主义共同理想和最终实现共产主义远大理想，这是我们实现中国梦的信仰和信心。正因为如此，中国梦才具有深厚的历史渊源、广泛的现实基础和光明的未来前景。

# 中国梦要靠进行伟大斗争建设
# 伟大工程推进伟大事业来实现

习近平总书记指出：“中华民族伟大复兴，绝不是轻轻松松、敲锣打鼓就能实现的。全党必须准备付出更为艰巨、更为艰苦的努力。”这种努力，要求我们必须进行伟大斗争、建设伟大工程、推进伟大事业。

在迈向伟大梦想的历史征程中，“四大考验”“四种危险”将长期存在。我们要有效应对重大挑战、抵御重大风险、克服重大阻力、解决重大矛盾，必须进行具有许多新的历史特点的伟大斗争，必须反对任何贪图享受、消极懈怠、回避矛盾的错误思想和行为。还必须坚决反对一切削弱、歪曲、否定党的领导和我国社会主义制度的言行，坚决反对一切损害人民利益、脱离群众的行为，坚决破除一切顽瘴痼疾，坚决反对一切分裂祖国、破坏民族团结和社会和谐稳定的行为，坚决战胜一切困难和挑战。伟大斗争的任务是长期的、复杂的、艰巨的，中国共产党人只有始终保持斗争精神，提高斗争本领，才能不断夺取伟大斗争新胜利。

崇高的历史使命，宏伟的战略目标，对中国共产党提出了更高的要求。我们要坚持和加强党的全面领导，坚持党要管党、全面从严治党，以党的政治建设为统领，以坚定理想信念宗旨为根基，不断加强党的长期执政能力建设、先进性和纯洁性建设，不忘初心，牢记使命，更加自觉地坚定党性原则，勇于直面问题，敢于刮骨疗毒，消除一切损害党的先进性和纯洁性的因素，清除一切侵蚀党的健康肌体的病毒。我们要以调动全党积极性、主动性、创造性为着力点，全面推进党的政治建设、思想建设、组织建设、作风建设、纪律建设，把制度建设贯穿其中，深入推进反腐败斗争，不断提高党的建设质量，不断增强党的政治领导力、思想引领力、群众组织力、社会号召力，把中国共产党建设成为始终走在时代前列、人民衷心拥护、勇于自我革命、经得起各种风浪考验、朝气蓬勃的马克思主义执政党。

伟大梦想是在社会主义初级阶段背景下实现中华民族伟大复兴，在世界上最大发展中国家基础上全面建成社会主义现代化强国，在 13 亿乃至更多人口的东方大国基本实现全体人民共同富裕，在以西方为主导的世界格局中实现中国由全球治理的参与者向全球治理的引领者转变。如此等等，都是过去从来没有过的全新事业、全新探索、全新实践，要求我们必须破除因循守旧的思想，以创新的精神寻找新方法、探索新路径、积累新经验、采取新举措。最重要的，就是要更加自觉地增强中国特色社会主义道路自信、理论自信、制度自信、文化自信，既不走封闭僵化的老路，也不走改旗易帜的邪路，保持政治定力，坚持实干兴邦，在谱写新时代中国特色社会主义新篇章中向中华民族伟大复兴的中国梦迈进。

进行伟大斗争，建设伟大工程，推进伟大事业，必须凝聚全国各族人民大团结的力量，众志成城，攻坚克难。我们要用 13 亿多中国人的智慧和力量，经过一代又一代中国人的不懈努力，把我们的国家建设好，把我们的民族发展好。整合中国各个社会阶层、各个社会群体的价值、思想、意志、愿望，在不同中寻找和呵护共同，在共同中尊重和保护差异，真正把人民群众的意愿集中起来，把全体人民的积极性创造性充分调动起来，让中国社会每一个人都能共同享有人生出彩的机会，共同享有梦想成真的机会，共同享有同祖国和时代一起成长与进步的机会。心往一处想，劲往一处使，必将汇集起不可战胜的磅礴力量。

## 中国梦与世界各国人民的<br>美好梦想相融相通

中国共产党是为中国人民谋幸福的政党，也是为人类进步事业而奋斗的政党。在中国共产党领导下，中国人民用占世界 7.2% 的国土使占世界 20% 的人过上美好生活，用自己的道路制度、用自己的生活方式实现安居乐业、幸福成功的中国梦，这本身就是对世界的最大贡献。习近平总书记指出，中国一心一意办好自己的事情，既是对自己负责，也是为世界作贡献。中国梦不是也不满足于"独善其身"，而是要在"兼济天下"中发展自己，通过发展自己更好地来兼济天下，为世界和平与发展作出自己的贡献。

中国梦是和平、发展、合作、共赢的梦。中国梦追求的是中国人民的福祉，也是各国人民共同的福祉。中国人讲爱国主义，同时也具有国际视野和国际胸怀。随着国力不断增强，中国将在力所能及的范围内承担更多国际责任和义务，为人类和平与发展的崇高事业作出更大贡献。中国好，世界可以更好。实现中国梦给世界带来的是和平，不是动荡；是机遇，不是威胁。中国这头狮子已经醒了，但这是一只和平的、可亲的、文明的狮子。

当今世界伴随着科学技术的进步、社会文化交流的拓展，越来越呈现为一个开放动态的大系统。在这种开放动态的系统中，1+1 是大于 2 的，"正和博弈"不仅会是常态而且越来越凸显。

在人类命运共同体的新视角和同舟共济、合作共赢的新理念下，中国持续快速发展得益于世界繁荣与发展，同时中国发展也为世界各国提供了共同发展的宝贵机遇和广阔空间。中国提出"一带一路"倡议，就是要继承和发扬丝绸之路精神，把中国发展同沿线国家发展结合起来，把中国梦同沿线各国人民的梦想结合起来。习近平总书记在很多国际场合多次讲"欢迎大家搭乘中国发展的列车，搭快车也好，搭便车也好，我们都欢迎"。就是说，中国梦与世界各国人民的美好梦想是能够形成"同心圆"的，中国梦与亚太梦、非洲梦、拉美梦，包括美国梦、欧洲梦在内的世界人民的一切美好梦想，都是相通的。

进一步说，中国梦究其根本是文明梦，它以对中华文明的传承、昌盛和创新为世界文明进步作出更大贡献。中华文明源远流长又与时维新的"和而不同""天下情怀""生生不息"等价值理念，不仅为中国梦抹上了浓浓的文明底色，更为"让世界变得更好"提供了一种新的文明图景。中国梦告诉世界，历史并没有终结，人类社会走向现代化并不是只有西方社会一条现成的路，别样的路同样能成功甚至更精彩，中国有信心也有能力为人类社会探索更好的社会制度贡献中国方案。

中华民族是历经磨难、不屈不挠的伟大民族，中国人民是勤劳勇敢、自强不息的伟大人民，中国共产党是敢于斗争、敢于胜利的伟大政党。在以习近平同志为核心的党中央坚强领导下，全党全国各族人民以永不懈怠的精神状态和一往无前的奋斗姿态开拓进取，中华民族伟大复兴的中国梦一定能够实现。

（原载《人民日报》2017 年 12 月 18 日）

# 提高政治站位，深刻领悟新思想

习近平新时代中国特色社会主义思想以一系列原创性战略性重大思想观点丰富和发展了马克思主义，以一系列历史性开创性重大成就开辟了中国特色社会主义新时代，是当之无愧的当代中国马克思主义、21世纪马克思主义，是引领中国人民从站起来、富起来走向强起来的伟大思想，是为人民谋幸福、为民族谋复兴的伟大思想。领导干部学习贯彻这一思想，应当始终干在实处、走在前列。

忠诚履职，做政治过硬的表率。政治过硬是习近平总书记对于党员领导干部第一位的要求。当前世界形势复杂多变，党和国家的事业正处于爬坡过坎的关键时期，各种困难风险挑战前所未有，世界充满各种不确定性。只要我们党是有力的，党和国家的目标和意志是确定的，战略定力是坚强的，党的领导和社会主义制度就坚如磐石。特别是党和国家有习近平总书记这样的领袖把舵领航，就没有克服不了的困难。作为党员领导干部，我们要以许党许国的绝对忠诚，紧密团结在以习近平同志为核心的党中央周围，坚决维护党中央权威和集中统一领导，始终对党忠诚、为党分忧、为党尽职、为民造福，满怀激情地投入到新时代的伟大实践中去。

　　乐学善学，做本领高强的表率。在实践中应对挑战、抵御风险、克服阻力、解决矛盾，需要党员领导干部本领高强。习近平总书记在党的十九大报告中强调了八个方面的本领，即学习本领、政治领导本领、改革创新本领、科学发展本领、依法执政本领、群众工作本领、狠抓落实本领、驾驭风险本领。作为新时代的党员领导干部，这八个方面的本领缺一不可，也是基本功。党校是党员领导干部成长的加油站和充电器，为大家在实践中的"热运行"提供了"冷思考"的机会。实践是课堂，希望大家进一步强化问题意识、树立问题导向，把党校学习的收获运用好、转化好，向群众取经，向实践学习，用高强的本领攻坚克难、建功立业。

　　刻苦钻研，做懂行精进的表率。习近平总书记在党的十九大报告中要求"建设高素质专业化干部队伍"，强调"注重培养专业能力、专业精神，增强干部队伍适应新时代中国特色社会主义发展要求的能力"。作为党员领导干部，我们不但要有"万金油"的妙用，也要有"金刚钻"的专用，不但要有"杂家"的广度和眼界，也要有"专家"的深度和视角。身处新时代，更要与时俱进，希望大家结合自身实际和工作岗位，进一步学得更好、做得更好。

　　守土尽责，做勇于担当的表率。作为党员领导干部，学习习近平新时代中国特色社会主义思想，还要重点学习习近平总书记从政实践中彰显出来的担当精神。不管是在哪一个层级的岗位上，习近平总书记身上那种迎难而上的韧劲，那种逢山开路遇水架桥的干劲，那种"得罪千百人、不负十三亿"的决心，都体现了勇于担当的精神。"大事难事看担当、逆境顺境看襟度"。

党员领导干部必须要有担当精神，面对大是大非要敢于亮剑而不是当"绅士"，面对矛盾要敢于迎难而上而不是当"鸵鸟"，面对危机要敢于挺身而出而不是当"逃兵"，面对失误要敢于承担责任而不是找"替身"，面对歪风邪气要敢于坚决斗争而不是当"好好先生"。中央印发了激励广大干部新时代新担当新作为的意见，为担当作为者撑起了保护伞。希望大家进一步深刻领悟新时代、新思想、新要求，进一步提高政治站位，以担当带动担当，以作为促进作为，努力作出无愧于时代、无愧于人民、无愧于历史的业绩。

（原载《光明日报》2018 年 7 月 4 日）

# 学好用好马克思主义中国化最新成果

在庆祝建党 96 周年之际，我们召开这个座谈会，具有特殊的意义。刚才大家的发言都很有见地，反映了学习以习近平同志为核心的党中央治国理政新理念新思想新战略的最新收获。把出版座谈会开成学习马克思主义中国化最新成果的理论研讨会、学习交流会，这是中央党校的特点，也是中央党校的优势。今天的座谈会体现了这个特点，展示了这个优势，开得很好。下面我围绕学好用好马克思主义中国化最新成果这一主题，谈三点体会，与同志们交流。

第一，以习近平同志为核心的党中央治国理政新理念新思想新战略是十八大以来全党理论创新和实践创新的集中体现，是马克思主义中国化最新成果，开拓了马克思主义在当代中国发展的新境界。

党的十八大以来，以习近平同志为核心的党中央团结带领全国各族人民，紧紧围绕实现"两个一百年"奋斗目标和中华民族伟大复兴的中国梦，举旗定向、谋篇布局、攻坚克难、强基固本，开辟了治国理政新境界，开创了党和国家事业发展新局面，书写了中国特色社会主义新华章。在推进改革发展实践中，党中央推动全面从严治党向纵深发展，以自我革命的政治勇气着力解决党内存在的突出问题，推动管党治党真正从宽松软走向严紧硬，党内正气在上升，党风在好转，社会风气在上扬，为党和国家事业发展积聚了强大正能量。

这样的治国理政实践创新和伟大成就反映在理论上，就是提出和形成了一系列治国理政新理念新思想新战略。比如，在发展布局上，提出"五位一体"总体布局和"四个全面"战略布局，深化了对社会主义建设规律的认识；在发展理念上，提出创新、协调、绿色、开放、共享新理念和以人民为中心的发展思想，深化了对中国特色社会主义政治经济学的认识；在安全战略上，提出坚持总体国家安全观，深化了对马克思主义安全观的认识；在思维方法上，提出历史思维、战略思维、辩证思维、创新思维、底线思维，深化了对马克思主义思维方法论的认识，等等，书写了马克思主义中国化的新篇章。

从更大的范围讲，以习近平同志为核心的党中央治国理政新理念新思想新战略，也为人类社会发展贡献了独特的中国智慧。今天，中国作为世界经济的重要引擎，作为全球化的新舵手，如果无视全球性问题，不可能独善其身。世界好，中国才能好；中国好，世界才更好。党的十八大以来，习近平总书记提出一系列应对全球经济困境、完善全球治理的新理念新思想新方案。比如，针对世界的"和平赤字"，提出构建以合作共赢为核心的新型国际关系；针对世界的"发展赤字"，提出"一带一路"倡议，筹建亚投行，为引领世界发展贡献中国力量；针对世界的"治理赤字"，提出构建人类命运共同体的中国主张，等等。正如习近平总书记接受《华尔街日报》采访时所指出的，在推动世界经济复苏、政治解决国际和地区热点、应对各种全球性问题和挑战等方面，中国都没有缺席。

总起来说，以习近平同志为核心的党中央治国理政新理念新思想新战略是一个系统完整的科学理论体系，进一步回答了在新的历史起点上建设什么样的社会主义、怎样建设社会主义的一系列重大问题，以新的思想丰富和发展了马克思主义。

第二，加强新形势下党的建设，关键在于用马克思主义中国化最新成果武装全党，增强在思想上政治上行动上同以习近平同志为核心的党中央保持高度一致的自觉性和坚定性，提高用党的创新理论指导解决实际问题的本领。

党的十八大以来这五年，党和国家各项事业之所以能开新局、谱新篇，根本在于有以习近平同志为核心的党中央治国理政新理念新思想新战略的科学指引。今年3月，党中央就推进"两学一做"学习教育常态化制度化作出专门部署，对深入学习贯彻习近平总书记系列重要讲话精神提出了明确要求。我们要按照中央的要求，继续深入学好用好马克思主义中国化最新成果，坚持读原著、学原文、悟原理，切实做到对新论断、新观点清楚明白，对其思想背景、理论指向正确理解。刘云山同志在中央党校今年春季学期第二批入学学员开学典礼上的讲话中提出，要深入学习掌握习近平总书记系列重要讲话贯穿的马克思主义立场观点方法，尤其要深刻领会贯穿其中的坚定信仰信念、鲜明人民立场、强烈历史担当、求真务实作风、勇于创新精神和科学方法论，强调把握住这些也就把握住了马克思主义中国化最新成果的"真精神"，这是我们正确看待历史、现实和未来，科学认识当今中国变革和当代世界变化的根本遵循。中央党校编写这本书，系统梳理出30个"新"，就是为党员领导干部学习领会党中央治国理政新理念新思想新战略提供一本辅助读物。

邓小平当年曾经说过，他讲的东西都不是从小角度讲的，而是从大局讲的。这个"大"，从整体上理解和把握，才能理解得对、把握得准。学习领会以习近平同志为核心的党中央治国理政新理念新思想新战略，同样是这样。作为一个科学的理论体系，"三新"的理论主题与理论主线相辅相成、相得益彰，支撑理论主体的四梁八柱环环相扣、浑然一体，各个具体的新理念新思想新战略之间结构严谨、逻辑严密。我们在学习过程中既要见树木更要见森林，善于从大处入手、从整体着眼；既要知其言更要达其义，善于通过概念领略精髓、运用范畴表达要义。还要看到，当代中国马克思主义正处于理论创新的爆发期，新思想、新观点会不断被提出、被充实，只有不断跟进学，才能做到始终站在理论创新最前沿。

学习的目的全在于运用。我们要坚持理论联系实际的马克思主义学风，坚持问题导向，把读书学习与改造主观世界和客观世界紧密结合起来，自觉运用学到的理论和方法分析解决所遇到的实际问题。知行合一是学习的至高境界。真正能"合一"的"知"必须是"真知"，是融信念、感情、使命、问题于一体的"知"。我们带着信念学、带着感情学、带着使命学、带着问题学，这"知"就能推动政治能力的提高，推动主观世界的改造，推动领导水平的提升。

第三，当代中国共产党人的历史担当，就是坚持以马克思主义中国化最新成果为指导，在新的历史起点上坚定不移地推进中国特色社会主义。

经过一代又一代中国共产党人的努力，我们党对社会主义的认识，对中国特色社会主义规律的把握，已经达到前所未有的新高度。以习近平同志为核心的党中央治国理政新理念新思想新战略，充分体现了中国共产党坚持和发展中国特色社会主义的清醒与决心，充分体现了中国共产党探索和开拓中国特色社会主义新境界的智慧与勇气。

同时，我们还面临很多没有弄清楚的问题和待解的难题，对许多重大问题的认识还处在不断深化的过程之中。比如：世界经济一体化的历史大趋势没有变，但中国已经跃升为全球化的新舵手；我国仍处于并将长期处于社会主义初级阶段的基本国情没有变，但中国经济已经步入新常态；人民日益增长的物质文化需要同落后的社会生产之间的矛盾这一社会主要矛盾没有变，但矛盾双方的内涵与过去已有很大不同；我国作为世界最大发展中国家的国际地位没有变，但中国已经站到了民族复兴的门槛上；党的领导是中国特色社会主义最本质的特征和最大优势这一重大论断没有变，但党面临的"四大考验""四种危险"更加尖锐地摆在全党面前。

面对新情况新问题，面对各种风险和挑战，我们必须虚心学习借鉴人类社会创造的一切文明成果，但不能照抄照搬别国的发展模式。科学社会主义基本原则坚决不能丢，丢了就不成其为社会主义。我们要始终保持清醒坚定，保持强大前进定力，既不走封闭僵化的老路，也不走改旗易帜的邪路，不为任何风险所惧，不为任何干扰所惑，在实现中华民族伟大复兴中国梦的历史征程中谱写中国特色社会主义的新辉煌。

（这是在迎接党的十九大暨《以习近平同志为核心的党中央治国理政新理念新思想新战略》出版座谈会上的讲话，原载《学习时报》2017 年 7 月 5 日）

# 中国共产党 95 年来应对危局和困境的伟大实践及历史启示

中国共产党成立以来这 95 年，是党团结带领中国人民在实现中华民族伟大复兴道路上顽强拼搏、接续奋斗、不断取得辉煌成就的 95 年。习近平总书记在讲话中把党 95 年来取得的成就概括为作出了"三个伟大历史贡献"，实现了"三个伟大飞跃"，确实高屋建瓴、透彻精辟。

中国共产党成立以来这 95 年，也是党团结带领中国人民战胜一切艰难险阻，在应对和化解各种危局和困境中不断推进事业发展的 95 年。从稚嫩到成熟、从弱小到强大，一次次遭受挫败，一次次力挽狂澜，一次次浴火重生。中国共产党 95 年来取得的成就之所以震古烁今，就是因为这些成就实在来之不易，就是因为取得这些成就的历程中往往有危难之际的绝处逢生，有挫折之后的毅然奋起，有失误之后的拨乱反正，有磨难之中的百折不挠。"苦难辉煌" 4 个字，正是中国共产党 95 年奋斗历程的真实写照。

（一）

中国共产党 95 年来经历和应对的危局、困境、风险很多，我们简要回顾以下这些重要情况。

应对 1927 年大革命失败后的危局，开创土地革命战争全新局面。中国共产党从 1921 年成立后登上中国政治舞台到同国民党合作胜利进行北伐战争，不到 6 年时间就由 50 多名党员发展成为拥有近 6 万名党员、领导着 280 余万工人和 970 余万农民、具有相当群众基础的党。1927 年春夏，国民党叛变革命实行屠杀政策，使处于幼年时期的党猝不及防，遭到惨重损失。1927 年 3 月到 1928 年上半年，被杀害的党员和革命群众 31 万多人，其中党员 26000 多人。党员人数锐减到 1 万多人，党领导的工会、农民协会等遭到查禁或解散，全国处于腥风血雨之中。国内外敌人都认定共产党从此必将彻底失败，党的队伍里也有不少人动摇悲观，有的甚至自首、叛变。但是，党并没有被巨大的困难压倒，而是以大无畏的革命精神领导人民顽强地战斗。"八七"会议确定了实行土地革命和武装起义的总方针，为党从失败走向新胜利指明了出路。党发动南昌起义、秋收起义、广州起义和其他起义，创建人民军队，建立农村根据地，实行耕者有其田的革命，开创农村包围城市的道路。革命星火很快汇成燎原之势。到 1930 年初，党领导创建了大小十几块农村根据地，红军发展到 7 万人。1930 年 9 月，全国党员人数增至 12 万人。大革命失败后几乎陷于绝境的中国共产党，经过 3 年艰苦卓绝的斗争获得了新生，迎来土地革命战争的高潮。

应对 1934 年中央根据地第五次反"围剿"失败后的困境，推动全民族抗日战争新局面兴起。红军和农村根据地的巩固与发展，引起国民党统治集团的震惊和恐慌，大规模的军事"围剿"疯狂而至。从 1930 年 10 月至 1932 年底，中央根据地红军先后粉碎国民党军队的 4 次"围剿"。其他根据地也取得了反"围剿"战争的胜利。但由于"左"倾教条主义、冒险主义的错误，中央根据地红军未能打破敌人第五次"围剿"，被迫实行战略转移。南方其他根据地的红军也先后进行了长征。这次严重失误，使红军和根据地损失了 90%，党在国民党统治区的力量几乎损失殆尽。红军从 30 万人减少到 3 万人左右，党员从 30 万人减少到 4 万人。中国革命再次濒临绝境。在极其危险的历史关头，1935 年 1 月召开的遵义会议确立毛泽东在红军和党中央的领导地位，挽救了党和红军，挽救了中国革命。遵义会议后，党领导红军胜利完成了长征。1935 年 10 月中央红军到达陕北，1936 年10 月红军第一、二、四方面军在黄土高原实现了胜利会师。中共中央制定抗日民族统一战线新政策，促成西安事变和平解决，进而实现了第二次国共合作，推动了全民族抗日战争的兴起。正是在全民抗战中，中国共产党领导的革命力量空前壮大，为夺取全国政权、创建新中国奠定了坚实基础。

应对抗日战争结束后全面内战爆发的严峻局面，加速中国革命胜利伟大进程。抗日战争胜利后，中国共产党为争取和平民主做出很大努力，但国民党政府拒绝和平民主要求，公然发动内战。当时，国民党军队有 430 万，人民解放军只有 127 万。国民党军队拥有飞机大炮和各种先进武器，人民解放军主要依靠"小米加步枪"。国民党政府控制各大城市、交通干线以及绝大部分近代工业，统治着全国四分之三以上的地区，还得到美国的巨大援助；解放区大部分地区经济落后、土地贫瘠、资源匮乏。敌我力量对比如此悬殊，中国共产党又一次面临严峻考验。在中国两种命运、两种前途决战的重大历史关头，毛泽东告诫全党吸取 1927 年面对突然袭击毫无准备招致失败的教训，做好应付复杂局面的充分准备。毛泽东在七大上一口气列举了党可能遭遇的"十七条困难"，提出"要在最坏的可能性上建立我们的政策"，尤其是党的高级负责干部更要有"对付非常的困难，对付非常的不利情况"的精神准备。党中央审时度势，领导人民解放军进行气势磅礴的解放战争，经过辽沈、平津、淮海三大战役和渡江作战，消灭国民党 800 万军队，仅用了 3 年多时间就推翻了国民党反动政府。中国革命的胜利，是第二次世界大战以后最重大的政治事件。

应对新中国成立之初国内外困难复杂局势，在建设新国家、新社会、新制度方面取得伟大胜利。新中国成立伊始，国内百废待兴、百业待举。由于长年战乱和恶性通货膨胀，国民经济严重衰退，农业减产，工厂倒闭，物价飞涨，失业众多，社会动荡不安。在国际上，美国等西方国家采取政治上孤立、军事上威胁、经济上封锁等政策，企图扼杀新生的人民共和国。1950 年美国进行侵略朝鲜的战争，派海军第七舰队入侵台湾海峡，更使新中国的国家安全受到直接威胁。面对国内经济困局和外部军事威胁，党领导人民开展了一系列卓有成效的工作。肃清反革命残余力量，战胜帝国主义的封锁、破坏和武装挑衅，巩固了新生的人民政权。迅速医治战争创伤，荡涤旧社会污泥浊水，完成全国土地改革，短短 3 年把国民经济恢复到历史最高水平。在这些工作基础上，采取符合中国特点的步骤和措施创造性地进行社会主义改造，确立了社会主义基本制度并进行大规模社会主义建设，逐步建立起独立的、比较完整的工业体系和国民经济体系。新中国成立前后，一些人认为，"共产党在军事上得了满分，在政治上是八十分，在经济上恐怕要得零分"。还有人预言："中共的胜利不过是昙花一现。"在中国共产党领导下，新中国在短短几年里就用事实雄辩地回答了这些怀疑和攻击，初步实现了毛泽东在七届二中全会上提出的"我们不但善于破坏一个旧世界，我们还将善于建设一个新世界"的政治目标。

应对 1958 年"大跃进"造成的困境，采取措施使国民经济得到恢复和发展。社会主义基本制度确立以后，为了迅速改变一穷二白的面貌，全国各族人民迸发出空前的建设热情。由于社会主义建设经验不足，对经济发展规律和中国经济基本情况认识不足等原因，党在 1958 年发动了以超英赶美为目标、以大炼钢铁和农村人民公社化为标志的"大跃进"运动，使得以高指标、瞎指挥、浮夸风和"共产风"为主要标志的"左"倾错误严重泛滥。主要由于"大跃进"和"反右倾"的错误，我国国民经济在 1959 年到 1961 年发生严重困难。农业特别是粮食生产大幅度减产，食品供应极度短缺，严重危害了人民群众的健康和生命。这是党在探索社会主义建设道路过程中遭遇到的第一次严重危局。面对这种局势，党中央加强调查研究，对国民经济实行调整、巩固、充实、提高的方针，制定和执行一系列正确政策，采取压缩基本建设规模、缩短工业战线、大力精简职工、减少城市人口、加强和支援农业战线等有针对性的措施。到 1962 年，国民经济就得到比较顺利的恢复和发展。到 1964 年 12 月周恩来总理在第三届全国人大一次会议上提出实现"四个现代化"宏伟任务时，国民经济已实现稳步增长，社会呈现健康发展景象。

应对"文化大革命"造成的严重局面，开创改革开放和社会主义现代化建设新时期。10 年"文化大革命"，使党、国家和人民遭受新中国成立以来最严重的挫折和损失，国民经济濒临崩溃边缘。粉碎"四人帮"的胜利从危难中挽救了党和国家，但"文化大革命"遗留下来的政治、思想、组织和经济上的混乱还极其严重，要摆脱困境、打开局面非常不容易。党在 1978 年领导和支持了对拨乱反正具有重大意义的关于实践是检验真理唯一标准的大讨论。十一届三中全会从根本上冲破长期"左"的错误的严重束缚，端正了党的指导思想，重新确立了马克思主义的思想路线、政治路线和组织路线，实现了新中国成立以来党的历史上具有深远意义的伟大转折。党对重大历史是非进行认真清理，采取一系列措施平反冤假错案，落实有利于增强团结和调动一切积极因素的各项政策。十一届六中全会专门作出关于建国以来党的若干历史问题的决议，根本否定"文化大革命"和"无产阶级专政下继续革命"的理论，同时坚决顶住否定毛泽东和毛泽东思想的错误思潮，维护了毛泽东的历史地位，肯定了毛泽东思想的指导作用。随着国内局势的发展和国际局势的变化，越来越显示出党作出这个重大决策的政治勇气和政治远见。

应对 20 世纪 80 年代末 90 年代初国际国内政治风波的冲击，引领改革开放和社会主义现代化建设航船沿着正确方向前进。1989 年春夏之交，国内发生政治风波，1989 年到 1991 年国际上发生东欧剧变、苏联解体，世界社会主义出现严重曲折，我国社会主义事业面临新的巨大困难和压力。以美国为首的西方国家借机对我国在政治上施压，在经济上搞所谓"制裁"。党面临改革开放以来最严峻的挑战和考验。在决定党和国家前途命运的重大历史关头，党紧紧依靠人民，在邓小平等老一辈革命家支持下，果断平息政治风波，捍卫了社会主义国家政权，捍卫了人民的根本利益。同时毫不动摇地全面坚持党的基本路线，继续抓住经济建设这个中心，努力纠正"一手比较硬、一手比较软"的现象，加强思想政治工作和党的建设工作，保证了改革开放和现代化建设沿着正确方向继续前进。1992年邓小平视察南方发表重要讲话，从理论上深刻回答了长期困扰和束缚人们思想的许多重大问题。同年召开的党的十四大，确立邓小平理论在全党的指导地位，确定建立社会主义市场经济体制的改革目标，作出抓住机遇加快发展的战略决策。以邓小平南方谈话和党的十四大为标志，中国改革开放和现代化建设进入一个新的阶段。

应对1997年下半年亚洲金融危机冲击和1998年严重洪涝灾害，保持经济平稳较快发展，取得抗洪抢险全面胜利。1997年7月以后，东南亚一些国家和韩国相继发生金融危机，日本也出现金融动荡。短短半年时间，亚洲经济遭受重创，国际金融市场动荡不止，世界经济环境日益恶化。这场金融危机，是中国对外开放走向世界进程中遭遇到的第一次国际经济变局带来的重大冲击。党中央果断采取扩大内需的措施，综合运用财税、货币和投资等宏观调控手段，在剧烈动荡的国际经济环境中保持了经济平稳较快增长。在周边国家货币大幅度贬值情况下，中国坚持人民币不贬值，对亚洲乃至世界金融和经济稳定作出积极贡献。在应对亚洲金融危机过程中，1998年人汛后国内一些地方发生严重洪涝灾害，长江发生继1954年以来又一次全流域性大洪水，给灾区群众生命财产造成重大损失，对国民经济发展带来直接影响。面对大洪水的袭击，在党中央坚强领导下，举国上下紧急动员，军民一致协同作战，夺取了抗洪抢险斗争的全面胜利，把损失减少到最低限度，大灾之年农业仍然取得好收成。

应对 2003 年突如其来的非典疫病灾害，取得防治非典和保持经济较快增长的双胜利。2003 年春天，我国遭遇了一场突如其来的非典疫病灾害，广东、北京尤为严重，引起举国上下担忧，也受到国际社会关注。这是新中国成立以来遭遇到的第一次如此大规模的公共卫生事件。能否迅速制止非典蔓延，有效救治病患，尽快解除疫情对广大群众健康和生命安全的严重威胁，是对中国共产党执政能力的严峻考验。党中央果断作出一系列重大决策部署，明确提出沉着应对、措施果断、依靠科学、有效防治、加强合作、完善机制的总要求，确定早发现、早报告、早隔离、早治疗的措施；成立统一指挥和协调全国防治工作的指挥部，在全国范围内实行群防群治，统一调度人力物力财力，充分发挥城乡基层组织的作用。党中央一手抓防治非典不放松，一手抓经济建设不动摇，最大限度地减轻了疫情对经济发展的影响。这场艰苦卓绝的斗争，极大地提高了中国共产党和中国人民战胜困难的勇气和能力，也积累了应对突发事件的重要经验。

应对四川汶川特大地震等重大自然灾害和拉萨"3·14"事件、乌鲁木齐"7·5"事件，取得抗灾救灾重大胜利，保持了西藏、新疆稳定。2008 年初，南方大部分地区遭遇新中国成立以来罕见的大面积雨雪冰冻灾害，5 月 12 日四川汶川又发生新中国成立以来破坏性最强、波及范围最广、救灾难度最大的特大地震。2010 年 4 月 14 日青海玉树发生强烈地震，8 月 8 日甘肃舟曲发生特大山洪泥石流灾害。2008 年 3 月 14 日，拉萨市发生"藏独"暴徒打砸抢烧事件。2009 年 7 月 5 日，乌鲁木齐市发生新中国成立以来人员伤亡最多、损失最大、影响最恶劣的打砸抢烧严重暴力犯罪事件。这些突发事件，既有天灾又有人祸，发生时间集中，前后交替，此起彼伏，使人民生命财产和经济社会发展遭受巨大损失，使国家安全受到严重危害。党中央领导全党全军全国人民团结奋战，有效应对一场场抢险救灾和反分裂斗争。特别是汶川大地震紧急救援，是我国历史上动员范围最广、救援速度最快、投入力量最大的救灾斗争，人民生命财产损失得到最大程度的挽救。"3·14"事件和"7·5"事件也在短时间内得到平息，维护了当地正常社会秩序。

应对国际金融危机严重冲击造成的困境，遏止了经济增长明显下滑态势，在全球率先实现经济形势总体回升向好。2008年9月以来，由美国次贷危机引发的国际金融危机，使全球经济遭受到20世纪大萧条以来最严重的挑战。在国际金融危机影响下，我国出口急剧回落，部分企业经营困难，社会就业面临巨大压力，进而导致经济增长速度迅速下滑，使2009年成为新世纪以来我国经济社会发展最为困难的一年。党中央全面分析和及时判断国内外经济形势的复杂变化，制定并完善一系列保增长、扩内需、调结构政策，全面实施并不断完善应对国际金融危机的"一揽子"计划，迅速扭转了经济增速明显下滑的局面，全面完成了"十一五"规划确定的目标任务。中国在2009年取代德国成为世界上最大的出口国，2010年又超越日本成为世界第二大经济体。同时，中国积极参与国际对话与合作，阐述中国立场，发出中国声音，以中国经济发展促进世界经济复苏，充分展示了负责任大国形象。

在中国这样的东方大国领导革命、建设、改革，是根本改造中国、造福中国的历史伟业，是前人根本没有干过的崭新事业，面对的困难和矛盾之多、经历的挑战和风险之大是世界上任何政党所不能比拟的，因而在奋斗历程中必然有胜利也有挫折、有高潮也有低潮、有顺境也有逆境。中国共产党团结带领中国人民跨过一道又一道沟坎，饱受磨难而自强不息，历经挫折而愈挫愈勇，备尝艰辛而愈加成熟。正如习近平总书记在讲话中所说："95 年来，中国走过的历程，中国人民和中华民族走过的历程，是中国共产党和中国人民用鲜血、汗水、泪水写就的，充满着苦难和辉煌、曲折和胜利、付出和收获，这是中华民族发展史上不能忘却、不容否定的壮丽篇章，也是中国人民和中华民族继往开来、奋勇前进的现实基础。"历史证明：中国共产党确实是勇担历史重任、为中国人民和中华民族的根本利益不懈奋斗并作出最大牺牲的党；是历经磨难、久经考验，任何敌人和困难都压不倒、摧不垮的党。这样的党，是不可战胜的。

## （二）

回望 95 年中国革命、建设、改革事业波澜壮阔的不平凡历程，中国共产党应对危局和困境的这些伟大实践给了我们什么重要启示呢？

这些伟大实践启示我们，一定要坚持马克思主义的指导地位，坚持把马克思主义基本原理同中国具体实际和时代特点紧密结合起来，不断推进马克思主义中国化、时代化、大众化。

中国共产党因对马克思主义信仰而成立，也因对马克思主义信仰而发展壮大。95 年来，中国共产党之所以能够完成近代以来各种政治力量不可能完成的艰巨任务，之所以能够以超乎寻常的胆略、毅力、智慧化解各种危局和困境，就在于始终把马克思主义这一科学理论作为自己的行动指南，并坚持在实践中不断丰富和发展马克思主义。

中国共产党把马克思主义作为自己的指导思想，这使党一成立就得以用先进的理论武装起来，牢牢占据了人类思想理论的制高点，能够以唯物辩证的科学精神、无私无畏的博大胸怀领导和推动中国革命、建设、改革。这种先进性，正是中国共产党成立之前和成立之后中国其他政党和政治组织不具备的，也是历史和人民选择中国共产党领导中华民族伟大复兴事业的一个根本依据。马克思主义的指导地位必须坚持，任何时候任何情况下都不能动摇。

马克思主义发展史告诉我们，无论搞革命还是搞建设，照抄照搬本本，照抄照搬别国经验，从来就不能成功。只有把马克思主义同本国实际相结合，才能找到通向胜利的途经。中国共产党在上世纪二三十年代，曾经犯过把马克思主义教条化和把外国经验神圣化的幼稚病，导致了 1927 年大革命的失败和 1934 年反"围剿"的失败。上世纪五六十年代，党对社会主义建设规律和社会主义社会主要矛盾的认识发生严重偏差，出现"大跃进"和"文化大革命"的严重挫折。刘少奇在总结民主革命时期党的经验教训时曾说："中国党的组织能力并不弱。中国党的英勇牺牲精神亦是很好的。数十万党员被人割去头颅的白色恐怖，亦不能威胁我们的党员放弃自己马列主义的旗帜。"中国共产党过去的失败，"都是指导上的失败"，"而并不是工作上的失败"。这是"过去历史上我们最吃亏的地方"。这里说的"指导上的失败"，就是指党在理论和路线上发生的严重错误。这些经验教训，需要永远汲取。

今天，时代变化和中国发展的广度和深度远远超出了马克思主义经典作家当时的想象，迫切需要我们在实践上大胆探索，在理论上不断突破。习近平总书记指出："当代中国的伟大社会变革，不是简单延续我国历史文化的母版，不是简单套用马克思主义经典作家设想的模板，不是其他国家社会主义实践的再版，也不是国外现代化发展的翻版，不可能找到现成的教科书。"这就必须进一步解放思想，以更加宽阔的眼界审视马克思主义在当代发展的现实基础和实践基础，坚持问题导向，坚持以我们正在做的事情为中心，深入推动马克思主义同当代中国发展的具体实际相结合，不断把马克思主义中国化推向前进。

这些伟大实践启示我们，一定要坚持理想信仰不动摇、革命意志不涣散、奋斗精神不懈怠，始终不渝地为实现中国特色社会主义共同理想和共产主义远大理想而奋斗。

人无信仰不立，党无信仰不存。中国共产党之所以叫共产党，就是因为从成立之日起党就把共产主义确立为远大理想；中国共产党之所以能够经受一次次挫折而又一次次奋起，归根到底是因为党有远大理想和崇高追求。从建党的"开天辟地"，到新中国成立的"改天换地"，再到改革开放的"翻天覆地"，今天又领着人民创造了举世瞩目的"中国奇迹"，这些伟业都是在共产主义、社会主义理想和纲领的引领下取得的。正是这种由信仰而生的凝聚力，吸引了一批又一批中国工人阶级和中国人民、中华民族的先进分子加入中国共产党的队伍，造就了一批又一批"不爱财、不为官，不怕死，就为这个事业，为心中的主义的'真人'。""铁肩担道义，妙手著文章"的李大钊，"砍头不要紧，只要主义真"的夏明翰，豪迈举行刑场婚礼的周文雍、陈铁军，腹中满是草、饿死不变节的杨靖宇，"生的伟大，死的光荣"的刘胡兰，竹签钉十指、誓死不叛党的江姐，以及千千万万慷慨赴死的共产党员，都用大义凛然的英雄壮举诠释了共产党人对远大理想的坚贞。邓小平说得好："为什么我们过去能在非常困难的情况下奋斗出来，战胜千难万险使革命胜利呢？就是因为我们有理想，有马克思主义信仰，有共产主义信念。"

习近平总书记在讲话中说，一个政党的衰落，往往从理想信念的丧失或缺失开始。这话千真万确。曾几何时，信仰的力量使苏联共产党在只有 20 万党员的情况下夺取了政权，在有 200 万党员的情况下打败了法西斯侵略者；然而也正是信仰的坍塌，让他们在有 2000 万党员时失去了政权。信仰缺失，精神迷茫，也是我们党一些领导干部贪腐变质的总根子。为什么有些管灵魂的出卖灵魂，管反腐的带头腐败，管干部的带头卖官鬻爵，讲艰苦奋斗的带头贪图享乐？从根本上说就是这些人理想信念这个"总开关"出了严重问题。现在，社会深刻变革、思想激烈交锋，给共产党人的理想信念带来前所未有的冲击。社会环境越是错综复杂，共产党人越要加强党性修养，坚定心中的信仰，挺起信念的脊梁，永远不要失去共产党人安身立命的根本。

这些伟大实践启示我们，一定要坚持一切为了人民、一切依靠人民，从人民群众的智慧和力量中汲取推动事业发展的不竭动力，不断把为人民造福事业推向前进。

中国共产党是在与人民群众密切联系中诞生和成长的，是在诚心诚意为人民谋利益的奋斗中发展和壮大的。在党 95 年发展历程中，没有一种力量比人民更强大，没有一种根基比人心更坚实。老一辈革命家习仲勋曾意味深长地说："人民就是江山，江山就是人民。"这 12 个字，把共产党和人民之间的鱼水关系、舟水关系说透了。

95 年风雨征程。从"小米供养了革命"到"小车把革命推过了长江"，从太行绝壁上的"红旗渠"到"大包干"契约上的红手印，从新经济组织蓬勃发展到遍及世界各地的"中国制造"，凡此等等反复证明：人民群众始终是中国革命、建设、改革的力量源泉。特别是在形势最困难的时候，只要中国共产党振臂一呼，人民群众就会跟随响应，形成不可阻挡的前进伟力。土地革命战争时期，中央根据地瑞金县 24 万人口中，就有 4.9 万人参加革命，3.1 万人参加长征，牺牲在长征途中的就有 1 万余人。兴国县 23 万人口中，参加红军的有 8.5 万人，牺牲在长征途中的就有 1.2 万人。"大跃进"后国民经济进行调整，1961 年到 1963 年全国共精简职工 1887 万人，减少城镇人口 2600 万人，这项工作困难很大却进行得平稳顺利。邓小平在回顾这件事时指出："那一次调整国民经济进行得比较顺利，是什么原因呢？就是因为党和群众的关系密切，党的威信比较高"。"单单两千万人下放这一件事情，就不容易呀。如果党和政府没有很高的威信是办不到的。"这些情况都说明，党与人民风雨同舟、生死与共，始终保持血肉联系，是党战胜一切困难和风险、成功应对各种危局和困境的根本保证。

中国共产党的最大政治优势是密切联系群众，党执政后的最大危险是脱离群众。脱离群众，就是挫折的开始，就是失败的开始。无论过去、现在还是将来，无论战胜敌人、战胜困难还是战胜自身，全心全意为人民服务都是中国共产党永恒不变的宗旨，都是党一切工作的根本出发点和落脚点，都是共产党人战胜一切困难和风险的最重要最根本力量来源。

这些伟大实践启示我们，一定要坚持实事求是、一切从实际出发、在实践中检验真理和发展真理的思想路线，及时总结正反两方面经验教训，始终保持修正错误的勇气、坚持真理的决心、走出挫折的力量。

革命政党总是要反复经过正反两方面教育，经过比较和对照，才能锻炼得成熟起来，才能赢得胜利。说中国共产党是伟大、光荣、正确的党，并不是因为党从来不犯错误，而在于党能够自己起来总结经验、纠正错误，通过吸取教训提高对客观规律的认识，使错误成为正确的先导，从而获得新的更加强大的生机和活力。民主革命时期，总结反思大革命的失败，毛泽东提出枪杆子里面出政权的战略思想，遵义会议后纠正王明错误路线，中国革命出现崭新局面。社会主义建设时期，总结反思"大跃进"的教训，探索出社会主义建设规律的宝贵经验。十一届三中全会以后，总结反思"文化大革命"的沉痛教训，开创了改革开放和社会主义现代化建设新局面。

这些实践表明，成功是党的财富，挫折和失败也是党的财富。邓小平称"文化大革命"也有一"功"："它提供了反面教训。……变成了我们的财富。"某种意义上说，成功所能提供的经验是有限的，大量珍贵难得的经验教训掩藏在挫折和失败里面。关键看能不能冷静虚心、理性科学地进行研究总结，真正弄清楚为什么受挫折、为什么会失败。从别人所犯错误中学习是进步，从自己所犯错误中学习是更大的进步，因为自己所犯的错误往往是更好的教科书。中国共产党对革命、建设、改革中出现的严重失误不讳言、不回避，而是公开郑重地承认并反思错误、改正错误，以错误为鉴。对于"大跃进"的失误，毛泽东主动承担责任，并且告诫全党："这些教训都要牢牢记住，要经常向人们讲，永远不要忘记。"邓小平 1989 年曾深刻指出：改革开放10 年来我们的最大失误是教育，主要是政治思想教育抓得不够，这一手比较软。所有这些，充分体现了中国共产党勇于自我批评、敢于修正错误、始终追求真理的可贵政治品质和自我净化、自我提高能力。中国共产党作出的《关于若干历史问题的决议》和《关于建国以来党的若干历史问题的决议》，就是对党在民主革命时期和新中国成立后正反两方面经验教训作出的科学总结，具有长期的指导性。

这些伟大实践启示我们，一定要建设一支以党的领导为根本原则、以马克思主义为理论武装、以全心全意为人民服务为根本宗旨的人民军队，充分发挥这支军队在革命、建设、改革中的应有作用。

南昌起义，把中国共产党独立领导新型人民军队的壮举载入史册。三湾改编，确立了"支部建在连上"的原则，奠定了党对军队绝对领导的思想和组织基础。古田会议，确立了思想建党、政治建军原则，提出了如何把以农民为主要成分的军队建设成为无产阶级性质的新型人民军队的原则方向。从此，在党领导下，逐步建立健全了人民军队政治工作一系列方针、原则、制度，保证了军队始终是党绝对领导下的革命军队，党指向哪里就能打到哪里。在人民军队的历史上，为什么从来没有一支成建制的队伍被敌人拉过去，也没有任何人能利用军队来达到个人目的？因为这支军队从来是听党指挥的，而不是听哪个人的。正是靠着富有成效的政治工作，人民军队像一个大熔炉，把农民、旧军人、俘虏兵统统熔化改造成为英勇的革命战士。这支军队经历大大小小几百场战争，之所以艰难奋斗而不溃散，屡经挫折愈加顽强，高歌猛进决战决胜，最根本的就是有党的正确领导，有一代代官兵的奉献和忠诚。没有这样一支人民的军队，不可能有人民的解放和国家的独立。1949年3月5日，毛泽东在七届二中全会上就说过："所谓人民共和国就是人民解放军，蒋介石的亡国，就是亡了军队。"

当年，国民党在苏联帮助下建立黄埔军校，初衷也是想建立一支由国民党和党的领袖完全控制的"党军"。可实际上，国民党军队既没有成为"党军"，更不是"国军"，而是不同军系及其将领们拥兵自重的"私军"。蒋介石在大陆期间，从来没有实现真正的统一特别是军队方面的统一。不同军系之间存在着尖锐矛盾，在局势危急时内部矛盾冲突更加剧烈。即使在蒋系内部也矛盾重重，战场上保存实力、见死不救已是常态。这样的军队，败亡是必然的。

历史启迪现实、昭示未来。环顾当今国际形势和国内局势，民族和国家的命运从来没有像今天这样与国防和军队的强弱休戚相关。这就必须坚持党对军队的绝对领导，牢牢把握党在新形势下的强军目标，全面实施政治建军、改革强军、依法治军，拓展和深化军事斗争准备，着力培养有灵魂、有本事、有血性、有品德的新一代革命军人，努力建设一支听党指挥、能打胜仗、作风优良的人民军队。

这些伟大实践启示我们，一定要与时俱进加强和改进党的建设，保持党的先进性和纯洁性，提高领导能力和领导水平，增强抵御风险和拒腐防变能力，确保党始终成为中国革命、建设、改革的坚强领导核心。

中国革命、建设、改革的实践证明：坚持和完善党的领导，是党和国家的根本所在、命脉所在，是全国各族人民的利益所在、幸福所在。苏联解体后，前苏共中央政治局委员利加乔夫经过对比中国的情况后尖锐地提出："为什么我国的所谓改革导致一个世界大国解体，使千百万人民陷入贫困，处于无权地位，把我们俄罗斯抛到了资本主义一边；而中国的经济改革却能把国家引导到建设、进步、改善人民生活的道路上，使中国进入了世界大国的地位呢？"他认为："第一个也是最重要的因素是中国共产党的领导作用。"

中国共产党之所以能够成功，关键在于党能够与时俱进地加强和改善党的领导，在于党始终坚持围绕党的政治路线和中心任务加强和改进党的建设，形成了自己独特的优势。党坚持推进马克思主义中国化并用中国化理论成果武装全党，坚持用科学理论和革命精神教育党员和干部为实现共同目标而奋斗，这是巨大的理论优势。党坚持远大理想和现实纲领相统一，始终站在时代前列引领中国社会前进，坚持独立自主、自力更生，建立和执行铁的纪律，这是巨大的政治优势。党集中国工人阶级和中国人民、中华民族数量众多的先进分子，集中全国各个民族各个领域德才兼备的优秀人才，建立科学严密的组织体系，具有强大组织动员力和执行力，这是巨大的组织优势。党坚持民主基础上的集中和集中指导下的民主相结合，保持党的团结统一和蓬勃动力，这是巨大的制度优势。党坚持全心全意为人民服务宗旨，坚持群众路线和群众观点，坚持党的一切工作体现人民意志、利益和要求，这是密切联系群众的优势。这些优势是党的性质、宗旨的集中体现，是党始终保持先进性和纯洁性的法宝，具有决定性的意义和力量。正是具有这些优势并能够发挥作用，使中国共产党能够在各种困难和考验面前巍然屹立、勇往直前，领着人民干成世界上前所未有的奇迹。

反观中国国民党，之所以在大陆丢掉政权败撤台湾，从根本上说是由其阶级属性决定的，从建党管党治党角度看也有其重要原因。国民党奉行"以党治国"，但自身组织松散，上层有党、下层无党，城市有党、乡村无党，党部在地方一般只设到县一级、在军队只设在团一级，党成了泥足巨人。国民党对党员的管理也十分混乱，党员入党脱党都十分随意。只要称兄道弟很容易混进党内，经常是报纸上登个招生、招聘启事，就接受一批党员。而且内部派系林立，相互倾轧，造成严重内耗。这样一个党，同有那么多独特优势的中国共产党较量怎么能不败呢？

中国共产党化解各种危局和困境的历史告诉我们，在实践中形成党的坚强领导核心，关系党和国家的兴衰成败。遵义会议前，党没有形成坚强的领导核心，中国革命几经挫折，甚至面临失败的危险。遵义会议确立了毛泽东的领导地位，中国革命才转危为安。邓小平在谈到这个问题时曾深刻指出："任何一个领导集体都要有一个核心，没有核心的领导是靠不住的。""只要有一个好的政治局，特别是有一个好的常委会，只要它是团结的，努力工作的，能够成为榜样的，就是在艰苦创业反对腐败方面成为榜样的，什么乱子出来都挡得住。"邓小平这个重大论断，已被党的历史和现实一再证明。

# （三）

中国共产党成立 95 年来，大体上经历革命、建设、改革三个时期，干了三件大事：从 1921 年建党到 1949 年新中国成立这 28 年，完成新民主主义革命、建立中华人民共和国，实现了从几千年封建专制政治向人民民主的伟大飞跃；从新中国成立到十一届三中全会这 29 年，完成社会主义改造、确立社会主义基本制度，实现了中华民族由不断衰落到根本扭转命运、持续走向繁荣富强的伟大飞跃；十一届三中全会以后这 30 多年，进行改革开放新的伟大革命、开辟中国特色社会主义道路，实现了中国人民从站起来到富起来、强起来的伟大飞跃。这三件大事使中国发生的变革变化之大之广，这种变革变化的政治影响和社会意义，在人类发展史上都是极其罕见的。

历史的脚步在继续前进。以党的十八大为标志，中国共产党从新的历史起点出发，开始了改革开放和社会主义现代化建设的新征程。

这是朝着实现全面建成小康社会奋斗目标最后冲刺的新征程，是朝着实现中华民族伟大复兴中国梦坚定迈进的新征程。1840 年鸦片战争之后，中华民族遭受了前所未有的苦难和危机，实现民族复兴成为一代又一代中国人的夙愿和奋斗目标。中国共产党的诞生，使这一复兴事业焕然一新。新中国的成立，开始了在人民当家作主和社会主义基础上推进民族复兴的历史进程。30 多年的改革开放，赋予这一复兴以新的强大生机和活力，中华民族伟大复兴展现出前所未有的光明前景。中国已经成为世界第二大经济体、第一大贸易国、第一大工业国、第一大外汇储备国、第二大对外投资国，中国还是联合国创始国、安理会常任理事国。今天，我们比历史上任何时期都更接近中华民族伟大复兴的目标，比历史上任何时期都更有信心、有能力实现这个目标。

这又是在错综复杂的国际国内形势中有效解决党和国家发展中面临的突出矛盾和问题，着力化解各种严峻挑战和重大风险的新征程。中国在经历了30多年的改革开放后，解决了许多旧的矛盾和问题，也积累和产生了不少新的矛盾和问题。邓小平在1993年就曾预言性地指出："过去我们讲先发展起来，现在看，发展起来以后的问题不比不发展时少。"习近平总书记也强调："当前，全党面临的一个重要课题，就是如何正确认识和妥善处理我国发展起来后不断出现的新情况新问题。"按照既定的部署，中国共产党把全面建成小康社会和建成富强民主文明和谐的社会主义现代化国家的目标确定在2021年和2049年，这就意味着中国把西方国家三四百年走完的现代化发展进程压缩到一百年内完成，同步实现新型工业化、信息化、城镇化、农业现代化，这无疑是极为艰巨的任务。

习近平总书记在讲话中特别强调，全党要时刻准备应对重大挑战、抵御重大风险、克服重大阻力、解决重大矛盾，坚持和发展中国特色社会主义，坚持和巩固党的领导地位和执政地位，使我们的党、我们的国家、我们的人民永远立于不败之地。这是在科学总结历史经验和全面研判国内外形势基础上对全党提出的战略要求。远的不说，今后5年乃至更长时间，可能就是中国发展面临的各方面风险不断积累甚至集中显露的时期。这些风险，既包括国内的经济、政治、意识形态、社会风险以及来自自然界的风险，也包括国际经济、政治、军事风险等。而且各种风险往往不是孤立出现的，很可能相互交织甚至形成一个风险综合体。如果发生重大风险又化解不了，国家安全就可能面临重大威胁，中国的现代化进程就可能被迫中断。

综合起来看，以下几个方面的风险考验需要格外重视。

一是如何以新发展理念引领发展实践，加快发展方式转变，提高发展质量和效益，保持经济社会持续健康发展。

过去 30 多年，我国经济快速发展，显著改善了人民生活，大幅度提升了我国的经济实力、综合国力和国际竞争力，同时也付出了资源枯竭和环境恶化的代价。随着国际金融危机灾难加重，我国经济增长速度换挡期、结构调整阵痛期、前期刺激政策消化期这三期叠加的矛盾凸显出来，造成经济增长速度下滑，经济下行压力急剧增大。如何保持正常区间的经济发展速度，确保全面建成小康社会经济增长目标的如期达成，同时缩短经济结构调整的阵痛期，尽快使新的增长动能担当重任，必须面对和解决好。

改革开放以来，我国 6 亿多人摆脱了贫困，这是人类发展史上的壮丽篇章。同时这 30 多年贫富差距也在不断拉大。北京大学中国社会科学调查中心发表的一项报告表明：当今中国收入最高的 1% 家庭拥有全国 1/3 的财富，收入最低的 1/4 家庭只有 1%。按照现行标准，我国还有 5575 万人口尚未脱贫。如何做到既通过发展社会主义市场经济来解放和发展生产力，又促进社会公平正义、解决贫富差距过大问题，使全体人民共享发展成果，同样必须面对和解决好。

世界范围的统计显示，人均国民收入达到 3000 美元以后，许多国家因经济无法由依赖廉价劳动力或资源能源自然禀赋向依靠高生产力导向的增长模式转变，而陷入经济增长停滞期。这就是所谓的"中等收入陷阱"。

世界上体量较大的经济体，包括像巴西、阿根廷这样自然禀赋极佳的国家都深陷泥潭。在东亚，只有韩国、新加坡和中国香港、中国台湾成功摆脱了"中等收入陷阱"。中国正处于中等收入发展阶段。按照世界银行的标准，2015年中国人均国民生产总值达到约8000美元，已经进入中等收入偏上国家行列。这是世界上第一个超过13亿人口的大国如此接近高收入国家的关口，也是世界上最大规模的发展模式转型。能不能驾驭好世界第二大经济体，能不能保持经济持续健康发展，从根本上讲取决于中国共产党在经济社会发展中的领导作用发挥得好不好。

二是如何应对愈益错综复杂的国际形势，既矢志不渝坚持和平发展，又坚定维护国家主权、安全和发展利益，走出一条近代以来世界上从未有过的大国和平崛起新路。

当今世界正处于过去500多年从未有过的大变局，是一个新机遇新挑战层出不穷的世界，是一个国际体系和国际秩序深度调整的世界，是一个国际力量对比深刻变化的世界。尽管和平、发展、合作的世界潮流浩荡向前，但国际格局发展演变的复杂性、世界经济调整的曲折性、去全球化进程的持续性、国际矛盾斗争的尖锐性、国际秩序之争的长期性都变得越来越突出。在国际治理中如何唱响中国理念、中国主张、中国方案，急需发掘和贡献中国智慧。

当今中国是一个全方位开放和全面深化改革的中国，是一个同国际社会互联互动变得空前紧密的中国，是一个对内决策的国际意义和对外决策的国内影响显著提升的中国。尽管中国总体上仍处于可以大有作为的重要战略机遇期，但也面临诸多矛盾叠加、风险隐患增多的严峻挑战；而且越是接近实现中华民族伟大复兴的目标，面临的新情况新问题新挑战越多。特别要看到，随着中国综合国力持续增强，一些国家同我国发展的摩擦上升，而那些不愿意看到中国发展的势力对我国的戒备和防范心理加重，联手对我国进行牵制和遏制，我们集中力量发展经济的外部条件发生深刻变化。如何在维护国家主权、安全、发展利益中努力维护我国发展重要战略机遇期，是需要把握和处理好的重大问题。

中国是周边环境最为复杂的大国，不仅邻国数量最多、核国家最多、人口过亿国家最多、热点难点问题最多，而且与 10 个邻国的领土领海争端尚未解决。随着中国快速发展对地区格局的牵动作用增大扩散，周边国家政治经济社会转型推进、发展和安全面临的难题增多，域外一些大国加大力度卷入搅局，地区合作机制重叠交叉突出，主要国家关系重组加快，特别是周边大国不断调适对华关系，中国打造稳固周边战略依托的任务十分艰巨。

总而言之，面对世界风云的快速变幻和和平崛起道路上的重重挑战，牢牢把握坚持和平发展、促进民族复兴这条主线，更加重视统筹国内国际两个大局，更加重视统筹发展安全两件大事，积极推动构建以合作共赢为核心的新型国际关系和打造人类命运共同体，积极推动形成有利于中国和平发展的国际环境和周边环境，考验着中国共产党的治国理政能力。

三是如何全面从严治党，成功应对"四大考验"、化解"四种危险"，更好凝聚党心民心，在实现"两个一百年"奋斗目标中更好发挥党的领导核心作用。

办好中国的事情关键在于中国共产党，在于党要管党、从严治党。中国共产党已持续进行了 67 年"赶考"，考出了优异成绩，但考试远没有结束，还要持续进行下去。这场考试的本质集中到一点，就是中国共产党能不能在世界形势深刻变化的历史进程中始终走在时代前列，在应对国内外各种风险考验的历史进程中始终成为人民的主心骨，在坚持和发展中国特色社会主义的历史进程中始终成为坚强的领导核心，带领人民实现中华民族的伟大复兴。

今天，中国共产党已经拥有 8875.8 万名党员和 441.3 万个基层党组织，是世界上规模最大的政党。如此规模的党，具有不可估量的强大势场，具有排山倒海的正能量，同时教育管理党员和党组织的任务又极其艰巨。中国共产党是中国唯一的执政党，党的形象和威望、党的创造力凝聚力战斗力不仅直接关系党的命运，而且直接关系国家的命运、人民的命运、民族的命运。在新的历史起点上坚持和发展中国特色社会主义，党面临的执政考验、改革开放考验、市场经济考验、外部环境考验是长期的、复杂的、严峻的，精神懈怠的危险、能力不足的危险、脱离群众的危险、消极腐败的危险十分尖锐地摆在全党面前。党的十八大以来，9 名十八届中央委员、13 名十八届中央候补委员和为数不少的省部级干部"落马"，尤其是查处了周永康、薄熙来、徐才厚、郭伯雄、令计划这样的人，使"四大考验""四种危险"的问题更加突出起来。

新中国成立不久，毛泽东同中国历史学家谈话时曾说："治国就是治吏，礼义廉耻，国之四维；四维不张，国将不国。如果臣下一个个都寡廉鲜耻，贪污无度，胡作非为，而国家还没有办法治理他们，那么天下一定大乱，老百姓一定要当李自成。国民党是这样，共产党也会是这样。"邓小平早就说过："中国要出问题，还是出在共产党内部。"因此，打铁还须自身硬。如何从严管党治党，促使广大共产党员首先是党的各级领导层警钟长鸣、励精图治，进一步振奋起来、进一步行动起来，以自我革命的政治勇气，祛病疗伤，激浊扬清，不断增强党自我净化、自我完善、自我革新、自我提高能力，不断提高执政能力和抵御风险能力，始终保持长盛不衰，始终立于不败之地，这是关系中国特色社会主义事业命运、关系国家和民族前途的重大政治问题。

归结起来说，中国如今已走到一个历史紧要关头。一方面，中国从来没有如此接近民族复兴梦想，中国发展仍然面临着重要战略机遇期；另一方面，形势环境变化之快、改革发展稳定任务之重、矛盾风险挑战之多都前所未有。肩负着引领中国实现从发展中国家向中等发达国家历史性跨越的中国共产党，使命极其光荣，考验也极其艰巨。

邓小平有句名言："我们要赶上时代，这是改革要达到的目的。""赶上时代""民族复兴""中国梦"，意思都是说，中国要跟上时代进步潮流，全面实现现代化。

拥有近 14 亿人口的中国迈入社会主义现代化，是一个什么样的概念呢？当今世界完成工业化的发达国家和地区的人口总和不到 10 亿人，约占世界总人口的 15%。而中国大陆的人口已经达到 13.68 亿人（2014 年数据），约占全球人口总数的 20%。就是说，中国实现社会主义现代化，迈入发达国家行列，将超过几个世纪以来全世界所有国家和地区现代化人口的总和。世界大多数统计学家认为，不管采取什么样的口径，按照目前的发展态势，中国的经济总量很有可能在未来 10 至 15 年超过美国，重新回到昔日曾经拥有的世界第一经济体的位置。到 21 世纪中叶，中国实现了"两个一百年"目标，尽管人均 GDP 还只能达到世界最发达国家的中等水平，中国总体上还只能算是中等发达国家。但一个有 5000 年文明史、有 960 万平方公里陆地面积、有 15 亿人口（2050 年人口预测数）的社会主义国家，一个世界上最大的发展中国家，用一个世纪的时间实现了建成富强民主文明和谐社会主义现代化国家的奋斗目标，这是中国历史上乃至人类发展史上何等伟大、何等豪迈、何等雄奇的事业！

50 多年前的 1962 年，毛泽东曾豪迈地预计："从现在起，五十年内外到一百年内外，是世界上社会制度彻底变化的伟大时代，是一个翻天覆地的时代，是过去任何一个历史时代都不能比拟的。处在这样一个时代，我们必须准备进行同过去时代的斗争形式有着许多不同特点的伟大的斗争。……要准备着由于盲目性而遭受到许多的失败和挫折，从而取得经验，取得最后的胜利。"

沧海横流，方显英雄本色。党的十八大以来这几年，以习近平同志为核心的党中央带领全党全国人民全面展开具有许多新的历史特点的伟大斗争，理论上有新发展，提出了一系列治国理政新理念新思想新战略，实践上有新创造，党、国家、军队的面貌焕然一新，全党振奋、人民高兴、世界瞩目。今日之中国，在以习近平同志为核心的党中央坚强领导下，中国共产党带领中国人民正在向"两个一百年"目标迈进，正在为人类进步事业继续开拓着中国道路、创造着中国经验、提供着中国方案。这无疑是充分展示人类雄心和智慧的无与伦比的伟大创举，值得全体中国共产党人和全体中国人民为之满腔豪情地不懈奋斗。

俱往矣，数风流人物，还看今朝！

（原载《学习时报》2016 年 7 月 21 日）

# 中国共产党与当代中国治理之道

中国共产党是一个成立近百年依然保持强大生机活力、执掌全国政权近70年依然保持强大政治基础和群众基础的马克思主义政党。经过中国共产党和中国人民的持续奋斗，具有5000多年文明历史的中华民族全面迈向现代化，具有500年历史的社会主义理想在世界上人口最多的国家成功开辟出现实可行的正确道路并取得巨大成就，具有近70年历史的新中国从"一穷二白"跃升为世界第二大经济体。今天，中国人民实现了从站起来到富起来、强起来的历史性飞跃，在中国共产党领导下正阔步行进在实现"两个一百年"奋斗目标、实现中华民族伟大复兴中国梦的征程上。中国共产党领导下的中国取得这样的发展奇迹和治理成就，在中国历史上是前无古人的，在世界历史上也是极为罕见的。

纵观中国共产党治国理政的历史，我认为可以分为三个时期。

第一个时期，是始于新中国成立的艰辛探索时期。由于治理社会主义国家是一项全新的极具挑战性的事业，在当时并无成功经验可循，而且社会主义国家处于资本主义国家的包围、封锁和绞杀之中，我们党在治国理政方面曾走过一些弯路，但依然取得了巨大的治理成效。特别是领导中国人民彻底结束了旧中国一盘散沙的局面，建立了真正属于人民的国家，确立了社会主义基本制度，完成了中华民族有史以来最为广泛而深刻的社会变革，为治国理政奠定了根本的政治前提和制度基础。这个时期的成就是开创性的、历史性的，是很了不起的。

第二个时期，是始于20世纪70年代末的改革开放时期。中国共产党领导进行的改革开放是一场新的伟大革命，极大激发了中国各族人民的创造性，极大解放和发展了中国的社会生产力，极大增强了社会发展活力，开辟了中国特色社会主义道路，形成了中国特色社会主义理论体系，确立了中国特色社会主义制度。尤其是推动国家治理逐步走上了制度化法治化道路，为推进国家治理体系和治理能力现代化奠定了坚实的理论基础、制度基础、物质基础。这个时期的成就也是开创性的、历史性的，是很了不起的。

第三个时期，是始于党的十八大以来的全面深化改革时期。中国共产党作出全面深化改革的战略部署，大刀阔斧，励精图治，致力于完善和发展中国特色社会主义制度、推进国家治理体系和治理能力现代化，推出一系列重大战略举措，出台一系列重大方针政策，推进一系列重大工作部署，解决了许多长期想解决而没有解决的难题，办成了许多过去想办而没有办成的大事，实现了治国理政在理论上、政策上、实践上的一系列重大突破，推动中国特色社会主义进入了新的发展阶段，不仅在治党治国治军各个方面取得举世瞩目的成就，还为全球治理作出重大贡献，丰富和发展了当代中国的治理之道。这个时期尽管时间还不长，但开启了一个伟大时期的新篇章，展现出一个伟大时期的新态势，取得的成就同样是开创性的、历史性的，是很了不起的。

实践证明，中国共产党的当代中国治理之道，是造福 13 亿多中国人民、越来越多惠及世界人民的人间正道，为解决人类问题和世界难题贡献了中国智慧、提供了中国方案。领略中国共产党领导的"中国之治"，把握当代中国治理之道，以下六个方面尤为重要。

第一，党的领导是治理之核。中国共产党在国家治理体系中处于核心地位，这是中国共产党近 70 年治国理政的成功经验和基本事实，也是中国共产党在国家治理中的显著特征。中国共产党作为中国工人阶级的先锋队、中国人民和中华民族的先锋队，除了中国人民和中华民族的根本利益，没有自身的特殊利益。这与那些被垄断利益集团绑架、为垄断利益集团服务的西方资产阶级政党截然不同。正因为没有自己的特殊利益，中国共产党才有资格有底气代表最广大人民的整体利益，才能够有效防范利益集团的纠缠、冲破利益固化的藩篱，从而成为国家治理体系中当之无愧的坚强核心。相比之下，西方资产阶级政党是一个出生时就与特殊利益集团有着千丝万缕关系、只有在特殊利益集团的帮助下才能够执政的政治组织。关于这一点，早在 1965 年，美国著名经济学家奥尔森在其《集体行动的逻辑》中就进行了深刻揭示，从中可以看出利益集团是如何绑架政府和法律法规，进而影响政党的。国际著名财经专家纳波利奥尼曾经形象地指出："政党这一政治机器越来越像一个银行或对冲基金，将从大多数中小股东处获得的收益交给了董事会。"简而言之，西方的政党已经成为"政党有限公司"。所以代表各利益集团的西方政党之间往往极尽攻讦、互撕、打压之能事，强调去权威化、强调分权、强调社会自治的西方国家治理理论就是在这样的背景下产生的，个中缘由不言而喻。

习近平总书记强调："在国家治理体系的大棋局中，党中央是坐镇中军帐的'帅'，车马炮各展其长，一盘棋大局分明。""党政军民学，东西南北中，党是领导一切的。"实践证明，只有坚持党的领导，发挥党总揽全局、协调各方的领导核心作用，才能实现党的领导、人民当家作主、依法治国有机统一，从而防止西方政治体制中的"互相牵扯，议而不决，决而不行"的局面，不断释放民主集中制的威力，发挥社会主义制度集中力量办大事、攻难事的优势。也只有坚持党的领导，我们国家才具有强大的社会整合能力和战略规划定力，有效协调政府力量、市场力量、社会力量，实现政府、市场、社会和民众多方共治，既避免"政府失灵"，又纠正"市场失灵"，极大地提高经济效率、激发社会活力、扩大人民民主、实现社会正义，不断迈向国家治理的最佳境界。

第二，独立自主是治理之魂。中国共产党在领导革命、建设、改革实践中，历来坚持独立自主开拓前进道路。因为中国有独特的国情、独特的历史文化传统，必须把国家和民族发展放在自己力量的基点上，坚定不移走自己的道路。习近平总书记在纪念毛泽东同志诞辰 120 周年座谈会上总结指出："独立自主是立党立国的基本原则。"在对外关系中，中国共产党历来主张独立自主。20 世纪 50 年代著名的"万隆会议"就是亚非国家第一次在没有殖民国家参加的情况下召开的大型国际会议，会上形成的被称为"万隆精神"的十项基本原则已经成为公认的处理国际关系的基本准则，其要义就是主张独立自主，这无疑是当今全球治理和国家治理的灵魂所在。

世界上没有放之四海而皆准的具体治理模式，也没有一成不变的发展道路。目前全球治理中的"乱象"，不少都是因为一些国家未能独立自主选择自己的道路，加上外部势力"乱插手""帮倒忙"造成的。"鞋子合不合脚，自己穿了才知道。"各个国家具体采取什么样的治理模式，应当由各个国家的人民自主决定。坚持独立自主，就是要捍卫世界的多样性和文明的多元性，坚持国家不论大小、强弱、贫富都应该平等相待，各个国家的事情由各个国家的人民当家作主，各个国家的命运掌握在自己手里，支持各个国家"走自己的路"而不是听命于外部势力、任外部势力摆布。作为社会主义中国，不论过去、现在和将来，我们都把国家和民族发展的主动权掌握在自己手中，坚持民族自尊心和自信心，既不走封闭僵化的老路，也不走改旗易帜的邪路，坚定不移走好实现中华民族伟大复兴的正路。

第三，改革创新是治理之源。习近平总书记强调："唯改革者进，唯创新者强，唯改革创新者胜。"改革创新在国家治理活动中具有引领性、动力性作用。改革本身就是创新，而且能从体制机制上破除创新阻力，因而是根本性的创新。理念左右行动。国家治理的理念要创新，不能身体已经进入新的时代，思维方式、行为模式还停留在过去，抱残守缺、明日黄花是治理不好国家的。从毛泽东思想、邓小平理论、"三个代表"重要思想、科学发展观到习近平总书记系列重要讲话精神和党中央治国理政新理念新思想新战略，党的理论创新集中体现了国家治理理念的不断创新。体制机制要改革创新，要顺应变化的形势、变化的实践及时变革制度和体制机制，既做到使制度不断成熟定型，又充分保持制度和体制机制的活力与弹性。

中国共产党一直认为，社会主义是在变革中不断完善的社会。经过长期不懈的努力，我们国家形成了人民代表大会制度的根本政治制度，中国共产党领导的多党合作和政治协商制度、民族区域自治制度以及基层群众自治制度等基本政治制度，公有制为主体、多种所有制经济共同发展的基本经济制度，中国特色社会主义法治体系，使市场在资源配置中起决定性作用和更好发挥政府作用的调控制度，以按劳分配为主体、多种分配方式并存、并结合生产要素参与分配的分配制度，以及建立在这些制度基础上的经济体制、政治体制、文化体制、社会体制、生态体制等各项具体制度，这些构成了社会主义中国国家治理的"四梁八柱"。改革创新永远在路上。经过改革开放特别是党的十八大以来的全面深化改革，我们党坚持把改革进行到底，把创新摆在国家发展全局的核心位置，不断推进理论创新、制度创新、科技创新、文化创新等各方面创新，实现国家治理的重大创新，开创了社会主义中国国家治理新局面，推动党和国家事业发生了历史性变革。

第四，科学发展是治理之基。治理绝不是也不能是纸上谈兵，在一切治理活动的背后必须有坚实的经济基础和强大的物质准备。经济发展了，人民群众日益丰富的物质文化生活得到改善，国家治理也就做好了一大半。新中国的缔造者毛泽东同志在建国后多次提出"发展要快一点"的要求；中国改革开放的总设计师邓小平同志也多次强调"发展是硬道理"。基于这样的认识，中国共产党强调把发展作为治国理政的第一要务，始终坚持以经济建设为中心，牢固树立创新、协调、绿色、开放、共享的新发展理念。当代中国能够取得国家治理奇迹，最为坚实的基础就是多年来中国社会一直保持着快速发展、科学发展，经济建设、政治建设、文化建设、社会建设、生态文明建设取得举世瞩目的成就，中国正在重返世界舞台中央。中国的发展，不仅使中国人民稳步地走上了富裕安康的广阔道路，为中国的长治久安打下了坚实基础，而且为世界发展和人类文明进步作出了重大贡献。

第五，共建共享是治理之本。"共建共享"是权利的体现，代表着公平正义，自古以来就是人们的美好追求。从古希腊哲学家柏拉图的《理想国》到欧洲文艺复兴时期托马斯·莫尔的《乌托邦》，从中国古代孔子提出"大同社会"到近代康有为的《大同书》，这些美好设想中都有"共建共享"的愿望。无论是中国共产党人矢志不渝的最高理想——共产主义，还是近几年习近平总书记在世界上反复倡导的"人类命运共同体"，都强调"共"，可以说共建共享才是国家治理和世界治理的根本所在。离开共建共享，治理无异于缘木求鱼。共建是共享的基础和前提，没有高水平的共建就没有高质量的共享；共享是共建的目的和归宿，高质量的共享促进更高水平的共建。中国共产党始终坚持以人民为中心，把共同富裕视为中国特色社会主义的根本原则，科学驾驭和调控资本，动员和组织全体人民参与共建，在发展中促进全民共享、全面共享，使全体人民朝着共同富裕方向稳步前进。

人类和平和世界繁荣也离不开共建共享。中国共产党倡导建设"人类命运共同体"，就是要动员世界各国行动起来，共同承担全球治理的责任与义务，共同推进全球治理体制变革，共同应对全球性挑战，着力解决人类面临的"发展赤字、和平赤字、治理赤字"三大难题，让不同国家、不同阶层、不同人群共享全球发展的成果和收益，从而推动全球治理走向更加公正合理。

第六，交流互鉴是治理之要。众所周知，在联合国教科文组织总部大楼前的石碑上，用多种语言镌刻着这样一句话："战争起源于人之思想，故务需于人之思想中筑起保卫和平之屏障。"我理解，只有承认文明的多彩、以平等的态度交流、以包容的胸怀互鉴，才能"于人之思想中筑起保卫和平之屏障"。人类文明发展史反复证明，交流互鉴是增进各国人民友谊的重要桥梁，是推动人类社会进步的重要纽带，是维护世界和平的重要动力。我们可以想一想，为什么古代丝绸之路能够成为四大文明的发祥地、三大宗教的汇聚地、多民族文化的衍生地？我们还可以再想一想，现在的中东地区为什么战火纷飞、动荡不安、极端势力肆虐？从中不难得出这样一个结论：文明本身并不会引发冲突，但对另一种文明缺乏包容和互鉴，却是隔阂、纷争、仇怨和动荡冲突的重要根源。

具有"美人之美、美美与共"品质的中华文明，堪称与不同文明交流互鉴而得以辉煌博大的典范。作为中华文明的坚定继承者和发扬光大者，中国共产党是一个善于学习的政党，既向历史学习，也向实践学习，还注重学习借鉴人类文明的一切有益成果。中国的改革开放之所以成就巨大，很重要的就是吸取了世界上先进的技术和管理经验。事实反复证明，文明是在交流中演进的，只有互学互鉴，见贤思齐，从善如流，才能推动治理不断进步和完善。今天，提出"一带一路"倡议和"人类命运共同体"构想并为之努力的以习近平总书记为代表的当代中国共产党人，正积极成为文明交流互鉴的忠实践行者、推动者和示范者。

世界因交流而繁荣，文明因互鉴而精彩。金砖国家来自世界四大洲、源于五种不同的文明，我们五个国家之所以能够牵手走到一起，合成一块世界瞩目的"金砖"，形成和不断完善金砖国家机制，我认为其中很重要的原因是定期或不定期举行包括治国理政在内的交流研讨和各种活动。让我们携起手来，通过跨国界、跨时空、跨文明的交流互鉴活动，把文明的多样性和各国的差异性转化为促进共同发展的活力和动力，推动金砖国家不断走向强大，用"成色十足"的金砖把人类的共同家园装扮得更加美丽，不断建设人类命运共同体，努力实现世界的持久和平与繁荣！

（这是在福建泉州召开的金砖国家治国理政研讨会开幕式上的演讲，原载《学习时报》2017 年 9 月 4 日）

# 十八大以来中国共产党人
# 治国理政大方略

十八大以来这三年，是中国社会面貌发生深刻变革的三年、中国社会精神状态重新振起的三年、中国社会发展道路精确导航的三年，也是在实践基础上不断推进理论创新、形成一系列治国理政新理念新思想新战略的三年。当代中国共产党人顺应人民期待、回应时代要求，勾勒出实现国家治理现代化进而实现中华民族伟大复兴中国梦的大方略，科学回答了当代中国治国理政的四大基本问题。

## 梦想：建设一个什么样的国家

建设一个什么样的国家，是中国共产党治国理政首先要回答的问题，事关国家发展远景、目标与价值。十八大之后不久，习近平总书记在参观《复兴之路》展览时，提出实现中华民族伟大复兴的中国梦，为中国社会发展树立了旗帜，描绘了愿景，制定了目标。

中国梦，把中国过去、现在和未来的探索紧密联系在一起，把国家富强、民族振兴和人民幸福紧密联系在一起，进一步明确了中国特色社会主义建设的总任务、总布局和总目标。鸦片战争后的百余年，中华民族遭受的苦难之重、付出的牺牲之大，都是世所罕见的。一批又一批志士仁人为了实现中华民族伟大复兴，前仆后继、奋起抗争，并围绕中国应该选择什么样的道路、应该朝着什么方向发展进行了艰苦卓绝的探索和尝试。只是在中国共产党领导下，把马克思主义同中国具体实践相结合，才使中华民族的历史命运发生了根本性变化。中国梦把近代以来志士仁人的探索与中国共产党人的探索有机地联系在一起，把党领导人民进行革命、建设、改革的探索有机地联系在一起。这个梦，就是在社会主义初级阶段背景下实现中华民族的伟大复兴，在发展中国家基础上建设社会主义现代化国家，在13亿乃至更多人口的国度中逐步实现全体人民共同富裕，在经济全球化、世界多极化格局中实现大国和平崛起。所有这些，都是前所未有的全新事情、全新探索、全新实践。从这个意义上说，中国梦也是人类社会前所未有的一个崭新的梦。

正因为"崭新"，如何做到复兴而不是复古，崛起而不是威胁，中国梦必须用中国特色社会主义来为其界定内涵、塑造灵魂、彰显本质。习近平总书记对这个问题作了精辟论述，概括起来就是：实现中国梦，必须坚定不移走中国特色社会主义道路，不断增强对中国特色社会主义的理论自信、道路自信、制度自信；必须弘扬以爱国主义为核心的民族精神和以改革创新为核心的时代精神，不断增强建设中国特色社会主义的理想信念和精神动力；必须凝聚全国各族人民大团结的中国力量，不断增强13亿人民心往一处想、劲往一处使的聪明才智和磅礴伟力。中国道路、中国精神、中国力量的内在有机统一，为中国梦的实现指明了现实路径、精神支撑和动力源泉，必将激励中国人民在华夏大地上谱写更加精彩的"中国故事"。

实现中华民族伟大复兴需要进行时空的大幅压缩与跨越，我们要用几十年时间去走西方发达国家几百年走过的发展历程，这就决定了中国道路必须是一条赶超之路、跨越之路。为了赶超和跨越，我们所走的道路必须能够集中力量办大事。"中国道路"的内在机理与运行模式决定了它可以形成强大的统一意志和组织力量，让全国成为一盘棋，把一切经济政治社会资源统统组织调动起来，同心同德、同舟共济，上下贯通、统一行动，重点攻关、解决难题，快速高效应对各种突发事件和完成各种任务。而且，这条道路是一条我们自己走出来的路。90多年的开辟、60余年的探索、30来年的实践，经历了艰辛探索、曲折徘徊，也经历了凯歌突进、勇往直前，各种酸甜苦辣都品尝过，各种艰难险阻都跨越过，正是这丰富的经历让我们对这条道路心中有数。不仅如此，习近平总书记还强调中国道路"是在对近代以来170多年中华民族发展历程的深刻总结中走出来的，是在对中华民族5000多年悠久文明的传承中走出来的"。从历史和文明的层面阐述中国道路的源远流长，将中国道路上溯5000多年，意味是极其深长的。

中国梦不仅属于中国，也属于世界。习近平总书记2013年3月在莫斯科国际关系学院发表演讲时指出："中国发展壮大，带给世界的是更多机遇而不是什么威胁。我们要实现的中国梦，不仅造福中国人民，而且造福各国人民。"他在2014年11月的第二次中央外事工作会议上，进一步为中国梦赋予了富有时代特征和世界意义的定语："中国梦是和平、发展、合作、共赢的梦。"忆往昔，中华民族对世界的最大贡献绝非仅仅是经济富庶与国力强盛，而是文明的传播与文化的弘扬，当代中国同样需要在文明的传承昌盛创新方面再为世界作出新的贡献。因此，中华民族伟大复兴最根本的是中华文明的伟大复兴，中国梦究其根本是文明梦。

文明的核心是价值理念及其主导下的思维与行为模式。中华文明源远流长又与时俱进的"和谐"价值理念，特别是由此而展开的人与自然和谐、人与人和谐、身与心和谐等思维与行为模式，不仅为中国梦抹上了浓浓的文明底色，更为"让世界变得更美好"提供了一种新的文明图景。

## 战略：如何建设这样一个国家

中华民族伟大复兴中国梦能否实现，中国特色社会主义能否坚持和发展，"两个一百年"奋斗目标能否如期完成，最终取决于我们党治国理政的方略与作为、能力与水平、信心与底气。

大国复兴靠战略，大国竞争比拼的也是战略。战略好则事成，战略优则胜出。"四个全面"就是迈向中华民族伟大复兴历史进程中的战略构建。从十八大发轫，到 2014 年底，经过两年多实践，"四个全面"战略布局跃然而出。它不仅描绘了美好的战略愿景，还勾勒出了走向未来的战略路线图。其中每一个"全面"，都是当前和未来中国治国理政的重要战略抓手。

"四个全面"绝不是简单的话语排比，而是有紧密的内在联系，有严格的逻辑结构。简而言之是"一体两翼，三足鼎立，共同撑起小康社会"。习近平总书记指出："全面建成小康社会是我们的战略目标，到 2020 年实现这个目标，我们国家的发展水平就会迈上一个大台阶，我们所有奋斗都要聚焦于这个目标。全面深化改革、全面依法治国、全面从严治党是三大战略举措，对实现全面建成小康社会战略目标一个都不能缺。不全面深化改革，发展就缺少动力，社会就没有活力。不全面依法治国，国家生活和社会生活就不能有序运行，就难以实现社会和谐稳定。不全面从严治党，党就做不到'打铁还需自身硬'，也就难以发挥好领导核心作用。"这一战略布局，把全面建成小康社会这一奋斗目标、全面深化改革这一发展动力、全面依法治国这一重要保障、全面从严治党这一政治保证有机联系、科学统筹起来，每一个方面都强调"全面"，并注入新的丰富内涵，提出新的更高要求，明确了新形势下治国理政的总方略、总框架，既充分展现了中国共产党人与民族、国家、人民合为一体的强烈使命意识和天下情怀，更表明中国共产党人对共产党执政规律、社会主义建设规律、人类社会发展规律的深刻认识、科学把握和自觉运用。

科学战略布局的推进有赖于科学的发展方式与坚实的发展实效支撑。发展不能想当然，发展更不能蛮干，必须遵循经济规律、自然规律、社会规律等发展规律。遵循经济规律，讲的是发展的科学性。习近平总书记指出，一个国家经济增长，有快有慢是正常的，不能说只能加速、不能减速，这不符合经济规律。遵循自然规律，讲的是发展的可持续性，要始终牢记绿水青山就是金山银山，"像保护眼睛一样保护生态环境，像对待生命一样对待生态环境"。遵循社会规律，讲的是发展的包容性，让更多人共同享有人生出彩的机会，共同享有梦想成真的机会，共同享有同祖国和时代一起成长与进步的机会。十八届五中全会深刻总结中国社会 60 多年发展经验，深刻把握中国社会当前和未来发展大势，提出创新、协调、绿色、开放、共享五大发展理念。五大发展理念与"四个全面"战略布局相辅相成、有机统一。用发展理念统领发展思路、发展方向、发展着力点，用发展理念彰显价值、重申立场、宣誓决心，再一次实现了马克思主义发展观的时代创新，开辟了当代中国发展的新境界。

中国共产党人对建设自己国家的战略定力与豪情来自充分的自信。我们目标明确、战略科学，又走在正确道路上，有资格自信、也有底气自信。

习近平总书记在纪念毛泽东同志诞辰 120 周年座谈会上的重要讲话中饱含深情又无比坚定地指出："站立在 960 万平方公里的广袤土地上，吸吮着中华民族漫长奋斗积累的文化养分，拥有 13 亿中国人民聚合的磅礴之力，我们走自己的路，具有无比广阔的舞台，具有无比深厚的历史底蕴，具有无比强大的前进定力。中国人民应该有这个信心，每一个中国人都应该有这个信心。"这是何等的自信！这种自信，体现在道路自信、理论自信、制度自信上，还体现在文化自信上。2014 年全国两会期间，习近平总书记参加贵州代表团审议时指出："体现一个国家综合实力最核心的、最高层的，还是文化软实力，这事关一个民族精气神的凝聚。我们要坚持道路自信、理论自信、制度自信，最根本的还有一个文化自信。"坚定这"四个自信"，"两个一百年"奋斗目标、中华民族伟大复兴的中国梦，就一定能够实现。

和谐：中国与世界应该是什么样的关系

现代国家治理是内外兼修的功夫。大国复兴不仅要处理好国内各种重大关系，也要处理好国际上的各种关系。现代世界是深度竞争与深度融合复杂纠缠的世界，国家与国家之间、文明与文明之间、民族与民族之间，包括企业与企业之间的关系也是如此。如何在走向世界的过程中不丧失自我，如何在保持自身独立性的基础上与国际社会合作共赢，当代中国共产党人用中华文化博大精深的智慧提供了"中国方案"。

2014年3月下旬至4月初，习近平总书记访问欧洲四国和联合国教科文组织总部、欧盟总部时指出：走和平发展道路，是中国人民的一种自信和自觉。"这种自信和自觉，来源于中华文明的深厚渊源，来源于对实现中国发展目标条件的认知，来源于对世界发展大势的把握。""我们坚持走和平发展道路，是对几千年来中华民族热爱和平的文化传统的继承和发扬。"中华文化崇尚和谐，中国"和"文化源远流长，蕴含着天人合一的宇宙观、协和万邦的国际观、和而不同的社会观、人心和善的道德观。正是基于这样的治国理政智慧，十八大以来这三年，面对纷繁复杂的国际局势，面对加速演变的国际格局，当代中国共产党人大手笔布局、全方位推进中国特色大国外交，中国加快走向世界舞台中心。大国是关键，推动构建新型大国关系；周边是首要，推动构建"亚洲命运共同体"；发展中国家是基础，加强与发展中国家团结合作；多边是重要舞台，积极参与多边事务。中国外交延续着基本的布局框架，同时不断开拓创新，在处理同外部世界关系中所展现的中国特色、中国风格、中国气派，将传承与超越、战略与策略、历史与现实、中国与世界有机统一，鲜明显示出一种不同凡响的大胸怀、大智慧。

新型大国关系，可谓当代中国共产党人构建世界新格局中最具代表性的"中国方案"之一。

从中美相互尊重、互利共赢的合作伙伴关系到中俄全面战略协作伙伴关系，以及中德全方位战略伙伴关系、中英面向 21 世纪全面战略伙伴关系等等这些各具特色的表述中，中国倡导的新型大国关系的内涵越来越丰富、越来越全面。

首先是不冲突、不对抗。客观理性看待彼此战略意图，坚持做伙伴、不做对手；通过对话合作而非对抗冲突的方式，妥善处理矛盾和分歧。同时相互尊重，尊重各自选择的社会制度和发展道路，尊重彼此核心利益和重大关切，求同存异，包容互鉴，共同进步。在此基础上合作共赢，摒弃零和思维，在追求自身利益时兼顾对方利益，在寻求自身发展时促进共同发展，不断深化利益交融格局。新型大国关系意味着对传统大国关系模式的摒弃，是国际关系理论和实践的重大创新。

国际社会有大国也有小国，在中国眼里大国小国是一律平等、一视同仁的，新型大国关系只是中国对外交往的一个方面，是我们构建以合作共赢为核心的新型国际关系的一个支点，其他支点还有很多。打造各国人民共有共享的人类命运共同体，提出正确义利观，倡导共同、综合、合作、可持续的安全观，提出亲、诚、惠、容的周边外交理念和真、实、亲、诚的对非工作方针等等，中国外交理念创新全面深化，为维护完善国际秩序和国际体系贡献了"中国智慧"。

## 担当：建设这样的国家需要什么样的精神状态

习近平总书记讲过，良好的精神状态是做好一切工作的重要前提。治国理政更是如此。什么才是今日中国应该保持的精神状态？敢于担当，勇担责任。

习近平总书记指出："是否具有担当精神，是否能够忠诚履责、尽心尽责、勇于担责，这是检验每一个领导干部身上是否真正体现了共产党人先进性和纯洁性的重要方面。"这种担当意识、责任意识，贯穿当代中国共产党人治国理政始终。在十八大当选后与中外记者见面会上，习近平总书记就指出，对民族的责任、对人民的责任、对党的责任，要求我们夙夜在公，勤勉工作，努力向历史、向人民交出一份合格的答卷。这无疑是一种担当。以猛药去疴、重典治乱，刮骨疗毒、壮士断腕的决心和胆略反腐肃贪，特别是坚决查处周永康、薄熙来、郭伯雄、徐才厚、令计划、苏荣等大案要案，无疑也是一种担当。为什么如此大力度反腐，为什么如此全面从严治党？习近平总书记斩钉截铁地说："不是没有掂量过。但我们认准了党的宗旨使命，认准了人民的期待。"这些话语中饱含的担当精神和担当使命，令人肃然起敬。

当代中国共产党人这种担当意识，是我们党一以贯之精神状态的继承和弘扬。想当年，邓小平同志以70多岁高龄复出时就表示："我出来工作，可以有两种态度，一个是做官，一个是做点工作。我想，谁叫你当共产党人呢。既然当了，就不能够做官，不能够有私心杂念，不能够有别的选择。"

如何才算做到勇于担当呢？用习近平总书记三年来多次强调的也是他特意提出写进十八大报告的一句话，就是："准备进行具有许多新的历史特点的伟大斗争"。现在，我国进入了全面建成小康社会决胜阶段，我们正站在新的历史起点上。形势环境变化之快、改革发展稳定任务之重、矛盾风险挑战之多、对我们党治国理政考验之大，都是前所未有的。如果面对大是大非不敢亮剑，面对矛盾不敢迎难而上，面对危机不敢挺身而出，面对失误不敢承担责任，面对歪风邪气不敢坚决斗争，这还称得上中国共产党人吗？我们还能攻坚克难，取得全面建成小康社会的决战决胜吗？

当前干部队伍中存在的一个突出问题是"为官不为"，主要表现是能力不足"不能为"、动力不足"不想为"、担当不足"不敢为"。对"为官不为"问题，习近平总书记在最近几次重要讲话中进行了深刻剖析，要求各级党委要不等不拖、辩证施策，争取尽快扭转。他特别强调对干部既要严格要求、严格管理，又要政治上激励、工作上支持、待遇上保障、心理上关怀，让广大干部安心、安身、安业，推动广大干部心情舒畅、充满信心、积极作为、敢于担当。他明确提出，要保护那些作风正派又敢作敢为、锐意进取的干部，最大限度调动广大干部的积极性、主动性、创造性，激励他们更好带领群众干事创业。从现实情况看，解决"为官不为"问题十分重要，也十分紧迫，需要作为干部队伍建设一件大事来抓。重要的是，要坚持思想引导与制度约束相结合，坚持严格管理与激励导向相结合，明确相关政策界限，完善容错纠错机制，健全激励保障制度，真正为敢担当的干部担当，为敢负责的干部负责，推动形成想作为、敢作为、善作为的良好风气，营造有利于干部奋发有为的社会环境。

保持敢担当、善作为的精神状态，只有进行时没有完成时。在深化改革上是如此，在反腐倡廉、作风建设上是如此，在践行"三严三实"上是如此，在实现中华民族伟大复兴中国梦的历史进程中都同样如此。保持这样一种精神状态，首先是对中国共产党人的要求，同时也是对全体社会成员的要求。

总起来说，梦想指明方向，战略引领路径，和谐包容万邦，精神激发动力。在十八大以来中国共产党治国理政方略指引下，中国这艘巨轮已然启航、已然加速，实现第一个百年目标，迈向第二个百年目标，我们离中华民族伟大复兴中国梦越来越近了。

（为《学习时报》撰写的特约评论员文章，

原载《学习时报》2016 年 1 月 28 日）

# 永葆与时俱进的理论品格

## ——纪念真理标准问题大讨论 40 周年

40 年前的真理标准问题大讨论，发时代之先声、开历史之先河，为重新确立马克思主义的思想路线、政治路线、组织路线奠定了坚实的理论基础，成为实现党和国家伟大历史性转折的思想先导。这场大讨论的一个重大启示，就是必须科学对待马克思主义，永葆马克思主义与时俱进的理论品格。

## 与时俱进是马克思主义的理论品格

马克思主义是发展的科学，是发展的真理。在《共产党宣言》发表 25 年后，马克思恩格斯在《宣言》德文版序言中就明确指出：这个《宣言》中所阐述的一般原理整个说来直到现在还是完全正确的。但对这些原理的实际运用，随时随地都要以当时的历史条件为转移。马克思恩格斯之所以这样讲，是因为他们坚信任何理论包括他们自己的理论都是行动的指南而不是教条，都要经受实践的检验，都会随着时代、实践和科学的发展而不断发展。

马克思主义这一与时俱进的理论品格，在后来的马克思主义与实际相结合中不断得到证明。列宁关于社会主义革命可以首先在一国或数国获得胜利的理论，就是对马克思主义与时俱进理论品格的运用、丰富和发展。列宁明确指出：只有"首先考虑到各个'时代'的不同的基本特征（而不是个别国家的个别历史事件），我们才能够正确地制定自己的策略；只有了解了某一时代的基本特征，才能在这一基础上去考虑这个国家或那个国家的更具体的特点"。列宁在十月革命胜利后不久，根据形势的发展变化，改变"战时共产主义"政策，实行新经济政策，也是与时俱进理论品格在具体政策方面的体现。

以毛泽东同志为主要代表的中国共产党人提出农村包围城市、武装夺取政权的理论，同样坚持了马克思主义与时俱进的理论品格，是对马克思列宁主义的创造性发展。毛泽东同志在延安时期就强调："马克思列宁主义的伟大力量，就在于它是和各个国家具体的革命实践相联系的。对于中国共产党说来，就是要学会把马克思列宁主义的理论应用于中国的具体的环境。成为伟大中华民族的一部分而和这个民族血肉相联的共产党员，离开中国特点来谈马克思主义，只是抽象的空洞的马克思主义。因此，使马克思主义在中国具体化，使之在其每一表现中带着必须有的中国的特性，即是说，按照中国的特点去应用它。"正是保持和发扬这样一种理论品格，中国共产党人把马克思主义基本原理与中国革命实际相结合，找到了有中国特色的革命道路，形成了毛泽东思想，实现了马克思主义中国化第一次历史性飞跃，把中国革命引向胜利，并开始了中国社会主义革命和建设的伟大实践。

对于中国共产党来讲，坚持与时俱进，要求党的全部理论和工作要体现时代性，把握规律性，富于创造性。我们既要毫不动摇地坚持马克思主义基本原理，又要积极主动地谱写新的理论篇章，把发扬革命传统与创造新鲜经验有机结合起来，在解放思想中统一思想，用发展着的马克思主义指导新的实践。离开本国实际和时代发展谈马克思主义，没有意义；静止地孤立地研究马克思主义，把马克思主义同它在现实生活中的生动发展割裂开来、对立起来，没有出路。只有永葆与时俱进的理论品格，才能不断开创马克思主义中国化的新境界。

## 真理标准问题大讨论开启了马克思主义中国化的新进程

邓小平同志在《解放思想，实事求是，团结一致向前看》的讲话中曾指出："一个党，一个国家，一个民族，如果一切从本本出发，思想僵化，迷信盛行，那它就不能前进，它的生机就停止了，就要亡党亡国。"时隔40年，邓小平同志这些话仍然振聋发聩、促人深省。真理标准问题大讨论，正是40年前中国共产党人永葆马克思主义与时俱进理论品格的鲜明标志，也是实践马克思主义与时俱进理论品格新的历史起点。

与时俱进，首先是在"什么是社会主义、怎样建设社会主义"这个根本问题上的与时俱进。作为中国特色社会主义理论体系奠基之作的邓小平理论，坚持科学社会主义理论和实践的基本成果，深刻揭示了社会主义的本质，澄清了不合乎时代进步和社会发展规律的模糊观念，作出我国正处在并将长期处在社会主义初级阶段的重大判断，提出"三个有利于"评价标准，把对社会主义的认识提高到新的科学水平，使我国成功实现了从高度集中的计划经济体制到充满活力的社会主义市场经济体制、从封闭半封闭到全方位开放的伟大历史转折。

与时俱进，也是在"建设什么样的党、怎样建设党"这个核心问题上的与时俱进。在科学把握中国共产党所处历史方位基础上，"三个代表"重要思想明确提出中国共产党始终代表中国先进生产力的发展要求，不断推动社会生产力的解放和发展；始终代表中国先进文化的前进方向，发展面向现代化、面向世界、面向未来的，民族的科学的大众的社会主义文化；始终代表中国最广大人民的根本利益，把人民的根本利益作为出发点和归宿。这对于提高党的执政能力，巩固党的执政地位，保持党的先进性，始终做到党的理论、路线、纲领、方针、政策和各项工作都充分体现与时俱进的要求，具有重大意义。

与时俱进，又是在"实现什么样的发展、怎样实现发展"这个重大问题上的与时俱进。作为马克思主义关于发展的世界观和方法论的集中体现，科学发展观总结我国发展实践，适应我国发展阶段性特征提出的新要求，全面认识工业化、信息化、城镇化、市场化、国际化深入发展的新形势新任务，深刻把握我国发展面临的新课题新矛盾，对中国社会实现什么样的发展、怎样发展作出新的科学回答，深刻揭示了发展的本质和内涵，指明了经济社会持续健康发展的正确道路，把我们对中国特色社会主义规律的认识提高到新的水平。这为我们党推动当代中国以世界上少有的速度持续快速发展、全面建设小康社会，提供了科学理论指导；为我们经受考验、化危为机、赢得主动，提供了强大精神支柱。

马克思主义与时俱进的理论品格告诉我们，必须从新的实际出发，用新的观点来认识、继承和发展马克思主义，这才是真正坚持马克思主义；必须立足中国实际和时代发展来进行理论创造，这才是真正管用的马克思主义。

## 推进实践基础上的理论创新，
## 发展当代中国马克思主义

习近平总书记指出：发展 21 世纪马克思主义、当代中国马克思主义，必须立足中国、放眼世界，保持与时俱进的理论品格。

回应时代呼唤，反映实践诉求，勇于推进实践基础上的理论创新，是中国共产党从胜利走向胜利的一条根本经验。毛泽东同志曾讲过：实践中是要出道理的。习近平新时代中国特色社会主义思想，正是以习近平同志为主要代表的中国共产党人在新时代的伟大实践中创造出来的"道理"。这一思想深深根植于中国近代以来一百多年民族危亡、民族奋起的深厚历史，深深根植于中国共产党人近百年波澜壮阔的伟大实践，是党的十八大以来党和国家事业发生历史性变革的理论结晶。

习近平新时代中国特色社会主义思想既坚持马克思主义又坚持解放思想、与时俱进，围绕坚持和发展中国特色社会主义创造性提出了一系列新理念新思想新战略，在理论上有重大突破、重大创新、重大发展。这一思想明确提出：新时代党的总任务是实现社会主义现代化和中华民族伟大复兴，在全面建成小康社会基础上分两步走在本世纪中叶建成富强民主文明和谐美丽的社会主义现代化强国；新时代我国社会主要矛盾是人民日益增长的美好生活需要和不平衡不充分的发展之间的矛盾；新时代中国特色社会主义事业的总体布局是"五位一体"、战略布局是"四个全面"；新时代全面深化改革的总目标是完善和发展中国特色社会主义制度、推进国家治理体系和治理能力现代化；新时代全面推进依法治国总目标是建设中国特色社会主义法治体系、建设社会主义法治国家；新时代党的强军目标是建设一支听党指挥、能打胜仗、作风优良的人民军队，把人民军队建设成为世界一流军队；新时代中国特色大国外交要推动构建新型国际关系，推动构建人类命运共同体；中国特色社会主义最本质的特征是中国共产党领导，中国特色社会主义制度的最大优势是中国共产党领导，党是最高政治领导力量；等等。这些内容，彰显了习近平新时代中国特色社会主义思想的核心要义，充分展示了博大精深的思想理论体系。

无论从科学社会主义发展史看，还是从马克思主义中国化历史进程看，习近平新时代中国特色社会主义思想既鲜明勾勒出21世纪社会主义在中国的前途命运，又鲜明勾勒出21世纪世界社会主义的前途命运，以全新的视野深化了对共产党执政规律、社会主义建设规律、人类社会发展规律的认识，从理论和实践的结合上创造性地回答了新时代坚持和发展什么样的中国特色社会主义、怎样坚持和发展中国特色社会主义这一重大时代课题，是对马克思列宁主义、毛泽东思想、邓小平理论、"三个代表"重要思想、科学发展观的继承和发展，谱写了21世纪马克思主义、当代中国马克思主义的新篇章。

## 在统揽"四个伟大"的实践中，保持和发扬
## 马克思主义政党与时俱进的理论品格

习近平总书记指出，在新的时代条件下，我们要进行伟大斗争、建设伟大工程、推进伟大事业、实现伟大梦想，仍然需要保持和发扬马克思主义政党与时俱进的理论品格，勇于推进实践基础上的理论创新。

中国特色社会主义进入新时代，但是"四大考验""四种危险"将长期存在。我们要有效应对重大挑战、抵御重大风险、克服重大阻力、解决重大矛盾，必须进行具有许多新的历史特点的伟大斗争，必须反对任何贪图享受、消极懈怠、回避矛盾的错误思想和行为。还必须坚决反对一切削弱、歪曲、否定党的领导和我国社会主义制度的言行，坚决反对一切损害人民利益、脱离群众的行为，坚决破除一切顽瘴痼疾，坚决反对一切分裂祖国、破坏民族团结与社会和谐稳定的行为，坚决战胜一切困难和挑战。推进伟大斗争的任务是长期的复杂的艰巨的，中国共产党人只有永葆与时俱进的理论品格，始终保持斗争精神，提高斗争本领，才能不断夺取伟大斗争新胜利。

中国共产党是中国特色社会主义事业的领导核心，是中国人民的"主心骨"。打铁必须自身硬。崇高的历史使命，宏伟的战略目标，对中国共产党的自身建设提出了更高要求。必须永葆与时俱进的理论品格，以党的政治建设为统领，全面推进党的政治建设、思想建设、组织建设、作风建设、纪律建设，把制度建设贯穿其中，深入推进反腐败斗争，不断提高党的建设质量；必须

始终不忘初心，牢记使命，更加自觉地坚定党性原则，勇于正视问题，敢于刮骨疗毒，消除一切损害党的先进性和纯洁性的因素，清除一切侵蚀党的健康肌体的病毒，以大无畏的自我革命精神把党锻造得更加坚强有力。

今天，我们比历史上任何时期都更接近、更有信心和能力实现中华民族伟大复兴的目标。但这绝不是轻轻松松、敲锣打鼓就能实现的。伟大梦想是在社会主义初级阶段背景下实现中华民族伟大复兴，在世界上最大发展中国家全面建成社会主义现代化强国，在有 13 亿多人口的东方大国基本实现共同富裕，在以西方为主导的世界格局中实现中国由全球治理的参与者向全球治理的引领者转变。所有这些都是过去从来没有过的全新事业，要求我们必须破除因循守旧的思想，永葆与时俱进的理论品格，以创新的精神寻找新方法、探索新路径、积累新经验、采取新举措。我们要始终保持政治定力，始终坚持实干兴邦，在谱写新时代中国特色社会主义的新篇章中推进中华民族伟大复兴中国梦的实现。

（原载《求是》2018 年第 11 期）

# 党内民主是党内政治生活
# 积极健康的重要基础

党的十八届六中全会审议通过的《关于新形势下党内政治生活的若干准则》（以下简称《准则》），对发扬党内民主提出一系列新要求，为新形势下优化党内政治生态、开展严肃认真的党内政治生活提供了科学指导。

## 党内民主是党内政治生活的重要内容

严肃认真的党内政治生活，是保持党的先进性纯洁性、提高党的执政能力的重要保证。党内民主既是党内政治生活的重要组成部分，又是健全党内政治生活的必备条件和重要途径。积极健全的党内政治生活，无论是增强党性、严肃党纪、整饬党风、惩治腐败、正确解决党内各种矛盾，还是维护党中央权威、保证党的团结统一；无论是解决党内政治生活庸俗化、随意化、平淡化问题，还是增强党内政治生活的政治性、时代性、原则性、战斗性，在全党形成又有集中又有民主、又有纪律又有自由、又有统一意志又有个人心情舒畅生动活泼的政治局面，都离不开民主集中制的健全，都离不开党内民主的发扬。历史经验表明，什么时候党的民主集中制建设搞得好，党内民主发扬得好，党内政治生活就积极健康、充满活力，党的事业就兴旺发达；什么时候党的民主集中制不健全，党内民主受到削弱，党内政治生活就出现不正常甚至恶化的状况，党内矛盾和问题就滋长蔓延，党的事业就会遭受挫折。《准则》提出："党内民主是党的生命，是党内政治生活积极健康的重要基础。"这是科学总结历史经验和现实经验得出的重要结论。

中国共产党是执政党，党内民主的状况很大程度上决定着整个社会民主乃至人民民主的状况，党内政治生活的状况很大程度上决定着社会政治生活乃至国家政治生活的状况。回顾历史可以清楚地看到，民主历来是中国共产党奋斗的基本目标之一。中国共产党在半殖民地半封建社会进行的革命就叫做新民主主义革命，党取得全国政权后建立的新国家是人民民主专政性质的国家。新中国成立以后，我们党积累了执政条件下贯彻民主集中制、发扬党内民主的成功经验，也有包括"文化大革命"期间民主集中制遭到严重破坏、党内民主遭到践踏，给党和国家造成灾难的沉痛教训。党的十一届三中全会以来，我们党在恢复和健全民主集中制方面做了大量富有成效的工作，党内政治生活日益正常和活跃，社会主义民主不断推进，这一切为不断开创改革开放和社会主义现代化建设新局面提供了组织保证与政治保证。这些情况说明，发扬党内民主不仅必然推动党内政治生活不断健全，而且必然推动社会主义民主的法制化进程，是建设中国特色社会主义民主政治的一条重要途径。

党的十八大以来，以习近平同志为核心的党中央把全面从严治党紧紧抓在手上，坚持思想建党和制度建党紧密结合，提出了不断提高党内民主质量、不断健全党内政治生活的目标要求，把严肃党内政治生活、净化党内政治生态摆在更加突出的位置来抓，采取一系列新的举措加大管党治党力度，坚持正风肃纪、标本兼治，严明政治纪律和政治规矩，坚决遏制腐败蔓延势头，着力构建不敢腐、不能腐、不想腐的体制机制，层层落实全面从严治党主体责任和监督责任，着力解决党内存在的突出问题，党内民主和党内政治生活出现了许多新气象，党内政治生态明显好转，全党全社会高度认可。当然，推进党内民主，解决党内政治生活、政治生态中出现的问题绝非一朝一夕之功，必须扎扎实实地抓、锲而不舍地抓。《准则》提出，要坚持和完善党内民主各项制度，提高党内民主质量，党内决策、执行、监督等工作必须执行党章党规确定的民主原则和程序，任何党组织和个人都不得压制党内民主、破坏党内民主。这是发扬党内民主的总要求，对健全党内政治生活十分重要。

## 发扬党内民主必须推进决策民主化

决策民主化是发扬党内民主的重要内容。因缺少民主、缺少科学理论指导而造成决策失误，对党的事业危害极大。而且决策层次越高，决策失误造成的危害越大。《准则》对中央委员会、中央政治局、中央政治局常务委员会和党的各级委员会如何做到科学决策、民主决策、依法决策提出明确要求，抓住了决策的最高层次和关键主体。

实践证明，充分尊重群众的首创精神，科学总结来自基层和实践的丰富经验，对于正确决策至关重要。我们党的一切正确决策，包括制定政策措施、拟定发展规划、决定重大事项，都必须依据群众的意愿和要求、依据客观实际。基层和群众中蕴藏着极大的改革动力和创新智慧。群众的意愿和要求是什么、客观实际怎样，只有到群众中去、到基层去、到实践中去，问政于民、问需于民、问计于民，把来自基层和实践的经验集中起来进行分析研究，才能作出正确决策。集中起来的实践经验越丰富，领导机关作出的决策就越正确。

在决策过程中充分发扬民主，认真倾听各方面意见包括反对意见，也是必须高度重视和把握好的问题。《准则》强调要"健全党内重大决策论证评估和征求意见等制度"，明确提出"作出重大决策部署，必须深入开展调查研究，广泛听取各方面意见和建议，凝聚智慧和力量"，就是要求党的各级组织在形成重大决策和处理重大问题时采取多种方式征求党员意见，在民主讨论中求得方案、达成共识。既然是征求意见，就要让参与的人畅所欲言、充分发表意见，允许不同声音出现，容得下积极善意的批评。党的上级组织作出同下级组织有关的重要决定，还要特别重视听取下级组织的意见。这样作出的决策才会比较符合实际。正如习近平总书记在总结自己当县委书记期间的体会时指出的："领导干部有一锤定音的权力，但一定要让大家把话说充分、说完……如果不知道别人有什么不同意见，还不能把不同意见统一起来，那最后作的决策也会打折扣。"

实行决策民主化、科学化，很有必要建立健全领导、专家、群众相结合的决策机制，高度重视决策研究和咨询机构的工作，充分发挥智库的作用。这是决策坚持群众路线的必然要求。新的历史条件下，我们要更好地进行具有许多新的历史特点的伟大斗争、推进中国特色社会主义伟大事业，任务极其艰巨、情况错综复杂，重大问题决策的难度越来越大。现在，先进科学技术越来越多地进入决策领域，而且作用越来越大，决策研究的理论和方法都有了很大进步。在这种情况下，各级领导机关和领导干部仅凭自己的知识、经验、智慧、胆略及了解的客观情况进行决策，已经远远不够了。为了科学决策，为了减少和避免重大决策失误，对专业性比较强的事务、对情况比较复杂的事务，应借助各方面专家、借助有水平的研究咨询机构对有关决策进行研究、论证。

## 关键是尊重和保障党员民主权利

我们党有 8800 多万名党员，分布在全国各条战线、各个领域。没有党员在党内事务中参与、管理和监督作用的充分发挥，没有党员积极性、主动性、创造性的充分发挥，党内政治生活就不可能保持积极健康，党的事业就不可能顺利推进。

尊重党员主体地位，保障党员权利，重点是抓好党员知情权、参与权、选举权、监督权的落实，保障全体党员平等享有党章规定的党员权利、履行党章规定的党员义务。所有党员不论从事何种职业、担任何种职务、入党时间长短和年龄大小，在党内政治生活中都处于平等地位、享有平等权利。党章规定的党员权利必须受到尊重和保护，任何党组织和党员个人不得侵犯。切实做到这一点，保障党员权利得到正确和充分行使，对于增强党员的政治责任感和党员意识、更好发挥党员作用具有重要意义。

落实党员权利，需要管用的措施和有力的抓手。《准则》在这方面提出了一些办法，如健全党内情况通报制度、情况反映制度，畅通党员表达意见、要求撤换不称职基层党组织领导班子成员的渠道等。现在，一些地方党内知情渠道不畅通，基层许多真实情况不能及时反映上来，影响了党员参与党内事务的积极性，客观上助长了弄虚作假、欺上瞒下的歪风。应按照《准则》的要求，积极疏通和拓宽党内下情上传的渠道，使基层党员和下级党组织的意见能够及时、准确、顺畅地反映到上级党组织中来，并得到认真负责的受理。应完善党务公开制度，使重大事情党内先知道、重要文件党内先传达、重大问题的决定党内先讨论、重大决策党内先发动，调动党员的积极性、主动性、创造性。

保障党员权利，要求畅通党员参与讨论党内事务的途径、拓宽党员表达意见的渠道，营造党内民主讨论问题、充分发表意见的环境和氛围。尤其要鼓励党员和干部在党的会议上畅所欲言，开展平等讨论，支持、保护那些敢于讲真话、讲实话、讲心里话的同志。党组织和党员领导干部应当支持和保障党员行使权利；对侵犯党员权利的行为要批评教育、严肃处理，不能纵容和姑息。

## 根本在于健全党内民主制度

党内民主包括民主选举、民主决策、民主管理、民主监督等活动，党内民主制度就是规范这些党内民主活动的制度体系。健全党内民主制度，要以保障党员民主权利为基础，以完善党的代表大会制度和党的委员会制度为重点，从改革体制机制入手，建立健全充分反映党员和党组织意愿的党内民主制度。这是依规治党的必然要求，对于发扬党内民主、健全党内政治生活十分重要。

党内选举制度是健全党内民主的一项根本制度，是党内民主发展程度的重要标志。没有民主选举，民主决策、民主管理、民主监督的效果都将打折扣。《准则》强调，"党内选举必须体现选举人意志，规范和完善选举制度规则。党的任何组织和个人不得以任何方式妨碍选举人依照规定自主行使选举权，坚决反对和防止侵犯党员选举权和被选举权的现象，坚决防止和查处拉票贿选等行为。"这些规定很有针对性。完善党内选举制度，首先要健全和完善候选人提名方式，候选人的产生要充分发扬党内民主、广泛听取党员意见，把民主推荐与组织提名结合起来。还要完善候选人介绍方式，使党员或党员代表对候选人的主要业绩、领导能力以及廉政勤政等情况有切实了解。完善党内选举制度，很重要的是加强党委对选举工作的领导，坚决防止拉票贿选。近年来，先后发生了衡阳破坏选举案、南充拉票贿选案和辽宁拉票贿选案。这些案件涉及党员干部人数之多、情节之恶劣、性质之严重实属罕见，令人震惊，教训极其深刻。在这些案件中，无一例外暴露出这些地方的党委管党不力、治党不严、组织涣散、纪律松弛，党委主要领导严重失职失责，对浮在面上的歪风邪气视而不见、对眼皮底下的拉票贿选不管不问，导致正气不彰、歪风抬头、腐败蔓延。当前，地方各级领导班子正在换届，换届地方的党委要坚决落实全面从严治党主体责任，坚决落实中央有关换届选举的各项部署和要求，讲政治、懂规矩，严肃换届纪律，严格党内生活，坚决查处拉票贿选等违纪违法行为，努力营造风清气正的良好政治生态。

党的代表大会制度是保证党内民主顺利实现的重要制度。毛泽东同志曾说过："实现党内民主的办法，是实行代表大会及代表会议的制度。我们党内是有民主的，但是还不足或者缺乏，现在要增加。办法是用代表大会、代表会议代替干部会议。"实践表明，健全的党的代表大会制度对坚持和完善党的民主集中制，增强党的凝聚力、创造力、战斗力，促进改革开放和现代化建设具有重大意义。《准则》对坚持和健全党的代表大会制度提出明确要求，强调未经批准不得提前或延期召开党的代表大会，强调落实党代表大会代表任期制，实行代表提案制，健全代表参与重大决策、参加重要干部推荐和民主评议、列席党委有关会议、联系党员群众等制度。认真落实这些要求，就能更好地发挥党的代表大会制度在健全党内政治生活中的重要作用。

地方党委全委会在地方党代表大会闭会期间是同级党组织的领导机关，执行上级党组织的指示和同级党代表大会的决议，领导本地区的工作，肩负的责任很重大。现在，一些地方全委会的职责履行得不充分、作用不明显，不同程度存在着常委会代替全委会现象。这不仅损害全委会的权威、影响全委会作用的发挥，而且妨碍党内民主。针对这种情况，《准则》提出要更好发挥地方党委全委会及委员作用，很有必要。

（原载《人民日报》2016 年 12 月 2 日）

# 坚定党内政治文化自信的
# 底气来自哪里

　　加强党内政治文化建设，是习近平总书记在党的十八届六中全会讲话中提出的新的重要思想。在中央纪委七次全会上，他又对党内政治文化建设作了进一步阐述。围绕学习贯彻习近平总书记重要论述，刘云山同志在今年3月1日中央党校春季学期开学典礼上以党内政治文化这个题目讲了"开学第一课"，深化了我们党对加强党内政治文化建设的认识。今天，中央党校教研人员、学员和来自兄弟单位的专家学者济济一堂，深入研讨加强党内政治文化建设，这对理论界加强对这一重大思想的研究、对党员领导干部带头弘扬和践行先进的党内政治文化，无疑会起到很好的引领作用。

　　文化是一种无形的观念，却能深刻影响有形的存在，对一个国家、一个民族、一个政党的生存和发展来说，是更基本、更深层、更持久的力量。马克思主义是吸收世界文明优秀成果的产物。马克思主义政党是占据人类文明制高点的政党。从马克思强调无产阶级政党必须有"自己的精神武器"，到恩格斯强调"一个新的纲领毕竟总是一面公开树立起来的旗帜"，到列宁把加强政治文化建设作为防止俄共沦为旧文化的"被征服者"的重要举措，再到以毛泽东同志为代表的中国共产党人高度重视先进思想文化的武装，可以说加强党内政治文化建设，始终是马克思主义政党保持先进性和纯洁性，增强创造力凝聚力战斗力的根本举措。在新的历史条件下，习近平总书记强调加强党内政治文化建设，强调以良好党内政治文化引领党内政治生活健康发展、促进政治生态持续好转，抓住了关键，抓住了根本，为全面从严治党注入了强大的持久的力量。

习近平总书记指出："我们的党内政治文化，是以马克思主义为指导、以中华优秀传统文化为基础、以革命文化为源头、以社会主义先进文化为主体、充分体现中国共产党党性的文化。"这样的党内政治文化，在历史中生成，在实践中发展，在传承中延续，在战斗中自强，体现了真理性和价值性、民族性和时代性、先进性和战斗性、传承性和开放性的统一。这样的党内政治文化，内生于党的肌体，塑造了一个具有伟大革命精神的马克思主义政党，体现在党内政治生活的方方面面，引领我们党取得了举世瞩目的成就，构成了我们党独特的精神标识。

在中央纪委七次全会上，习近平总书记是在"依靠文化自信坚定理想信念"这样一个标题下、作为深入推进全面从严治党的治本之举来讲党内政治文化的。他在庆祝中国共产党成立95周年大会上讲道："当今世界，要说哪个政党、哪个国家、哪个民族能够自信的话，那中国共产党、中华人民共和国、中华民族是最有理由自信的。"他在这里提出了重要的概念，就是"政党自信""国家自信""民族自信"，而在我们党的政党自信中，党内政治文化的自信是很重要的方面。为什么这样说呢？我理解，至少有这么三点。

第一，我们的党内政治文化占据了真理和道义的高地，我们的底气和自信来自于真理的力量、道义的力量。习近平总书记在中央纪委三次全会上指出："我们党作为马克思主义执政党，不但要有强大的真理力量，而且要有强大的人格力量"。这段话，是对我们党突出优势的集中概括，也是对党内政治文化鲜明特点的集中概括。

真理的力量来自于我们信仰的主义，来自于我们党的正确理论。马克思主义是党内政治文化的基本遵循，社会主义先进文化是党内政治文化的主体内容。马克思主义以无可辩驳的事实和不容置疑的逻辑揭示了人类社会的发展规律，为人类社会发展、为全人类解放指明了正确方向，也为中国革命、建设、改革提供了行动指南。今天的世界没有偏离马克思、恩格斯所描述的人类社会发展大趋势，马克思主义仍然是我们解释世界和改造世界的伟大认识工具。今天的中国遵循的是马克思主义的基本原理和立场观点方法，中国特色社会主义道路、理论、制度、文化正是马克思主义中国化的伟大成果。中国道路的巨大成功，为马克思主义的科学性，为社会主义先进文化的正确性提供了伟大样本。我们信仰的主义，乃是科学真理；我们开辟的道路，乃是成功样板，这是我们坚定党内政治文化自信的最大理由、最大底气，任何时候都不输理。

道义的力量来自于我们党的优良传统和优良作风，来自于我们党倡导和弘扬的核心价值观。党的优良传统、优良作风和价值追求孕育于革命年代，传承了红色基因；成长于当代，赋予了时代色彩。在长期奋斗实践中，我们党形成了包括红船精神、井冈山精神、长征精神、延安精神、西柏坡精神、大庆精神、"两弹一星"精神等等在内的红色精神谱系，形成了忠诚老实、光明坦荡、公道正派、实事求是、艰苦奋斗、清正廉洁为核心内容的政党价值观，形成了理论联系实际、密切联系群众、批评和自我批评的优良作风，形成了全心全意为人民服务的根本宗旨。这些优良作风、精神追求和核心价值，既传承了中华优秀传统文化的思想精髓，又引领了社会主义先进文化的发展方向；既占领了道德的高地，又弘扬了时代的主旋律，构成了党内政治文化的重要内容。不论过去、现在还是将来，都是我们党应当倍加珍惜的宝贵财富。

第二，我们的党内政治文化将古今中外政治文明的优质基因熔为一炉，我们的底气和自信来自于不忘本来、吸收外来、面向未来的文化气质。党内政治文化自信本质上是一种兼收并蓄、开放包容、吐故纳新的自信。我们党立足时代之潮头，发掘传统政治文明之幽光，熔铸现代西方文明之精华，彰显了大国大党的恢弘气度。

我们党不是历史虚无主义的政党。我们党植根中国大地，从中国历史深处走来，深受中华优秀传统文化的丰厚滋养。中国古代政治文明中蕴含的治国理念、仁政思想、为官传统、德行操守、道德境界、实践精神、担当意识、爱国情怀等优质基因，经过创造性转化和创新性发展，已经成为党内政治文化的有机成分，成为与社会主义先进文化相适应、与中国特色社会主义相协调、与改革开放新时代相契合的珍贵财富。

我们党不是狭隘民族主义的政党。"海纳百川，有容乃大"。西方政治文化对规则意识、法治观念、科学精神、人本思维等的强调，同样为我们的党内政治文化提供了养分。一个成熟自信的马克思主义政党，既有坚守自我的定力，也有自我革新的能力；既有自美其美的勇气，也有美人之美的胸襟；既能正视自身弱点，也敢于吸收别人优长。保持自我的优长与特色，辩证取舍外来文化，将别人的好与自己的好相加，结果一定比别人更好。

我们党不是因循守旧的保守政党。中国改革发展的伟大实践是创新党内政治文化的丰腴沃土。我们党始终跟上时代脚步，保持与时俱进，自觉适应经济社会发展新要求，适应人民群众新期待，适应伟大斗争新特点，为党内政治文化注入新的时代内涵，使党内政治文化始终成为引领时代发展、引领社会风尚的先进文化。

第三，我们的党内政治文化始终保持健康向上的主基调，我们的底气和自信来自于激浊扬清、扶正祛邪、引领风尚的正能量。我们党生活在社会现实中，党内政治生态同社会生态一样，也会受到这样那样的污染；党内政治文化如同社会文化一样，也会受到这样那样的消极影响。现实就是，一个时期以来，在一些地方和部门，由于党的领导弱化、党的建设缺失、管党治党宽松软，由于封建腐朽文化的影响和商品交换原则的侵蚀，党内政治生活随意化、形式化、平淡化、庸俗化现象蔓延，个人主义、分散主义、自由主义、好人主义盛行，系统性、塌方式、家族式腐败不时出现。这种状况，对党的形象造成很大损害。

党的十八大以来，以习近平同志为核心的党中央高度重视发挥党内政治文化的引领作用，把筑牢信仰之基、补足精神之"钙"作为首要任务，把坚定正确的政治立场、政治方向、政治定力作为根本要求，坚持标本兼治、综合施策，激浊扬清、扶正祛邪，推动管党治党取得重大成就，党风政风和社会风气呈现新气象。实践证明，我们的党内政治文化主基调是健康向上的。党内政治生活能不能保持积极健康，党内政治生态能不能保持风清气正，关键在于能不能保持和发扬我们党先进的党内政治文化。

70 年多前，爱国华侨领袖陈嘉庚在比较了国民党的奢靡政治文化与共产党的清廉政治文化之后，发自肺腑地说："中国的希望在延安"。今天，在以习近平同志为核心的党中央坚强领导下，我们的党内政治文化日益纯净，中国正阔步行走在重返世界之巅的道路上，中国时代的决定性开启将是不可阻挡的大潮流。我们完全有理由相信，世界的希望在东方，东方的希望在中国，中国的希望在中国共产党。

（这是在"中国马克思主义论坛 2017"上的开题讲话，
原载《学习时报》2017 年 4 月 17 日）

# 十八大以来党的领导在全面从严治党中不断加强

　　中国共产党要带领人民推进中国特色社会主义这场伟大社会革命，有效应对各种风险和挑战，实现"两个一百年"奋斗目标、实现中华民族伟大复兴的中国梦，党自身必须过硬。如果党内信念涣散、组织涣散、纪律涣散、作风涣散，那就无法有效应对"四大考验"，也无法克服"四种危险"，最终不仅不能实现既定的奋斗目标，而且会严重脱离人民群众，甚至丢掉执政地位。全面从严治党，正是以习近平同志为核心的党中央正确应对世情国情党情变化作出的重大战略决策。十八大以来，党中央把全面从严治党纳入"四个全面"战略布局，坚持问题导向，着力解决一些地方和部门党的领导弱化和管党治党"宽松软"等问题，党在革命性锻造中更加坚强，焕发出新的强大生机活力，为党和国家各项事业发展提供了坚强政治保证。

## 坚持党是国家最高政治领导力量的鲜明定位，党的领导在全面从严治党中取得明显成效

　　全面从严治党，核心是坚持和加强党的领导。中国共产党作

为马克思主义政党，是中国政治道路的掌舵者、政治体系的统领者、政治决策的拍板者、国家治理的主导者。党的领导，很重要的是政治理想、政治原则、政治方向和大政方针的领导，也就是政治上的领导。过去一个时期，一些地方和部门不敢旗帜鲜明坚持党的领导，党的领导弱化问题比较普遍。针对这些情况，十八大之后党中央旗帜鲜明提出坚持和改善党的领导的重大政治要求，强调中国共产党是执政党，党的领导是做好党和国家各项工作的根本保证，绝不能有丝毫动摇；强调党政军民学、东西南北中，党是领导一切的。特别是习近平总书记明确提出"党是最高政治领导力量"这一重大政治论断，科学概括了中国共产党在整个国家的根本地位，充分表达了只有中国共产党才能肩负起带领人民实现中华民族伟大复兴的历史使命，使全党全国人民更加明确和坚定了坚持和加强党的全面领导这个根本政治原则。

坚持党的全面领导不是抽象的，而是具体的，要通过加强党的政治建设、思想建设、组织建设、作风建设、纪律建设，建立健全坚持党的全面领导的组织体系、制度体系、工作机制，切实把党的领导落实到改革发展稳定、内政外交国防、治党治国治军等各领域各方面各环节。这里最重要的，就是坚决维护党中央权威和集中统一领导。十八大之后，中国共产党在坚持和加强党的全面领导特别是党中央集中统一领导方面制定了一系列重大举措。出台《关于新形势下党内政治生活的若干准则》《中国共产党党内监督条例》《中国共产党党组工作条例（试行）》《中共中央政治局关于加强和维护党中央集中统一领导的若干规定》等党内法规，完善和健全了加强党的领导的制度规定；建立和实行中央政治局成员每年向党中央和总书记书面述职制度，建立和实行中央书记处和中央纪律检查委员会，全国人大常委会、国务院、全国政协、最高人民法院、最高人民检察院党组每年向中央政治局常委会、中央政治局报告工作制度；成立全面深化改革、全面依法治国、国家安全、军民融合发展、网络安全和信息化、财经、外事、审计等委员会作为党中央决策议事协调机构，完善和健全了党中央集中统一领导的体制机制。所有这些，有力维护了以习近平同志为核心的党中央权威和集中统一领导，推动人大、政府、政协、监察机关、审判机关、检察机关、人民团体、企事业单位、社会组织在党的统一领导下协调行动、增强合力，全面提升了国家治理能力和治理水平。

## 注重从政治上建设党，党的政治建设在全面从严治党中发生根本性、长远性重大变化

注重从政治上建设党，是中国共产党不断发展壮大的重要保证。一个时期以来党内存在的许多问题，重要原因都是党的政治建设没有抓紧、没有抓实、没有抓好。以习近平同志为核心的党中央目光如炬、直指关键，明确提出党的政治建设是党的根本性建设，强调把党的政治建设摆在首位，以党的政治建设统领党的其他建设。党的政治建设一项重大任务，就是要发挥政治指南针作用，引导党员干部坚定理想信念、坚定"四个自信"，廓清思想迷雾、澄清模糊认识，坚决纠正偏离和违背党的政治方向的行为，确保各项事业始终沿着正确政治方向发展；就是要把各级党组织建设成为坚守正确政治方向的坚强战斗堡垒，教育党员干部坚定不移沿着中国特色社会主义政治方向前进。营造良好政治生

态是党的政治建设的基础性、经常性工作。政治生态好，党内就会正气充盈；政治生态不好，党内就会邪气横生。十八大以来，党中央加强和规范党内政治生活，净化党内政治生态，严明党的政治纪律和政治规矩，在推动各级党组织和广大党员干部增强政治意识、提高政治觉悟，提高党内政治生活质量等方面取得明显成效。

保证全党服从中央，是党的政治建设的首要任务。船重千钧，掌舵一人。拥有全党公认的领袖，是党成熟的重要标志；拥有人民爱戴的领袖，是党强大的重要标志。确立习近平总书记党中央的核心、全党的核心地位，是十八大以来党的政治建设最大最重要的成就；坚决维护习近平总书记的核心地位，是广大党员干部群众的强烈愿望；不断增强"四个意识"，自觉在政治立场、政治方向、政治原则、政治道路上同以习近平同志为核心的党中央保持高度一致，确保党中央决策部署贯彻落实，成为各级党组织和党员干部的行为准则。这些重要举措，推动党的政治建设取得根本性、长远性重大变化，为党和国家事业发展提供了有力政治保证。

## 驰而不息坚持自我革命，管党治党"宽松软"状况在全面从严治党中得到明显改变

坚持自我革命是马克思主义政党区别于其他政党的显著特征。中国共产党依靠不断自我革命走到今天，也必然要依靠不断自我革命走向未来。十八大以来，党和国家事业取得历史性成就、实现历史性转折，离不开"刮骨疗毒、壮士断腕"式的自

我革命，离不开全面从严治党。

一是从严抓好思想教育这个基础。坚持用习近平新时代中国特色社会主义思想武装全党、凝心聚魂，用理想信念教育和党性教育固本培元、补钙壮骨，先后开展党的群众路线教育实践活动、"三严三实"专题教育、"两学一做"学习教育，教育引导广大党员干部坚定共产主义远大理想和中国特色社会主义共同理想，坚定对实现"两个一百年"奋斗目标的信念。二是从严抓好严明纪律这个关键。坚持把纪律挺在前面，严明党的政治纪律和政治规矩，推动全党牢记"五个必须"、防止"七个有之"，坚持有令必行、有禁必止，坚决查处各种违反纪律的行为，使各项纪律规矩真正成为"带电的高压线"，保证全党团结统一、步调一致。三是从严抓好选人用人这个导向。坚持好干部标准，严把政治关、品行关、作风关、廉洁关，深化干部人事制度改革，整治选人用人上的不正之风和明显偏向，坚决纠正"劣币驱逐良币"的逆淘汰现象，真正让忠诚干净担当、实绩突出的干部得到褒奖和重用。四是从严抓好作风转变这个重点。严厉整治"四风"问题，坚决反对特权和特权现象，坚持以上率下，锲而不舍、扭住不放，刹住了那些过去被认为不可能刹住的歪风，解决了许多过去被认为解决不了的问题，推动党风政风不断好转。五是从严抓好反腐败斗争这个要害。坚持无禁区、全覆盖、零容忍，坚持重遏制、强高压、长震慑，坚持"老虎""苍蝇"一起打，扎紧制度的笼子，夺取反腐败斗争压倒性胜利，消除了党和国家内部存在的严重隐患。六是从严抓好组织生活这个经常性手段。认真落实"三会一课"、民主生活会、领导干部双重组织生活、民主评议党员、谈心谈话制度，正确开展批评和自我批评，加强经常性教育、管理、监督，提高党内政治生活质量。

总之，在全面从严治党中，中国共产党通过理论武装凝心聚魂，通过整饬作风激浊扬清，通过严明纪律强化约束，通过严惩腐败吐故纳新，通过从严治吏推陈出新，通过"走出舒适区"激发奋斗精神，通过叩问初心保持蓬勃朝气，使党的凝聚力、战斗力和领导力、号召力大大加强。

## 层层落实管党治党政治责任，在全面从严治党中保持党的先进性和纯洁性

在全面从严治党中加强党的领导，抓好落实和强化监督尤为重要。过去一个时期一些地方和部门之所以出现党的领导弱化、党的建设缺失、管党治党不力等问题，很重要的原因是抓落实不得力，说得多、做得少，从严治党被高高举起、轻轻放下，成了一句口号。十八大以来加强党的建设一个突出亮点和鲜明特征，就是层层落实管党治党责任。党中央履行全面领导，各级党委（党组）负主体责任、书记是第一责任人，党委常委会委员（党组成员）和党委委员在职责范围内履行职责，党支部发挥管党治党基础作用，层层细化责任，使管党治党落实到"最后一公里"。

各级纪检监察机关是实行监督的专责机关，履行监督执纪问责职责。最重要的是把维护政治纪律和政治规矩放在首位，加强对所辖范围内遵守党章党规党纪情况的监督，检查党的路线方针政策和决议执行情况。还要落实纪检监察工作双重领导体制，强化上级纪检监察机关对下级纪检监察机关的领导；加强对派驻纪

检监察组的领导，督促被监督部门党组织和派驻纪检监察组落实管党治党责任。党的工作部门是党实施政治、思想和组织领导的政治机关，是落实党中央和地方各级党委决策部署，实施党的领导、加强党的建设、推进党的事业的执行机关。这些部门也要建立有效的督查、评估、反馈机制，确保党中央和地方各级党委决策落实。建立健全对各项工作的督查、考核制度，实行督查考核制度计划管理，使督查考核工作制度化、规范化、科学化。强化党内问责，实行党政同责，明确领导班子成员和各级领导干部应该承担的具体责任。建立健全责任追究和典型问题通报制度，把问责同其他监督方式结合起来，以问责常态化促进履职到位，促进党规党纪执行到位。

经过十八大以来这几年努力，党的领导在全面从严治党中取得重大成果，党内正气在上升，党风在好转，社会风气在上扬，党自我净化、自我完善、自我革新、自我提高能力显著提升，党的执政基础和群众基础更加巩固。这些变化，是全面深刻的变化、影响深远的变化、鼓舞人心的变化，为党和国家事业发展积聚了强大的正能量。

（原载《中国纪检监察》2018 年第 24 期）

# 新时代与"红船精神"

　　2005 年 6 月 21 日，时任浙江省委书记的习近平同志在光明日报发表理论文章《弘扬"红船精神"走在时代前列》，首次提出并阐释了作为中国革命精神之源的"红船精神"。在党的十九大报告中，习近平总书记明确提出："中国共产党人的初心和使命，就是为中国人民谋幸福，为中华民族谋复兴。"党的十九大闭幕不久，习近平总书记带领中央政治局常委赴上海瞻仰中共一大会址、赴浙江嘉兴瞻仰南湖红船。习近平总书记为何如此强调和重视"红船精神"？这一系列重要宣示，又向外界释放了怎样的信号？在新时代，我们应该如何大力弘扬"红船精神"？为此，记者专访了中央党校常务副校长何毅亭。

　　**记者：**在您看来，"红船精神"的基本内涵和精神实质是什么？

　　**何毅亭：**"红船精神"产生于中国共产党创建的历史实践。红船见证了党的诞生，因此，人们通常用"红船精神"来概括反映建党时期共产党人的首创精神、奋斗精神和奉献精神。2005 年 6 月，习近平总书记在浙江工作期间，将"红船精神"概括为"开天辟地、敢为人先的首创精神，坚定理想、百折不挠的奋斗精神，立党为公、忠诚为民的奉献精神"。这是对"红船精神"本质和内涵的科学总结，高度凝练地概括和表达了共产党人"为中国人民谋幸福，为中华民族谋复兴"的初心和使命。

**记者**：党的十九大闭幕不久，习近平总书记带领中央政治局常委赴上海瞻仰中共一大会址、赴浙江嘉兴瞻仰南湖红船，这向外界释放了怎样的信号？

**何毅亭**：大家还记得，党的十八大闭幕后不久，习近平总书记带领中央政治局常委全体成员参观了《复兴之路》展览，提出了"实现中华民族伟大复兴，就是中华民族近代以来最伟大的梦想"。这次党的十九大刚刚闭幕，习近平总书记带领中央政治局常委赴上海瞻仰中共一大会址、赴浙江嘉兴瞻仰南湖红船，回顾建党历史，重温入党誓词。这表明了以习近平同志为核心的党中央不忘初心、牢记使命、敢于担当的责任感和使命感，体现的是一种永不懈怠的精神状态和一往无前的奋斗姿态。正如习近平总书记所说，我们全体中央政治局常委同志这次集体出行，目的是回顾我们党的光辉历程特别是建党时的历史，进行革命传统教育，学习革命先辈的崇高精神，明确肩负的重大责任，增强为实现党的十九大提出的目标任务而奋斗的责任感和使命感。

**记者**：在中国特色社会主义进入新时代的背景下，如何结合时代特点，大力弘扬"红船精神"？

**何毅亭**：习近平总书记提出"我们要结合时代特点大力弘扬'红船精神'"，具有很强的现实意义。"红船精神"孕育产生的时候，正是中国共产党的初创阶段，面临重重困难，非常需要走在时代前列的首创精神，需要对理想信念矢志不渝的奋斗精神，需要为人民谋幸福的奉献精神，而这些精神恰恰构成了"红船精神"的精髓。正是在这些精神的激励下，早期的中国共产党人不畏艰难，以开天辟地、敢为人先的首创精神，毅然肩负起"为中国人民谋幸福，为中华民族谋复兴"的历史使命，使中国革命迎来了光明前途。用习近平总书记的话说，就是"小小红船承载千钧，播下了中国革命的火种，开启了中国共产党的跨世纪航程"。现在，中国特色社会主义进入新时代，我们取得的成就是历史性的，面临的困难和挑战也是巨大的。在这种情况下，要带领中国这艘巨轮乘风破浪，沿着党的十九大制定的目标顺利航行，特别需要进一步提振全党全国人民的"精气神"，特别需要继承和发扬"红船精神"所倡导的首创精神、奋斗精神和奉献精神。

**记者：**"红船精神"在哪些方面体现了中国共产党人的初心和使命？

**何毅亭：**对于共产党人的初心和使命，习近平总书记一直十分重视。在庆祝中国共产党成立95周年大会上的讲话中，他明确提出："一切向前走，都不能忘记走过的路；走得再远、走到再光辉的未来，也不能忘记走过的过去，不能忘记为什么出发。面向未来，面对挑战，全党同志一定要不忘初心、继续前进。"在党的十九大报告中，他更是明确指出："不忘初心，方得始终。中国共产党人的初心和使命，就是为中国人民谋幸福，为中华民族谋复兴。"前不久，带领中共中央政治局常委赴上海瞻仰中共一大会址、赴浙江嘉兴瞻仰南湖红船时，他又说："上海党的一大会址、嘉兴南湖红船是我们党梦想起航的地方。我们党从这里诞生，从这里出征，从这里走向全国执政。这里是我们党的根脉。"由此可见，要了解中国共产党人的初心和使命，就不能不考察和研究党的创建历史和奋斗历程，就不能不了解"红船精神"。"红船精神"所蕴含的首创精神、奋斗精神和奉献精神，在精神动力、理想信念和根本宗旨方面体现了共产党人的初心和使命。

**记者：**您认为应该如何通过弘扬"红船精神"来开展革命优良传统教育？

**何毅亭：**对于继承和发扬革命优良传统，习近平总书记历来十分重视。他在党的十九大报告中论述坚持社会主义核心价值体系和发展中国特色社会主义文化时，都强调了革命文化的重要性。习近平总书记多次到上海一大会址、南湖红船、井冈山、遵义、延安、西柏坡等地，重温革命精神。习近平总书记指出："'红船精神'正是中国革命精神之源：中国共产党历史上形成的优良传统和革命精神，无不与之有着直接的渊源关系。"这一论述告诉我们，"红船精神"与"井冈山精神""苏区精神""长征精神""延安精神""西柏坡精神"等是一脉相承、有机统一的，共同构成了中国革命精神的宝库。"红船精神"体现了早期共产党人的价值追求，是其他革命精神的思想源泉和基础。我们在弘扬"红船精神"、开展革命传统教育时，要将重点放在宣传早期中国共产党人的首创精神、奋斗精神、奉献精神上，以充分展现他们为理想信念而不懈奋斗的政治品质和人格风范。

**记者：**2015年5月，中央党校建立了"红船展览室"，宣传"红船精神"，开展"不忘初心"教育。这产生了怎样的影响？

**何毅亭：**2015年，是习近平总书记提出"红船精神"10周年，浙江省嘉兴市委市政府按相同比例仿制了一艘"红船"赠予中央党校。中央党校校委认为红船体现了中国共产党人的初心和使命，对党校学员具有党性教育的作用，于是决定将这艘仿制的"红船"放置在中央党校掠燕湖上，并建立了"红船展览室"。不久又将"一大代表"群雕像放置在旁边，还在"红船"旁边的凉亭上题写了"不忘初心"匾额。这样，就在中央党校校园内打造了一个以"红船"为中心的党性教育基地。党校新学员进校，学校都要组织他们到这个教育基地进行不忘初心和使命的教育。从两年多的实际效果看，"红船"党性教育基地对提升学员的党性修养发挥了十分重要的作用，中央党校学员不仅深入了解了党的创建历史，而且对"红船精神"有了更深刻的理解。在潜移默化中，学员的责任感和使命感增强了，理想信念坚定了。"红船"已成为中央党校党性教育的一大亮点，不仅每天有很多学员前来瞻仰参观，许多外单位党组织和党员干部也慕名前来瞻仰参观。总之，"红船精神"是中国共产主义的先驱者留给我们的宝贵精神财富，我们应该按照习近平总书记的要求，结合时代特点，把这一精神财富发扬光大。中央党校拥有"红船"党性教育基地，在弘扬传承"红船精神"方面，一定要走在前面。

（原载《光明日报》2017 年 11 月 22 日）

# 坚持依法执政

坚持依法执政是我们党领导人民长期探索治国之道历史经验、不断深化对共产党执政规律认识的科学总结。党的十八届四中全会通过的《中共中央关于全面推进依法治国若干重大问题的决定》（以下简称《决定》）强调"依法执政是依法治国的关键"，并对依法执政提出了一系列明确要求。我们应深刻学习领会，认真贯彻落实。

## 自觉维护宪法法律的权威和尊严

宪法法律至上，是现代法治国家的重要标志，也是衡量现代社会文明进步的重要标准。坚持依法执政，首先要保证宪法法律在党内、在各级党组织和领导干部中的权威和尊严。

宪法是治国安邦的总章程，是人民权利的保障书。宪法以国家根本大法的形式，确立了中国特色社会主义道路、中国特色社会主义理论体系、中国特色社会主义制度的发展成果，规定了中国共产党的领导地位，规定了公民的基本权利和基本义务，规定了国家政权机构的组织体系、职责权限和运行机制，充分反映了我国各族人民的共同意志和根本利益，是党和国家中心工作、基本原则、重大方针、重要政策在国家法治上的最高体现，具有最高的法律地位、法律权威、法律效力。根据宪法制定的各种法律法规和规章是宪法精神、宪法原则、宪法内容的进一步展开和具体化，是全体社会成员必须遵行的行为规范。宪法法律的权威和尊严得到保障，国家和社会生活的法治化就有坚实基础，经济发展、政治清明、文化昌盛、社会公正、生态良好就有可靠保障，党和国家事业兴旺发达就能获得蓬勃力量。正因为如此，《决定》强调："各级党组织和领导干部要深刻认识到，维护宪法法律权威就是维护党和人民共同意志的权威，捍卫宪法法律尊严就是捍卫党和人民共同意志的尊严，保证宪法法律实施就是保证党和人民共同意志的实现。"

各级党组织自觉在宪法法律范围内活动，是宪法和党章的明确要求，也是维护宪法法律权威和尊严的重要保障。我们党是执政党，各级党组织在我国政治生活和社会生活中处于领导核心或政治核心地位，自觉维护宪法法律权威和尊严，对整个社会具有直接而深远的影响。这就要求各级党组织培养法治意识，把贯彻实施宪法法律贯穿于一切活动的始终。执掌国家政权、开展施政活动，要忠于宪法法律，严格按照法定原则、法定权限、法定程序行使职权、履行职责，为人民掌好权、用好权，保证国家机关统一有效组织各项事业。践行党的宗旨、服务人民群众，要注重运用法治来协调利益关系、保障改善民生，实现好、维护好、发展好人民群众的合法权益，引导人民群众通过合法渠道理性表达利益诉求，坚决防止和反对侵犯人民群众合法权益的行为。对少数群众不合理不合法的利益要求，要加强教育引导，坚持依法办事，不能违反法律规定"花钱买平安"。加强自身建设、开展党内活动，包括制定党内法规、开展组织生活、化解党内矛盾、解决党内存在的突出问题等，既要遵守党章和党规，又要符合宪法法律精神，不得与宪法法律相抵触，尤其要注重教育广大党员培养法治素养，做学法尊法守法用法的模范。

领导干部带头遵守法律，带头依法办事，对维护宪法法律权威和尊严至关重要。在领导干部中，法治观念淡薄、特权思想严重、目中无法、信奉权大于法的人还不少。这是法治建设的大敌、依法执政的大敌。领导干部必须高度重视宪法法律的学习，把熟练掌握宪法法律知识、法治理念、法治精神作为履职尽责的基本条件，不断提高运用法治思维和法治方式深化改革、推动发展、化解矛盾、维护稳定能力。想问题、作决策、办事情，要时刻绷紧法治这根弦，做到心中有法、虑必及法、行必依法。对法律要有敬畏之心，始终坚持法律面前人人平等、法律面前没有特权、法律约束没有例外的原则，牢固确立法律红线不可逾越、法律底线不可触碰的观念，不得违法行使权力，更不能以言代法、以权压法、徇私枉法。尤其是在依法行使自由裁量权时，一定要恪守公平正义的法治理念，正确处理权与法、情与法、利与法的关系，公正决断是非，不因私利抛公义，不因私谊废公事，不因私情弃公平，确保权力行使不偏离法治轨道、不突破法律边界、不逃避法律责任。

## 发挥政策和法律各自优势

正确认识和处理政策与法律的关系，是依法执政会经常遇到、必须认真解决好的一个重大问题。《决定》指出："完善党委依法决策机制，发挥政策和法律的各自优势，促进党的政策和国家法律互联互动。"这不仅从理论上回答了政策和法律的地位、作用及其相互关系，而且为我们在实践中把握好二者关系提供了重要遵循。

党的政策和国家法律在本质上是一致的，都是党和人民共同意志的反映，都是党领导人民治理国家的重要方式，都是党用以统筹社会力量、平衡社会利益、调节社会关系、规范社会行为以及推动科学发展、全面深化改革、促进社会和谐的重要手段。所不同的是，政策和法律因各自独有的表现形式、作用范围、效力支撑而有着不同的特点和优势。党的政策更具有灵活性、时代性、探索性、指导性等特点，在研判国际国内发展大势、确定国家未来走向的宏观战略，指导最新创造性实践，解决改革发展稳定中不断出现的新矛盾新问题、人民群众反映强烈的热点难点问题等方面发挥着重要作用。国家法律更具有普遍性、稳定性、反复适用性、国家强制性等特点，在规范公民权利与义务、国家机关权力与责任，定纷止争、维护社会稳定和社会公平正义，调整相对成熟、相对稳定的重大社会关系等方面发挥着重要作用。同时，政策和法律又具有紧密的内在联系。党的政策是国家法律的先导和指引，是立法的依据和执法司法的重要指导；国家法律是党的政策的定型化，党的政策成为法律后，实施法律就是贯彻党的意志，依法办事就是执行党的政策。它们相辅相成、相互补充、相得益彰。不能把二者割裂开来，更不能将二者对立起来。

在新的历史起点上全面深化改革，完善和发展中国特色社会主义制度，推进国家治理体系和治理能力现代化，不仅催生着越来越密集、越来越迫切的政策和法律需求，而且为政策和法律发挥各自优势开辟了越来越广阔的空间。在深化改革的顶层设计方面，在重要领域和关键环节改革试点先行、投石问路方面，在涉及群体广泛、利益关系复杂、牵一发而动全身的深层次改革方面，在前沿改革的探索性实践方面，凡此等等都要注重发挥政策的积极作用。当改革取得的重要成果需要及时巩固、改革积累的成功经验需要普遍推广、改革理顺的利益关系趋于合理稳定需要固化定型，就要及时发挥法律的积极作用。当然，在全面深化改革过程中，政策和法律的作用范围并不是泾渭分明、截然分开的，往往是交互作用、同频共振，共同推动改革有序进行。这里需要强调的是，要注重立法和改革决策相衔接，做到重大改革于法有据、立法主动适应改革和经济社会发展需要。也就是说，谋划重大改革、推进重大改革，要主动把法律因素考虑进来，自觉运用法治方式。实践证明行之有效的，要及时上升为法律；实践条件还不成熟、需要先行先试的，要按照法定程序作出授权；对不适应改革要求的法律法规，要及时修改和废止，确保重大改革在法治轨道上进行。

完善党委依法决策机制，是提高决策质量和水平的重要保证，也是促进政策和法律互联互动的重要条件。党委依法决策，强调的是决策主体、决策程序、决策内容、决策责任都要始终贯穿和体现法治思维，并采取和运用法治方式。每作一项决策，都要认真想一想法律上谁有权决策，有多大权限决策，决策的法律依据是什么，应当遵循的法定程序是什么，应当承担什么样的法律责任，等等。要把合法性论证作为党委重大决策的必经程序，确保决策符合法律，实现政策与法律的有效对接和统一。《决定》提出，各级党政机关普遍设立公职律师，"参与决策论证，提供法律意见，促进依法办事，防范法律风险"。这为开展党的重大决策合法性论证提供了有力支持。要建立重大决策终身责任追究制度及责任倒查机制，对违反法律规定进行决策导致严重失误、造成重大损失和恶劣影响的，严格追究有关领导和责任人员的法律责任。

## 健全依法执政的工作机制

坚持依法执政、提高依法执政水平，需要一套科学有效、系统完备的工作机制来保障。否则，依法执政很容易停留于一般号召，很容易取决于领导者个人认识和重视程度，很难真正落实到具体执政实践中。这里，既有重大政治原则需要我们毫不动摇地坚守，又有大量制度和体制机制障碍需要我们大胆突破。

依法正确处理党同国家政权机关之间的关系，是健全依法执政工作机制的重大任务。要旗帜鲜明地坚持宪法确定的党的领导地位，把党对国家政权机关的领导作为依法执政最根本的原则，充分发挥党总揽全局、协调各方的领导核心作用。同时，要按照宪法法律规定的原则、职责和程序，不断改进党领导国家政权机关的方式方法，把党总揽全局、协调各方同人大、政府、政协、审判机关、检察机关依法依章程履行职能、开展工作统一起来，善于使党的主张通过法定程序成为国家意志，善于使党组织推荐的人选通过法定程序成为国家政权机关的领导人员，善于通过国家政权机关实施党对国家和社会的领导，善于运用民主集中制原则维护中央权威、维护全党全国集中统一。

健全党领导依法治国的制度和工作机制，完善保证党确定依法治国方针政策和决策部署的工作机制和程序，才能实现党对法治工作的领导具体化、制度化。要建立健全党领导立法的工作制度。凡立法涉及重大体制和重大政策调整的，必须报党中央讨论决定，宪法修改由党中央向全国人大提出建议。法律制定和修改的重大问题由全国人大常委会党组向党中央报告。进一步完善党领导政府的工作机制，深入推进依法行政，创新执法体制、完善执法程序、推进综合执法、严格执法责任，建立权责统一、权威高效的依法行政体制。加快建设职能科学、权责法定、执法严明、公开公正、廉洁高效、守法诚信的法治政府，确保各级政府始终坚持在党的领导下、在法治轨道上开展工作。进一步健全党委统一领导和各方分工负责、齐抓共管的责任落实机制，加强党对全面推进依法治国的统一领导、统一部署、统筹协调，把法治建设贯穿于经济建设、政治建设、文化建设、社会建设、生态文明建设以及党的建设各个方面。党政主要负责人要履行推进法治建设第一责任人的职责，不仅自身要带头遵守宪法法律、带头依法办事，而且要抓好领导班子和干部队伍法治素养和能力的培养提高。各级人大、政府、政协、审判机关、检察机关的党组织要领导和监督本单位模范遵守宪法法律，坚决查处执法犯法、违法用权等行为。

政法委员会作为党委职能部门，是党委领导政法工作的组织形式，必须长期坚持。各级党委政法委员会要把工作着力点放在把握政治方向、协调各方职能、统筹政法工作、建设政法队伍、督促依法履职、创造公正司法环境上，做依法办事的表率，保障宪法法律正确统一实施。政法机关党组织要建立健全重大事项向党委报告制度，政法工作的重大部署、事关社会团结和谐的重大问题、涉及社会政治稳定的重大敏感案件、群众反映突出的执法司法问题等要及时向党委报告，决不能搞先斩后奏、边斩边奏，甚至斩而不奏。要大力加强政法机关党的建设，坚持围绕政法中心工作抓党建，运用好党的群众路线教育实践活动成功经验，创新工作方式方法，创新活动内容载体，严肃党内政治生活，真正使政法机关党组织成为政法干警经受党内生活锻炼、增强党的意识、提高思想觉悟、加强党性修养的熔炉。要针对政法队伍中存在的突出问题，教育引导广大党员干警在坚定理想信念上当先锋模范，坚持党的事业、人民利益、宪法法律至上，强化政治意识、大局意识、责任意识、法治意识，永葆忠于党、忠于国家、忠于人民、忠于法律的政治本色；在忠于职守上当先锋模范，肩扛公正天平，手持正义之剑，坚持公正无私、执法如山的职业情怀，坚守公正廉洁的职业道德，让人民群众在每一个案件中都能感受到公平正义。

（原载《人民日报》2014 年 12 月 15 日）

# "马上就办"是我们党优良传统和
# 作风的重要体现

党的十八大以来，习近平总书记把抓落实作为改进作风的关键，反复强调空谈误国、实干兴邦，强调一分部署、九分落实，强调发扬"钉钉子精神"，做到"抓铁有痕、踏石留印"，要求党员干部带头践行"三严三实"等。这些重要思想和工作要求，与"马上就办"精神是相通的。重温"马上就办"，对于推动学习贯彻习总书记关于改进作风、狠抓落实一系列重要论述向广度和深度拓展具有十分重要的意义。

## "马上就办"是党的宗旨、思想路线、群众路线
## 和党的优良传统在新形势下的重要体现

全心全意为人民服务是我们党的根本宗旨。为人民造福、为群众谋利是党员干部的根本职责。"马上就办"的核心要义，是为人民办事、办人民的事的高度责任感，是把群众的事办实、让群众满意的强烈使命感。

党的思想路线是一切从实际出发，理论联系实际，实事求是，在实践中检验真理和发展真理。其实质与核心是实事求是。"马上就办"，首先有个怎么去办的问题，这就要深入实际了解

掌握情况，及时把党和国家的方针政策与措施要求落实到土作中，落实到群众中，使之成为广大党员、干部、群众的自觉行动，这个过程就是坚持实事求是的过程。

群众路线是党的生命线和根本工作路线。"马上就办"，要求从人民利益出发，把群众安危冷暖放在心上，及时准确了解群众所思、所盼、所忧、所急，把群众工作做早、做实、做深、做细、做透；还要求进一步深入基层，了解群众的实际情况，倾听群众的呼声，根据群众的意见作出相应部署和决定，并和群众一起把部署和决定变成现实。所有这些，与贯彻群众路线的要求是完全一致的。

我们党在长期实践中形成了自己独特的优良传统和优良作风，如理论联系实际、密切联系群众、批评和自我批评等，对党和人民事业发展产生了巨大作用。"马上就办"正是党的优良传统和优良作风在今天的具体体现。"马上就办"的思想理念和工作作风能够经受住时间的考验，保持持久旺盛的生命力，其根源即在于此。

## 在协调推进"四个全面"战略布局中
## 大力弘扬"马上就办"精神

"四个全面"是以习近平同志为核心的党中央紧扣时代脉搏，观大势、谋大事作出的战略谋划。在协调推进"四个全面"战略布局中弘扬"马上就办"精神，既是客观需要，也是内在要求。

"四个全面"把全面建成小康社会作为战略目标，其着眼点就是实现和维护最广大人民群众的根本利益，让人民群众在改革发展过程中得到实实在在的利益，共享改革开放成果。人心是最大的政治。统筹推进"四个全面"，必须依靠13亿人民的智慧和力量，必须站在人民立场上把握和处理重大问题，从人民利益出发来制定实施重大决策。"马上就办"，体现的是"人民至上"的执政理念和亲民爱民为民的公仆情怀。弘扬"马上就办"精神，能够使我们始终站在人民的视角观察和思考问题，聚焦人民群众反映最强烈、最突出的问题制定改革举措，从而确保我们的事业始终沿着正确方向前进。

党的十八大以来，习近平总书记反复强调"我们正在进行具有许多新的历史特点的伟大斗争，面临的挑战和困难前所未有"。协调推进"四个全面"，必然触及深层次利益格局调整，遇到的都是难啃的硬骨头，遭遇的阻力会越来越大，面对的暗礁、潜流、旋涡会越来越多。在全党大兴"马上就办"之风，能够坚定全面深化改革的决心，有利于冲破思想观念的障碍和突破利益固化的藩篱；能够增强全面依法治国的信心，坚定不移走中国特色社会主义法治道路；能够保持全面从严治党的恒心，坚持作风建设永远在路上，坚持猛药去疴、除恶务尽，保持反腐高压态势不减。

"马上就办"，强调的是一种时不我待的紧迫感、狠抓落实的责任感、勤政为民的使命感，提倡的是一种雷厉风行、紧抓快办的工作作风。在全体党员干部中弘扬"马上就办"精神，有利于增强机遇意识、责任意识、紧迫意识，提振干事创业的精气神，汇聚改革发展的正能量，增强推动"四个全面"战略布局的思想自觉和行动自觉。

# 做到"马上就办"需要以
# 过硬的能力作保障

实践证明，做到"马上就办"既需要体制机制保障，也需要能力保障，"马上就办"的制度机制和能力是推进国家治理体系和治理能力现代化的一个重要内容和组成部分。做到"马上就办"尤其需要强化以下三种能力。

一是练好"马上就办"的基本功，提高调查研究能力。"马上就办"是建立在对实际情况全面了解前提下的一种快速反应机制和科学决策机制。这就要不断深入实际、深入基层、深入群众，全方位、多层次、多渠道地调查了解情况，尤其对群众反映最强烈、需求最迫切的热点难点问题更要主动调研、抓住不放，确保听到实话、察到实情、获得真知、收到实效，防止和克服随意性及其造成的失误，提高决策的科学化水平，真正做到马上就办，办就办成，办就办好。

二是提高"马上就办"的本领，学习新知识，掌握新技能。我们面临的世情国情党情发生了深刻变化，人民群众的需求也发生了深刻变化，做到"马上就办"要有本领恐慌的危机感和增强本领的紧迫感，努力学习新知识，掌握新技能。尤其要深入学习贯彻习近平总书记系列重要讲话精神，准确把握"四个全面"战略布局的精神实质、辩证关系和科学内涵，直面改革发展中出现的难题，聚焦人民群众反映强烈的突出问题，研究新思路新对策。还要主动适应经济发展新常态，不断提升统筹协调能力和管控风险能力，积极创造政府治理和社会治理的新经验，探索服务群众的新路子，提升"马上就办"的真本领。

三是掌握"马上就办"的规矩，善用法治思维和法治方式。"马上就办"不是盲目蛮干，必须守住底线，明确界限，有所为，有所不为。这个底线和界限就是党纪国法和国家大政方针。要始终牢记法律红线不可逾越、法律底线不可触碰，不断提高运用法治思维和法治方式的能力，始终做到在法治之下、而不是法治之外、更不是法治之上想问题、做决策、办事情。坚持用法治思维谋划工作，用法治方式处理问题。要坚持"马上就办"的事项都于法有据，"马上就办"的过程都符合法律程序，"马上就办"的结果都经得起群众评价和实践检验。

（原载《秘书工作》2014 年第 2 期）

# 中共中央转战陕北的重大意义

中共中央转战陕北是中国共产党近百年历史上一段很不寻常的传奇篇章。从 1947 年 3 月到 1948 年 3 月，党中央和毛泽东转战陕北历时 1 年零 5 天，行程 2000 余里，途经延安地区和榆林地区。转战陕北期间，党中央作出一系列重大决策，在中国革命史上写下辉煌篇章。缅怀这一段传奇历史，共同研讨这一段传奇历史的时代价值，是很有意义的。

**中共中央转战陕北，运筹于山峁沟壑，决胜于千里之外，推动中国革命形势发生历史性转折，由此加快了人民解放战争的胜利步伐，催生了新中国的诞生，创造了一个了不起的历史传奇**

正是在转战陕北期间，毛泽东和党中央眼观六路、耳听八方，从战略上运筹指挥全国战场。特别是审时度势提出打到外线去的战略构想，指挥人民解放军从战略防御转为战略进攻。刘邓大军千里跃进大别山，陈粟大军挺进豫皖苏平原，陈谢大军挺进豫西，三路大军呈"品"字状在中原地区互相策应，直接威胁国民党统治中心武汉和南京，使中原地区由国民党军队进攻解放区的重要后方变成了解放军夺取全国胜利的前进基地。正是在转战陕北期间，毛泽东主持召开小河会议、十二月会议等重要会议，统筹安排了解放战争的"时间表"和"路线图"，回答了怎样打倒蒋介石、怎样建立新中国的历史大课题，提出了十大军事原则，提出了新民主主义革命的经济纲领和土地改革、统一战线等一系列方针政策，构划出新中国的宏伟蓝图。也正是在转战陕北期间，全国战场形势和国共两党力量对比发生历史性变化：国民党从优势转变为劣势，战场上从进攻转变为被动防守，由强者变为弱者；中国共产党却从劣势转变为优势，战场上从防御转变为进攻，由弱者变为强者。这种巨大变化直接影响并支配着此后中国的发展方向。正如毛泽东针对这个变化所深刻指出的：这是蒋介石的二十年反革命统治由发展到消灭的转折点。这是一个伟大的事变。

## 中共中央之所以能够创造转战陕北的历史传奇，很重要的在于有我们党经营陕北二十多年特别是党中央和红军长征落脚陕北十几年所奠定的坚实政治基础，在于陕北有千百万真心实意拥护共产党的人民群众

党中央转战陕北，从一定意义上说是对党和人民群众关系的现实检验。在解释党中央留在陕北不走的原因时，毛泽东说："这里人民、地势均好，甚为安全。"事实的确如此，转战陕北1年零5天，党中央和毛泽东基本有惊无险、一路平安，很重要得益于陕北良好的政治基础和群众基础。陕北是我们党在全国最早

建立党团组织的地区之一，榆林中学、绥德师范成为西北革命的策源地。大革命失败后，西北共产党人举起武装斗争旗帜，建立了陕甘边和陕北两块革命根据地。党中央落脚陕北后，延安成为中国进步的象征，陕北是我们党夺取全国政权之前持续经营时间最长、发展最好的地方。1947年4月12日，毛泽东在王家湾对身边同志说："不要觉得现在我们的部队少，我们就不安全。我们有人民群众，只要我们心里装着群众，处处想着群众，群众就会永远和我们在一起，群众是革命真正的铜墙铁壁。"转战陕北期间，老百姓虽然看出昆仑纵队不是一支普通队伍，但没有一个人向战士们打听，更没有通敌分子。国民党军队走到哪里则都是聋子、瞎子，始终无法确定党中央和毛泽东的位置。正是由于陕北人民全心全意热爱共产党，无私无畏支持人民解放军，最终将敌人陷入人民战争的汪洋大海之中而遭到覆灭。陕甘边革命根据地的创建人和重要领导人之一习仲勋曾意味深长地说："人民就是江山，江山就是人民。"党中央能够成功转战陕北，正是对习老这个论断的历史诠释。

**中共中央之所以能够创造转战陕北的历史传奇，最关键的在于我们党在遵义会议后经过延安整风确立了毛泽东在党中央和全党的核心地位，全党在毛泽东思想基础上实现了空前的集中统一和空前的大团结**

对于我们这样的大党大国来说，在实践中形成一个坚强的中央领导集体和有崇高威望的领袖，是极其重要的。邓小平在谈到历史上党中央的领导状况时曾说：遵义会议以前，我们党从陈独秀、瞿秋白、向忠发、李立三到王明，都没有形成过有能力的中央；我们党的领导集体，是从遵义会议开始逐步形成的，这就是以毛泽东为核心的第一代中央领导集体。事实的确是这样。遵义会议确立了毛泽东在党和红军中的领导地位之后，中国革命的面貌就焕然一新。1938年召开的党的六届六中全会把毛泽东在全党的领袖地位明确下来。1943年中央政治局会议一致推选毛泽东为政治局主席。到达陕北之后，毛泽东思想也在实践中逐步走向成熟。经过党的七大，毛泽东思想被确立为党的指导思想并写入党章，毛泽东的核心和领袖地位得到全党高度认同，全党在思想上、政治上、组织上达到了空前的团结和统一。这样的团结统一，在转战陕北中得到充分体现。党中央转战陕北虽然居无定所，但用电台指挥工作，对全党全军的掌控是坚强有力的，能够根据各中央局、各解放区、各兵团向中央的请示和汇报及时作出判断和决策，并对一些错误决策进行纠正。全党全军都无条件在党中央和毛主席"嘀嗒、嘀嗒"的号令下行动。在当年那种党组织和军队分布各地的情况下，如果没有形成坚强的中央领导集体和有崇高威望的领袖，怎么可能实现全党的集中统一领导，又怎么可能汇聚起全党全军全民的力量攻坚克难、夺取胜利？！党中央转战陕北的历史乃至我们党的全部历史充分证明：维护党中央权威和集中统一领导，是中国革命、建设、改革的重要经验，是一个成熟的马克思主义执政党的重大建党原则，是我们党领导人民进行伟大斗争的现实战略选择。

**今天缅怀中共中央转战陕北的传奇历史，最重要的就是从中吸取有益启示，增强"四个意识"、坚定"四个自信"、做到"两个维护"，始终在思想上政治上行动上同以习近平同志为核心的党中央保持高度一致**

今天，解放战争早已成为历史，新中国成立已经70周年，中国特色社会主义已经进入新时代。但我们站在陕北大地上回想中共中央转战陕北这段传奇历史，仍然感到心潮澎湃、感触颇多。当今世界正经历百年未有之大变局，我国正处于实现中华民族伟大复兴关键时期。中华民族伟大复兴，决不是敲锣打鼓、轻轻松松就能实现的，前进道路上会遇到可以预料和难以预料的国内外重大风险挑战。顺应时代潮流，适应我国社会主要矛盾变化，统揽伟大斗争、伟大工程、伟大事业、伟大梦想，不断满足人民对美好生活新期待，战胜前进道路上的各种风险挑战，必须全面贯彻党的基本理论、基本路线、基本方略，坚决维护习近平总书记党中央的核心、全党的核心地位，坚决维护党中央权威和集中统一领导。

习近平总书记作为党中央的核心、全党的核心，是在艰难曲折困境中磨砺出来的，是在复杂国际斗争中历练起来的，是在极其丰富的革命实践中确立起来的，真正是众望所归、人心所向。党的十八大以来，面对严峻复杂的国内外形势，我们之所以能战胜一系列重大风险挑战，推动党和国家事业取得历史性成就、发生历史性变革，推动我国国际影响力、感召力、塑造力全面显著提高，使"中国之治"与"西方之乱"形成鲜明对比，根本在于有以习近平同志为核心的党中央掌舵领航，在于有习近平新时代中国特色社会主义思想正确指引。核心就是灵魂、就是力量，理论就是旗帜、就是方向。作为共产党员，作为党员干部，我们都要把坚决维护习近平总书记党中央的核心、全党的核心地位，坚决维护党中央权威和集中统一领导，作为明确的政治准则和根本的政治要求，在思想上高度认同、政治上坚决维护、组织上自觉服从、行动上紧紧跟随，在政治立场、政治方向、政治原则、政治道路上同党中央保持高度一致。这是根本的政治纪律和政治规矩，是推动党和人民事业顺利发展的根本前提。

（这是 2019 年 12 月 22 日在"中共中央转战陕北"高端理论研讨会上的讲话）

# 把自身前途命运同国家民族前途命运紧紧联系在一起

## ——从"为天地立心，为生民立命"到担当民族复兴大任

"为天地立心，为生民立命"，这是中华优秀传统文化中利济苍生的责任意识与担当精神的集中体现。千百年来，这一文化基因促成了无数中华儿女肩挑大义、报国为民的价值追求，也滋养了诞生于中华大地的中国共产党人敢于担当、勇于尽责的政治品格。

2014年习近平总书记在接受俄罗斯电视台专访时说："我的执政理念，概括起来说就是：为人民服务，担当起该担当的责任。"党的十八大以来，以习近平同志为核心的党中央，接过历史的接力棒，带领全党全国各族人民朝着实现"两个一百年"奋斗目标、实现中华民族伟大复兴的中国梦努力奋斗，取得了历史性成就。而在愈加接近实现这个目标的今天，我们必须以更加强烈的担当精神和使命意识，越过险滩、继续奋进。

## 强烈的责任意识和担当精神既是中华文明的文化基因，也是马克思主义的精神特质

一个时期以来，有两个问题引发了思想理论界的关注。一个

是"为什么世界四大古代文明，唯有中华文明延续至今不曾中断？"另一个是"马克思主义产生于西方，为什么会在古老的中华大地生根开花、结出硕果？"对此，见仁见智的答案不少，我们不妨从思想基因和理论特质作些探讨。

在数千年历史演进中，中华民族确实创造了灿烂的古代文明，形成了独特的中华传统文化。这种文明和文化，展现了"修身齐家治国平天下"的豁达济世情怀和崇高人生追求，造就了中华民族胸怀天下、心系家国的独有精神气韵。遍览中华史书，字里行间无不洋溢着"责任"和"担当"。比如诸葛亮的"鞠躬尽瘁，死而后已"；范仲淹的"先天下之忧而忧，后天下之乐而乐"；张载的"为天地立心，为生民立命，为往圣继绝学，为万世开太平"；陆游的"位卑未敢忘忧国，事定犹须待阖棺"；文天祥的"人生自古谁无死，留取丹心照汗青"；顾炎武的"天下兴亡，匹夫有责"；林则徐的"苟利国家生死以，岂因祸福避趋之"；鲁迅的"寄意寒星荃不察，我以我血荐轩辕"……这样的责任意识和担当精神早已沉淀为中华文明的优秀文化基因，融入中华民族的血液，成为我们的精神财富。正是受这一精神的鼓舞，千百年来，无数仁人志士以强烈的社会责任感，重道义、勇担当，把自身前途命运同国家民族前途命运紧紧联系在一起，肩负起自身使命，留下爱国奋斗的串串足迹。

马克思主义是为工人阶级和劳动大众谋解放、为人类社会谋进步的科学理论，贯穿其中的精神要义就是强烈的责任意识和担当精神。早在青年时期，马克思就立下为人类解放事业而奋斗的初心，并在高中毕业作文中写道："如果我们选择了最能为人类而工作的职业，那么，重担就不能把我们压倒，因为这是为大家作出的牺牲；那时我们所享受的就不是可怜的、有限的、自私的乐趣，我们的幸福将属于千百万人，我们的事业将悄然无声地存在下去，但是它会永远发挥作用，而面对我们的骨灰，高尚的人们将洒下热泪。"他的一生都是在为这一理想而奋斗，即便颠沛流离、贫病交加，也初心不改、矢志不渝。他和恩格斯起草的《共产党宣言》公开阐明了共产党的历史使命和人类社会的发展方向，明确提出共产党的最终目的是消灭阶级、实现无产阶级乃至全人类的解放，实现每一个人自由而全面的发展。毫无疑义，作为科学理论，饱含责任意识和担当精神的马克思主义一传入中国，便与中华优秀传统文化、与中国具体实际结合起来，被具有崇高历史使命感和高度责任感的中国共产党人所接受，成为中国共产党人的信仰与坚守。

## 中国共产党是富有责任意识和担当精神的伟大政党，立志于中华民族的千秋伟业

在庆祝中国共产党成立 95 周年的宣传片《我是谁》中有这样一段经典独白："我是谁，是什么样的人？也许你从来没有想过。我是离开最晚的那一个，我是开工最早的那一个，我是想到自己最少的那一个，我是坚守到最后的那一个，我是行动最快的那一个，我是牵挂大家最多的那一个。我是中国共产党，始终和你在一起。"这正是富有责任意识和担当精神的中国共产党的真实写照。

中国共产党诞生于内忧外患、战乱频仍、民不聊生的近代中国，自成立之日起，就把对国家、对民族、对人民的责任扛在肩

上，义无反顾地承担起实现中华民族伟大复兴的历史使命。从革命战争年代无数先烈抛头颅、洒热血换来中华民族的独立和解放，到新中国成立后带领人民确立社会主义基本制度、进行社会主义建设，完成中华民族有史以来最为广泛而深刻的社会变革；从改革开放开启具有深远历史意义的伟大转折，探索出一条符合自身实际的发展道路，到新时代致力进行伟大斗争、建设伟大工程、推进伟大事业、实现伟大梦想，中华民族实现从站起来到富起来再到强起来的伟大飞跃。历史和实践证明，中国共产党的发展史，就是中国共产党人不忘初心、牢记使命，担当尽责的历史，就是一部为实现民族复兴历史使命而舍小我成大我、勇于争先、接续奋斗的历史。

中国共产党勇于负责、敢于担当的动力源于永不褪色的价值追求。中国共产党以马克思主义为指导思想，吸吮着五千多年中华民族漫长奋斗积累的文化养分。中国共产党把先进的真理力量和优秀的文化力量融于一体、集之大成，在创造性转化和创新性发展中形成忠诚干净担当的政党价值观。也正是因为有这样的政党价值观，广大中国共产党人才能以冲锋在前、敢于担当的行为在不同岗位上践行和体现党的先进性，带领全国人民创造出"风景这边独好"的"中国之治"；同时，中国共产党人也有着伟大的人民情怀，《中国共产党章程》明确规定："党除了工人阶级和最广大人民群众的利益，没有自己特殊的利益。"正因如此，中国共产党能够始终不渝地为广大人民的美好生活而奋斗，为民族的复兴发展而尽责，从而使我们比历史上任何时期都更有信心、更有能力去实现中华民族伟大复兴的目标。

# 习近平新时代中国特色社会主义思想是指引中国实现民族复兴的精神动力和科学指南

一代人有一代人的责任、一代人有一代人的担当。党的十八大以来，以习近平同志为核心的党中央胸怀中华民族伟大复兴的战略全局和世界百年未有之大变局，深刻把握这两个大局之间多方面、深层次的联动关系，以宽广视野和深邃眼光深入洞察国际力量格局调整变化和国内形势任务发展变化，登高望远、审时度势，统筹推进"五位一体"总体布局、协调推进"四个全面"战略布局，在实践中进行艰辛探索，取得重大理论创新成果，创立了习近平新时代中国特色社会主义思想这一马克思主义中国化最新成果。在这一伟大思想的指导下，中华民族伟大复兴迎来前所未有的光明前景。

实现伟大梦想，没有坦途可走。越是接近民族复兴越不会一帆风顺，越充满风险挑战乃至惊涛骇浪。习近平总书记深刻指出："夺取坚持和发展中国特色社会主义伟大事业新进展，夺取推进党的建设新的伟大工程新成效，夺取具有许多新的历史特点的伟大斗争新胜利，我们还有许多'雪山'、'草地'需要跨越，还有许多'娄山关'、'腊子口'需要征服，一切贪图安逸、不愿继续艰苦奋斗的想法都是要不得的，一切骄傲自满、不愿继续开拓前进的想法都是要不得的。"

习近平总书记反复强调，党员干部要自觉把使命放在心上、把责任扛在肩上，勇于直面矛盾，善于解决问题，努力创造经得起实践、人民、历史检验的实绩。

2019 年 3 月，习近平主席在罗马会见意大利众议长菲科即将结束的时候，菲科问道："您当选中国国家主席的时候，是一种什么样的心情？"习近平主席坚定而自信地回答："这么大一个国家，责任非常重、工作非常艰巨。我将无我，不负人民。我愿意做到一个'无我'的状态，为中国的发展奉献自己。"这一铿锵有力的话语充分彰显了一个大国大党领袖舍身忘我的崇高境界和以身许党许国的使命担当。

艰难困苦，玉汝于成。越是困难和艰险，越要用科学理论武装头脑、指导实践，越要用奋斗精神逢山开路、遇水架桥，越要靠勇于担当攻坚克难、固本开新。今年是决胜全面建成小康社会、打赢精准脱贫攻坚战、实现"十三五"规划收官之年，需要付出更为艰巨、更为艰苦的努力，需要我们更加紧密地团结在以习近平同志为核心的党中央周围，以习近平新时代中国特色社会主义思想为指导，增强"四个意识"、坚定"四个自信"，做到"两个维护"，坚持将自己的人生理想融入实现中华民族伟大复兴中国梦的历史洪流之中，以家国为己任，为夺取全面建成小康社会伟大胜利、实现中华民族伟大复兴中国梦贡献力量！

（原载《中国纪检监察报》2020 年 2 月 10 日）

责任编辑：陈光耀
封面设计：石笑梦
责任校对：吕　飞


**图书在版编目（CIP）数据**

新时代·新思想/何毅亭 著. —北京：人民出版社，2020.3
ISBN 978 - 7 - 01 - 021910 - 3

Ⅰ.①新… Ⅱ.①何… Ⅲ.①马克思主义–发展–中国–文集②中国共产党–党史–文集③中国共产党–党的建设–文集 Ⅳ.①D61–53②D23–53③D26–53

中国版本图书馆 CIP 数据核字（2020）第 032839 号

新时代·新思想
XINSHIDAI XINSIXIANG

何毅亭　著

人民出版社 出版发行
（100706　北京市东城区隆福寺街 99 号）

山东鸿君杰文化发展有限公司印刷　　新华书店经销

2020 年 3 月第 1 版　2020 年 3 月第 1 次印刷
开本：710 毫米×1000 毫米 1/16　印张：21. 5
字数：241 千字

ISBN 978 - 7 - 01 - 021910 - 3　定价：58.00 元

邮购地址 100706　北京市东城区隆福寺街 99 号
人民东方图书销售中心　电话（010）65250042　65289539